Policy Decision-Making and Trends of Vocational Teachers

国家教育宏观政策研究院智库建设成果书系

主编　郅庭瑾　朱益明

职业教育教师政策决策与趋势

徐景双　著

华东师范大学出版社

图书在版编目(CIP)数据

职业教育教师政策决策与趋势/徐景双著. —上海:华东师范大学出版社,2019
(国家教育宏观政策研究院智库建设成果书系)
ISBN 978-7-5675-8723-6

Ⅰ.①职… Ⅱ.①徐… Ⅲ.①职业教育—师资培养—研究 Ⅳ.①G715

中国版本图书馆 CIP 数据核字(2019)第 061756 号

本书由上海文化发展基金会图书出版专项基金资助出版

国家教育宏观政策研究院智库建设成果书系
职业教育教师政策决策与趋势

著　　者　徐景双
策划编辑　彭呈军
审读编辑　白锋宇
责任校对　邱红穗
装帧设计　高　山

出版发行　华东师范大学出版社
社　　址　上海市中山北路 3663 号　邮编 200062
网　　址　www.ecnupress.com.cn
电　　话　021-60821666　行政传真 021-62572105
客服电话　021-62865537　门市(邮购)电话 021-62869887
地　　址　上海市中山北路 3663 号华东师范大学校内先锋路口
网　　店　http://hdsdcbs.tmall.com

印 刷 者　上海锦佳印刷有限公司
开　　本　787×1092　16 开
印　　张　12.5
字　　数　226 千字
版　　次　2019 年 7 月第 1 版
印　　次　2019 年 7 月第 1 次
书　　号　ISBN 978-7-5675-8723-6/G·11781
定　　价　38.00 元

出 版 人　王　焰

国家教育宏观政策研究院
智库建设成果书系

总　序

教育兴则人才兴，教育强则国家强。党中央、国务院高度重视教育事业，始终将其牢牢摆放在优先发展的战略位置，为开辟中国特色社会主义教育发展道路，加快实现我国从教育大国向教育强国迈进奠定了更加坚实的基础。在习近平新时代中国特色社会主义思想指引下，"加强中国特色新型智库建设"首次写入了党的十九大报告中。中国特色新型智库建设的核心是通过依法、科学、民主的决策咨询制度来推进国家治理体系和治理能力现代化，进而提升确立中国的文化软实力和话语体系。这一体系有赖于建设一支高素质、专业化、研究型的人才队伍作为智力支撑，注重新型智库的内涵式发展，避免出现"库多智少"、"有库无智"的不良倾向。当前中国社会所面临的发展形势更加错综复杂，各类思潮纷繁芜杂，特别是要处理好"人民日益增长的美好生活需要和不平衡不充分的发展之间的矛盾"，亟需一流大学智库提供专业支撑、决策建议、精确信息、实证观点和深刻思想。

华东师范大学国家教育宏观政策研究院（又名教育经济宏观政策研究院，以下简称宏观院），由教育部和上海市人民政府共建，由华东师范大学和上海市教育科学研究院共同创办，致力于打造一个全面服务于国家宏观政策需求的思想高地，成为一流的国家教育智库和有世界影响力的中国教育智库代表。宏观院于 2018 年起陆续推出系列专著、系列政策咨询报告、教育发展年度报告、专题数据库、数字化可视化研究成果等。本套丛书是宏观院集中推出的第一批系列专著成果，也是本院基于 2014 年建院以来在教育政策领域的积极探索和经验积累，主要打造的学术产品和研究成果。

丛书基于中国特色新型智库的内涵建设，站在新的历史方位，立足于新时期新阶段中国教育改革发展的实践探索，集纳、收录了一批高质量、前瞻性的教育政策研究成果，致力于打造并传播国家教育智库的拳头产品。丛书选取了当前我国教育改革实践的重大问题，聚焦教育政策的理论研究、制度设计和实践案例，落脚于教育政策的研制、执行、评估、预测等关键环节，通过科学的实证依据，集中展示近年来我国教育政策研究领域的新进展、新趋向，完整呈现中国教育改革与发展中涌现的新理念、新思潮、新方法。

丛书覆盖面广，内容丰富，紧紧扣住当前教育政策领域重大的热点和焦点问题，着眼于展现国内教育政策最新的研究成果，立足于新时期新阶段我国教育改革实践，集教育政策的理论与实践于一体，对于加快推进我国教育实证研究与实践探索具有广泛的学术价值和指导意义。丛书共有10本专著，分为理论、制度、主题三大模块。其中，理论模块探讨教育政策基本理论问题，主要涉及“基于系统支持的教育决策研究”、“教育政策执行保障体系研究”、“教育治理体系构建”等内容；制度模块则分别从不同的角度切入，关注教育政策的相关体制机制与政策制度的创新之路，主要有“义务教育公共服务均等制度设计”、“教育精准扶贫与代际流动”、“城镇化与农村中心学校出路”、“高校办学质量监测”等内容；主题模块主要包括基于区域教育、教师政策和大学学科等不同主体对象的多元视角研究。丛书遵循“直面问题、贴近实践、服务政策、深度透析”的基本原则，把当前我国教育改革与发展中的关键问题作为重点研究方向，以政策分析的视角集中审视中国教育改革与发展中所面临的新现象与新问题。丛书各专著针对义务教育、高中教育、职业教育、高等教育中的典型问题，基于问题的分析逻辑展开理论铺陈、学理阐释与循证论证，在寻求问题解决的过程中实现理论建构的新突破，进而为相应的政策设计提供实证依据和决策参考，同时为广大读者了解和把握我国教育政策最新研究进展提供崭新的视角。

全套丛书紧紧围绕建设中国特色新型智库的时代需要，统筹智库优质资源，激发智库创新活力，是一次学术研究和政策研究深度融合的有益探索。欢迎广大读者批评指正。

邳庭瑾
华东师范大学国家教育宏观政策研究院副院长
2017年11月16日

目 录

图表目录

前言

职业教育教师政策决策是教育部门与具有公共管理职能的组织和机构，针对职教教师培养培训这类具体的公共管理事件而做出的决定行为。这些决策涉及不同的政府部门、不同的产业升级技术、不同的社会阶层，并影响特定利益群体，同时在智能制造相关规划框架下及全面建成社会主义现代化强国过程中，影响我国职业教育如何培养和积聚劳动技术人力资源和提高国际竞争力。本书通过剖析中等职业教育教师政策，对政策的价值分析及政策决策过程作深入的理性思考，发现中等职业教育教师政策存在决策主体内在缺席、教育政策和科技政策及社会保障政策缺乏体制机制方面的协同性等问题。将这些问题呈现出来的主要目的是，体现智库为决策层提供政策决策所应有的思考和服务。

本书谈的是职教教师政策决策，但主要论述的是中等职业教育教师政策的问题，因为只有中等职业教育质量高，才能整体提高劳动者素质。中等职业教育是公共服务体系的重要组成部分，对推动社会经济发展具有不可或缺的价值。在我国，中职教育事业愈益受到社会重视，政府出台的一系列优惠政策已初见成效，中职教育的吸引力正在逐渐增强，中职教育与普通高中教育的比例也趋于合理。然而，从我国社会经济发展的总体要求来看，中职教育的内涵发展仍面临诸多困难与障碍，包括中职教育所培养的人才还难以跟上国内企业转型、产品升级的发展需求，中职教育与企业之间的校企合作和产教结合还缺乏深度和契合度，“多数学校形成鲜明的办学特色，成为国家重点产业、战略性新兴产业和区域特色产业高素质技能型人才的供给基地”[①]的发展目标还远未实现。在很大程度上，这些困难的解决与障碍的突破都有赖于一支能真正

① 中华人民共和国教育部. 中等职业教育改革创新行动计划(2010—2012年)[Z]. 2010-11-27.

满足中职技术人才培养要求的中职教师队伍。而这样一支中职教师队伍的建设，必然离不开中职教师政策及其合理的价值取向的指引。

职教教师政策的本质是政策主体利益的协调与分配，其价值取向将直接影响教师群体的利益，由此左右教师职业追求的方向。因此，本书以中职教师政策价值取向为研究对象，试图通过历史回溯、模型构建、问卷验证、变量修正来梳理中职教师政策价值取向变迁的路径，揭示影响价值取向的主要因素，发现价值取向变化的机理，归纳中职教师政策价值取向调整的恰当方法，进而提出当前职教教师政策应该体现的价值取向。

本书采用历史研究法和文献研究法，从事实层面和价值层面，以政策内容和政策环境两个维度，对我国百年来主要的中职教师政策进行了历史梳理，并以扎根理论研究方法，对改革开放后中职教师政策价值取向的阶段性变化进行了考察，描述了中职教师政策价值取向的实然状态，对价值取向变迁的动因进行分析。经过对我国中职教师政策价值取向历史嬗变的梳理，发现中职教师政策价值取向是一定主体的价值评价标准和价值选择，通过价值取向外化为政策主体的特定价值目标。为进一步揭示中职教师政策价值取向变迁的内在机理，本书借鉴价值论的基本原理，尝试构建一个以价值标准、价值选择、价值目标为自变量，以价值取向为因变量的概念模型框架。根据该模型框架提出三个假设，以历史上中职教师政策价值取向的形成事实来检验假设，并且采用"一致"和"分歧"两把尺子，衡量和分析中职教师政策价值取向的变迁，证明该模型框架可以解释我国百年来中职教师政策价值取向变迁的原因。同时，为检验当前中职教师政策价值取向下的政策实施情况，本书还采用问卷调查法，对中职教师政策价值取向下的教师队伍管理状况进行调查，用该模型框架验证了我国当前中职教师入职政策的编制价值取向、在职管理中职称评定的学术价值取向以及兼职教师政策的工具价值取向等现实表达。同时，根据调查结果，对价值取向内隐模型变量进行修正，以此为基础，提出职教教师政策应该体现"人人自主技术精进"的价值取向。

经过政策梳理，本书推论得出：随着中国社会从晚清至今的变迁，中职教师政策价值取向经历了"工具→工具偏经济→政治→经济偏人本"的变化。根据研究结论以及构建的中职教师政策价值取向内隐模型，提出中职教师政策价值取向调整的适当方法，即：以技术技能与学历学位并重为价值选择，以技术产权为价值标准，以自主技术精进为价值目标，从而确立中职教师政策"人人自主技术精进"的应然价值取向。

在确认职教教师政策价值取向的过程中，本书对与职业教育密切相关的第三部门——独立行业协会——参与当前政策决策的有效性作初步研究，提出中职教师政策的实然价值取向及其调整办法。同时，对于随着我国经济型政府向服务型政府的转变，如何锚定政策决策主体，对影响政策的国内外复杂的不确定经济因素进行准确判断，不断适时地调整内隐模型变量，以及"人人自主技术精进"这一价值取向能否成为职教教师政策决策的趋势之一等问题进行了积极探索。

本书是我在博士论文基础上修改的成果。我原本想小修小改即可出版，但是在接到丛书任务后，意识到如果仅将有关政策价值取向研究作为书籍内容出版，将不能体现"智库为决策层的外脑"这一重要功能。思前想后，重写或是增加内容是必需的；但这起心动念之间便给自己带来巨大挑战。我意识到博士论文结尾原有的政策建议稍嫌单薄，于是重写了第七章，又增加了第八章、第九章。如此一来，写作时间就更加仓促了。自己白天应对工作上的诸多事宜；晚饭后，挑灯夜读，笔耕不辍。又经历了半年的时间，在拙作杀青之际，感喟满怀。我国职业教育是民生问题，职教教师政策决策涉及经济政策、科技政策、相关国企政策与外企政策、国家创新政策等。如果将职教教师政策比喻为人体奇经八脉中的任督二脉，那么有关中国经济社会发展的其他政策则是十二正经。正是奇经八脉交错循行于十二正经之间，人才有了一个健康的机体。同理，职教教师政策与中国经济社会健康发展也息息相关。面对AI时代的来临，职教教师政策决策也面临高新技术创新与低技术、非研发创新的冲撞，我生而逢时，能就此问题深入探究，机遇难得，唯有惜时才不负丛书编委的重托。

写作本书所付出的辛苦是值得的。感谢我的夫人在此期间的助力，夫人爱茶，常言一期一会一闻道，一失一得难再回。本书若对政策决策有助力，其功德则归于郅庭瑾教授的教诲有当；若有疏漏之处，责任则完全在于我学识疏浅，还敬请各方读者指正，以利进一步完善。同时，感谢编辑彭呈军先生对书中内容及规范表述的多次指教，使得此书能够及时出版。

徐景双

华东师范大学职业教育与成人教育研究所

2018年6月14日

第一章　职业教育教师政策[①]决策中价值取向的锚定困难

本章阐述中职教师政策价值判断的目标、价值判断的内容及其关键问题的解决，概述采用历史研究法、文献研究法、实证调查法和模型法等研究方法探索中职教师政策价值取向的形成及其变迁路径的适用性。根据研究内容确定研究目标，提出通过中职教师政策价值取向的调整，解决我国社会主义改革开放新时代中职教育所面临的体制机制创新难题以及突破中职教师的发展困境问题。此外，提出关注“自主技术创新”中的“人”的问题，通过关注“人人”的全面发展来培养民族技术自信和健康国民性，使中等职业教育最终达成为国家培养技术技能人才的任务。

第一节　职教教师政策决策中价值取向锚定的难点所在

一、中等职业教育的发展困境

中等职业教育是公共服务体系的重要组成部分，其在现代职业教育体系中具有基础作用。中等职业教育是由政府等办学主体举办的一种国民教育形式，针对义务教育结束后，按国家教育政策对15岁左右的青少年进行分流，使一部分初中毕业生进入普通高中，另一部分学生进入技校、职业高中、普通中专等学校进行学习。中等职业教育的作用是适应经济社会和产业发展的需求，培养生产企业一线所需的技术工人，同时又传播、推广新技术技能并承担育人功能。这些作用决定了中职教育在社会经济发展

① 作者注：职业教育教师政策包括中职教师政策和高职教师政策。其中，中职教师群体数量众多，而且中职学科专业涉及影响国计民生的几乎所有经济产业部门，因此本书阐述内容、分析政策时，皆以中职教师政策为例。

中具有不可或缺的价值，尤其在“落实‘互联网＋’行动计划，增强经济发展新动力”，[①] 以及移动互联改造传统产业技术、物联网技术方面，是其他教育形式所不能替代的。

我国大部分中职学校起先都是由行业创建和管理的。中华人民共和国建立初期，为了第一产业和第二产业的建立和发展，各行业开始陆续兴建中等职业技术学校，这些职业学校支撑了新中国第一产业和第二产业从无到有、由小到大的发展。改革开放后，我国社会由计划经济逐步转向市场经济，因为原来兴建职业学校的行业协会存在较强的官办背景，组织运作的行政化问题严重，难以适应市场经济的需求，所以随着1998年国务院机构改革的展开，全国范围内重新成立了10个行业组织，行业对职业学校办学的指导性开始减少，部分中职学校逐渐脱离行业企业。2001年我国加入世界贸易组织（WTO），国内产业经济及制造业开始参与全球化产业价值链的分工。由于我国企业的类别复杂，与之相适应的体制机制当时没有完全建立，客观上导致中职学校与企业合作困难，产教结合困难，以致造成目前中等职业教育所培养的部分技术技能人才不能满足我国行业企业产品参与国际竞争需要的局面。

从企业用工方面来看，一方面，一些企业招聘倾向于应聘者的高学历而忽视其技术技能。诸多企业包括跨国公司，本土企业中的国企、央企、民企、小微企业，在招聘时首先都对员工的学历层次有所要求，这就造成中职学校毕业生家长和教师为了帮助学生得到更高的学历文凭，转而热心于升学应试教育，却忽视了其技术技能的培养。这种重文凭轻技能的心理促使中职教育偏离其原有轨道。另一方面，企业在市场中的竞争能力以及企业的兼并重组和破产都与中职毕业生的生计息息相关。尽管办学主体以就业为导向兴办中等职业学校，但是中职毕业生仍然缺乏多次选择职业、多次就业的能力。解决中职教育质量问题有赖于国家相关政策的合理导向。

2008年世界金融危机后，我国经济发展进入新常态，经济增长放缓。由于中国制造业大而不强，在自主创新能力、资源利用效率、产业结构水平、信息化程度、质量效益等方面仍有较大不足，转型升级和跨越发展的任务紧迫而艰巨。在中国经济增长放缓的同时，国际产业分工格局正在重塑，新一轮科技革命和产业变革的过程与我国加快转变经济发展方式的进程形成历史交汇，中国制造业需要中职教育提供大量具有“大工匠精神”的中级技术技能人才。但中职教育自身的发展正面临各种问题，集中表现为：缺乏吸引力、生源匮乏以及与其他教育形式的贯通尚未成熟等。从深层次分析，

① 作者注：2016年国务院总理李克强在政府工作报告中提及。

中职教育面临的多重困境包括:当今社会对于职业教育的观念陈旧,校企合作中企业行为的功利性强,教育系统内部传统上重普教轻职教,社会舆论重高考升学率轻学生操作技术技能积累,中职学校内部人才培养模式有失偏颇等,不同程度地制约着中职教育的进一步发展。虽然国家目前非常重视职业教育的发展,也出台了不少促进中职教育发展的政策,但是由于某些政策价值取向不明晰,政策不连续、不配套等,使得中职教育的价值目标难以全部实现,甚至不能有针对性地发挥其服务社会经济发展的功能。

二、中等职业教育教师的困境

中职教师主要包括三类教学人员:文化基础课教师、专业课教师和实习指导教师。1995 年,教育部又提出在职业学校开展"双师型"教师队伍建设的要求。于是,中职教师也有"理实一体教师"、"双师型"教师、"双证"教师。与其他教育类型的教师相比,中职教师存在许多困惑[①]:教师待遇低,社会认同度较低;教师工作量大,且伴随的工作压力巨大;教育对象智能倾向多元化;特定教育对象的家庭背景复杂,难以形成家校共育;教师教学与学生管理工作的分工复杂,教师工作热情不高;中职教师自身发展定位不清晰等。

2013 年教育部颁发了《中等职业学校教师专业标准(试行)》,引领中等职业学校教师的专业发展,是对教师专业素质的基本要求,也是对"双师型"教师进行管理的依据。中职学校能否健康发展,关键是教师及其队伍建设问题能否解决好。教师是中等职业学校发展的中坚力量,教师的教学水平决定了未来技术工人和技师的培养质量。因此,加速中职教师专业化内涵发展正成为中职学校发展的首要任务。

2014 年 6 月,教育部、国家发展改革委等六部门颁布《现代职业教育体系建设规划(2014—2020 年)》,再次明确"完善双师型教师培养培训体系"。中职教育的教师总量极为短缺,按照《国家中长期教育改革和发展规划纲要(2010—2020 年)》,在招生规模上,中等职业学校还要进一步扩大,到 2020 年在校学生数将达 2 350 万,由此可以预见,中职学校教师短缺的状况很可能会进一步加剧。自 1999 年开始高校扩招,高校毕业生数量骤增。2004 年开始,一方面是大学生就业困难,成为影响千家万户的民生问题;另一方面是中职教师严重短缺。教师资格和编制制度是中职教师管理的政策工具,为了编制,中职教师们把考证作为重要的发展任务,而轻视了课堂教学能力的提

---

① 史枫,白斌.职业教育教师队伍能力发展中的问题与影响因素分析[J].教育与职业,2010(17):22—24.

升，也忽视了动手操作能力的加强。这样一来，适应现代职业教育新格局的教师队伍无法快速具备战斗力。

三、中等职业教育教师政策价值取向调整对于走出困境至关重要

中职教师政策的引导存在事实判断和价值判断之间的模糊不清，这使得中职教师群体对企业内部的前沿技术水平了解不充分。由于市场竞争中企业采取技术保密措施，中职实习指导教师与企业技术人员相比，缺乏针对性和实战经验。在制造业，中国制造和中国装备的国际市场竞争力低，缺乏核心技术技能，意味着“自主发展，开放合作”缺乏基础；在服务业，无法通晓国际标准和高超技术技能；在战略性新兴产业，缺少自主技术创新带动和中级技术技能人才。加之在实际社会生活中，由于中职校毕业生的出路问题困扰着学生及家长，使中职教育发展更为困难，也使中职教育发展不稳定。形成以上问题的原因有传统人才观因素、社会发展因素以及教师政策自身因素等。要改变这些现状，需要正确认识和分析中职教育和中职教师面临的困境，思考如何调整中职教师政策的价值取向，如何从政策决策上开始有序变化，以利于解决目前中职教育及中职教师发展中存在的问题。

（一）宏观上，我国中职教育发展的瓶颈问题是体制性障碍。改革开放以来，“以市场换技术”的想法一直面临着国际政治因素不确定、跨国企业全球市场开拓在中国的推进以及同行业竞争技术壁垒等方面的阻碍。因此，加大中职教育的科技投入，培育中等技术人才及其科技创新能力，有助于促进我国企业自主技术的发展和本国产品的市场保有量，提高中国产品的国际市场竞争力。在21世纪全球经济技术激烈竞争的背景下，德国提出了“工业4.0”项目；美国提出了“先进制造伙伴计划”，重回制造业；英国提出“英国工业2050战略”，认为未来制造业更多地依赖机器人而不是技术工人；等等。为提升中职教育服务于我国工业转型升级和参与全球制造业技术竞争的能力，不论在中职教师队伍稳定还是其质量提高上，以及中职学校与企业合作等方面，都存在诸多需要内修外炼的磨合。我国中等职业教育亟需相关职业教育政策与产业政策的共同引导。实现中职教育的健康发展，需要相关政府部门共同制定和完善相关政策，为中职教师专业成长营造一个良好的政策环境。研究中职教师政策价值取向的变迁，分析中职教师政策决策所面临的环境和条件，促进中职教师政策的科学决策，成为本书的重要内容。

（二）微观上，中职教师政策的导向与理念“混乱”。随着高校迅速扩招，中职学校

也引进了一些刚毕业的大学生，这使得年轻教师比例加大。由于年轻教师教学经验不足，又疲于承受过重的教学任务，因此无法及时提高自身的技术技能水平。同时，教育部门评价专业课和实习指导教师专业水平的标准，依然是高学历高学位取向。追求高学历高学位的政策价值取向表现在，以对实习指导教师学术能力的价值追求来替代对其实际动手操作能力的要求，从而影响中职教育整体教学水平的提高，因此需要对中职教师政策价值取向进行及时调整。此外，我国农村中职教育的规模小，人们对农村中职教育认识不足，存在偏见，也缺乏相当数量的农业技术咨询服务机构。总之，作为公共产品的中职教育，“政府在财政投入力度、制度完善、相应配置等方面功能发挥不足，而制度建设滞后容易造成‘就业陷阱’、‘虚假订单’等失范现象”。[①]

从以上论述可以得知，中职教师专业技术技能更新速度慢、技术水平偏低、队伍结构不合理，这些问题极大地影响着未来技术工人参与工业 4.0 时代全球制造业的技术竞争、未来技师的技术技能精进和我国产品的国际市场竞争力。如何合理解决这些问题，需要考察我国中职教师政策的价值取向问题，涉及调整中职教师政策价值取向的时机和时间压力问题。也就是说，在哪些情况下价值取向不必要调整，在哪些情况下价值取向必须调整。这就需要研究中职教师政策决策所依据的价值取向是什么，以及为其如何调整提供有效的、合理的依据。

第二节　职教教师政策的价值判断

一、价值判断的目标

对中职教师政策价值取向的既有研究进行梳理，这些研究成果为本书提供了宽泛的基础。为避免与前人研究的重复，本书选择政策价值取向调整的影响因素这一视角进行分析，探究中职教师政策价值取向在新常态下应然变迁的外部因素及内在机理。因此，职教教师政策价值判断的总目标是，旁观政策决策过程，对决策层所面临的中职教师管理的体制机制创新瓶颈问题进行考察，探讨中职教师政策的制度性障碍及其动因，为破解这一体制机制难题提供一个新的视角。具体目标有三个：第一，对既有中职教师政策进行梳理和分析，发掘有关中职教师政策内部的价值标准和价值目标，从

---

① 王亚飞. 关于农村中等职业教育发展状况的调查报告[EB/OL]. https://wenku.baidu.com/view/b75e3bdb50e2524de5187e47.html.

价值论视角判断不同历史时期的中职教师政策价值取向是否合理、合法、有效，是否能满足当时社会背景下的经济社会发展需求；第二，运用内隐模型，确定中职教师政策价值取向调整的影响维度，并分析这些维度在不完全信息和时间压力下所产生的变化；第三，运用调查问卷对现有中职教师政策的执行状况进行实证研究，验证模型是否对现行政策具有解释力，并对模型作进一步修正。

二、价值判断的内容

职教教师政策价值判断的内容主要包括：

（一）研究中职教师政策的价值取向是什么。通过对我国中职教育诞生至今一百多年的有关中职教师的重要政策进行梳理，按所划分的时期和阶段，从事实和价值层面阐述我国中职教师政策及其价值取向的历史嬗变。主要分析政策内容和影响政策的社会环境因素，同时对我国百年来尤其是新中国成立后的不同历史阶段中职教师政策价值取向的阶段性变化进行考察，分析并描述不同阶段的中职教师政策价值取向的实然状态。

（二）判断中职教师政策的价值取向怎么样。通过对当前中职教师的生态状况进行抽样调查，不仅分析我国中职教师政策执行中所凸显的价值标准和价值取向的缺失问题及其原因，而且探讨“以人为本”价值取向中的“编制人”与中职兼职教师政策之间的抵牾。中职教师政策价值取向的编制偏好在政策的执行中造成了一些后果：第一，中职教师政策价值取向的编制偏好造成作为政策客体的、与提高技术工人与技师整体水平相关的中职教育所有教师的利益表达的不同步。第二，这种价值取向还造成了教师整体性功能的缺失——过分强调教师编制的政治、经济功能，而忽略了教师的技术技能与这两者的整合，致使中职教师政策的公正性缺失和对教师自我实现需求的忽视。中职教师政策价值取向中技术技能价值标准的缺失导致学术化、精英化的教师专业发展实践，对学术化的片面追求显然偏离了中职教育的根本目的。第三，中职教师入职的编制取向弱化了体现中职教育本质的技术技能的作用。以“编制人”强调高学历高学位作为对教师入职的引导，以中职教师学术论文发表作为晋升职称取向的岗位管理手段，而忽视了技术创新发明的其中一个源泉——技术发明来自“理论发现的直接后果”，还忽视了提高技术水平的另一个来源——社会分工，[①]即社会分工和产品竞

---

① 引自亚当・斯密和约翰・穆勒的观点。参见：夏保华. 发明哲学思想史论[M]. 北京：人民出版社，2014：183.

争促使企业技术的更新速度快于教科书知识的更新速度。

（三）研究中职教师政策的价值取向因什么而调整。对公共利益的分配是中职教师政策的实质，对中职教师政策进行价值判断则是研究的逻辑起点。通过分析与考察中职教师政策的属性，探讨中职教师政策的实质，并对中职教师政策价值取向的实质、特点及影响因素进行基本的分析。

本书的研究视野聚焦于中职教师政策的价值取向。研究框架限定在价值论、公共政策决策、第三部门研究这三个论域之内，其中，在第三部门研究论域，针对去行政化的行业协会在中职教育以及确定中职教师政策价值取向过程中可能发挥的作用予以研究。在此框架之下，把研究重点放在设定中职教师政策价值取向变化的内隐模型上，以此来解释政策，探究政策的价值取向问题及这些问题的动因与解决之道。对于价值取向问题实然状态成因的叩问，牵涉到政策决策的国内外文化习俗与当今中国社会各阶层的心理现实，尚处在起步和发展阶段的我国第三部门能力建设对中职教师政策价值取向的影响，以及基于我国实践价值哲学所揭示的中职教师政策在以往西方理论价值哲学笼罩之下的价值取向的弊端。

三、关键问题的解决

本书解决如下关键问题：第一，在文献分析基础上，结合职业教育所处的经济社会地位，梳理归纳我国中职教师政策及其价值取向的发展脉络和现状特点，重点是研究新中国成立以来我国中职教师政策的发展变化，并分析中职教师政策价值取向的调整条件及其变化根据。第二，以公共政策的视角研究中职教育领域的具体问题。本书不止于对中职教师政策价值取向的分析，更深入探究不同政策主体在信息搜索成本与时间压力下，其政策价值取向形成的原因。第三，针对目前中职教育的发展困境，分析当下中职教师政策执行存在的问题，探求中职教师政策的应然价值取向及其政策决策的趋势。

第三节　锚定职教教师政策价值取向的价值框架

一、职教教师政策价值取向研究的学术价值

（一）选择价值取向视角研究政策。通过将政策价值取向与“人”的发展相关联，探究政策价值主体的价值伦理建设。通过梳理相关政策研究发现，已有研究强调研究

过程的价值中立和研究结论的客观性，使用类似重在理性的技术分析研究范式，这样可能会忽略中职教师政策问题中所隐含的不同价值主体的价值伦理问题，使研究结论有局限性。“教育管理伦理的实现，一方面需要教育管理者从根本上摒除长期以来传统落后的管理文化的影响，彻底转变观念、发挥自觉性，但更重要的是积极进行教育管理的伦理建设。”①因此，从价值取向视角对中职教师政策进行历史研究和模型研究，对于超越政策分析中的“价值无涉”的唯理性主义研究范式，澄清政策表述中被遮蔽的价值取向变化的根据，澄清事实判断和价值判断，实现教师政策研究从“技术”到“价值”的转变，引导政策从对客观的“工具”的关注转到对主观的“人人”的关注，都具有重要的意义。只有中职教师政策价值取向从关注“工具”转到关注“人的全面发展”，才能真正体现“以人人为本”。

（二）政策研究是综合性的研究领域，可以由管理学、行为经济学、社会学等多学科和多种方法构成，因此在方法论上，跨学科研究以及研究方法的历时梳理和共时分析是本书研究的特点。国内教师政策研究曾局限于从单一学科角度、用单一方法去解释教育现象和探索问题本质。而本书根据研究的目的和研究对象的性质确立了跨学科的方法论和模型研究范式，在一定程度上拓展了中职教师政策研究的范围，为考察中职教师培养培训问题提供了一个新的视角。这对于促进教师政策分析在方法论层面更加符合政策科学的学科特点具有重要的理论意义。

（三）由于本书分析政策问题的理论支撑来源于西方学者的视角，这些理论的诞生条件和适用范围不同于中国问题产生的本土环境，因此，如果只采取“拿来主义”，用西方理论解决中国本土问题，那么有效性可能会降低。因此，本书着重对具有一定普适性的理论内涵进行探究，这种普适性内涵不只包括西方价值哲学和西方技术哲学，而且包括中国实践价值哲学和中国本土技术哲学，以促进我国中职教师政策分析的理论研究水平。

二、职教教师政策价值取向研究的应用价值

（一）在经济体制和政治体制改革过程中，为解决我国新型工业化和产业升级中技术创新型人才匮乏的困局，可通过研究如何制定合理有效的中职教师政策，以发挥中职教育专业课教师和实习指导教师的作用，最终达到塑造大量有技术创新能力的技

① 郅庭瑾. 教育管理伦理研究[M]. 北京：商务印书馆，2008：88.

术工人和技术能手的目标。长期以来，我国是政府主导的教师政策决策，具体政策体现了政府的价值取向，政策变迁引导并推动教师教育领域不断发生变化。人们很少对中等职业教育政策的价值取向进行追问，很少考虑到政策价值取向变化的根据，很少思考发展中等职业教育过程中教育部门与行业指导和企业成本如何分担、如何分享等现实问题。在我国经济改革和社会发展进入新常态以来，中职教育本质上仍然根植于特定的社会心理、文化心态、民族习俗和全球化经济环境之中。因此，在制定中职教师政策时，必须考虑政策对象的现实生态状况，而以往的政策决策往往忽视改革开放以来中国社会各阶层的裂变和改革成果在社会各阶层之间的不均衡分享。从城市居民来看，中职校生源多为中考成绩不佳的孩子，把升学无望的孩子培养成技术工人和技师，曾经是中职教育的主要教育目标。以往政策决策只追求单一的社会工具价值取向，并将其视为中职教育政策的主导价值取向，这种取向模糊了我国国情，把政策主体（教育部、人社部）制定的、针对不同类别的教师政策用于同样的管理体制，忽视了中职教师政策对教师等利益相关者价值需求的回应，造成教师政策在价值取向上的错位。我国的人口结构特点决定了任何一项教育改革在价值取向上必须反映和关照绝大多数人的利益。进行教师政策价值取向分析是教师政策分析的关键领域，因此，根据由价值取向构成的内隐模型对中职教师政策进行研究和反思，对于规范中职教师政策价值取向的调整，推动我国教师政策决策科学化、民主化的体制机制创新具有一定的现实意义。

（二）我国政府目前正处于由经济型政府向服务型政府①的转变过程之中。中职教师政策要服务于经济结构调整和产业升级，特别是通过"互联网＋"、移动互联等技术发展现代农业、先进装备制造业和现代服务业。当今中国服务型政府鼓励有条件的企业对外投资以实现跨国经营的国家战略，国家迫切需要数量充足、结构合理的技术技能型人才队伍。因此，培养高技术技能人才所需的中职教师队伍的规模和质量能否适应当前和未来发展的需要，已成为一个备受关注的重要问题。中职教育从诞生至今，经过了一百多年的发展，从"师夷长技以制夷"、"实业救国"、"使无业者有业、使有业者乐业"，到"以俄为师"，又到"为无产阶级政治服务"，再到改革开放后为经济建设服务，每一次变革都对特定时期的社会经济产生了各种各样的影响。这些职业教育政策实践，既适应了近代中国特定历史时期的革命与建设的需要，也反映了政策所处时

① 作者注：经济型政府是以追求GDP为政绩目标的社会管理架构；服务型政府起源于20世纪70年代末英国的"政府再造"构想，是一个为全社会提供公共产品和服务的政府，政府与公众的关系是服务供给者与消费者的关系。

代的局限性。因此，我国中职教育在实践中所出现的种种问题最终都可以归结为教师政策及其价值取向所发生的变化。

三、职教教师政策价值取向研究的现实意义

“政策是一个有目的的活动过程，而这些活动是由一个或一批行为者，为处理某一问题或有关事务而采取的。”①在这个活动过程中，行为主体用“共同的价值观、信念和态度为决策主体与公民的行动提供依据，并引导和限制着这种行动”。② 对于中职教师政策决策主体“经济人”行为的价值取向研究是一种决策行为研究。既然是行为研究，那我们将构建一套行为模型，通过对一些变量的确认与考量，建立一个研究框架来解释晚清时期、民国时期、中国改革开放前后中职教师政策决策主体价值标准的形成过程和价值选择的行为模式。对中职教师政策价值取向进行研究具有以下三方面的重要意义：

（一）教师政策价值取向研究的科学性意义。研究中职教师政策价值取向是为了更好地理解中职教师政策的起因、发展过程及其对社会和经济生活带来的影响。在进行中职教师政策价值取向分析时，中职教师政策可被看作因变量或自变量。当某一时期的中职教师政策被认为是因变量时，“人们的注意力就集中于决定政策内容的政治因素和环境因素上”。③ 如果把某一时期的中职教师政策视作自变量，人们的注意力就转向教师政策对政治系统和社会经济环境的影响上。这将有利于分析中职教师政策对我国当今社会的产业经济技术进步产生了什么样的作用。

（二）教师政策价值取向研究的专业性意义。拉斯韦尔（H. Lasswell）在1971年《政策科学展望》中，将政策科学家定义为“关注和掌握公共和市政秩序的背景中与明智的决策相关的技巧的人”。④ 但在他之前，唐・K・普赖斯（D. K. Price）已经对“科学阶层”和“专业阶层”进行了区分，他认为“前者是为了寻求知识，而后者是努力将科学知识运用于解决实际的社会问题”。⑤ 政策分析员和政策咨询员，作为一种职业，专业地做这样的工作。如果他们知道某些有助于公共政策确立的要素，或者知道既定政策的某些后果，他们作为专业人士将为个人、团体和政府实现政策目标的行动提供有

---

① [美]詹姆斯・E・安德森. 公共政策[M]. 唐亮，译. 北京：华夏出版社，1990：4.

② [美]詹姆斯・E・安德森. 公共政策[M]. 唐亮，译. 北京：华夏出版社，1990：4.

③ [美]詹姆斯・E・安德森. 公共政策[M]. 唐亮，译. 北京：华夏出版社，1990：9.

④ 白钢，史卫民. 中国公共政策分析(2007卷)[M]. 北京：中国社会科学出版社，2007：294.

⑤ Price D K. The scientific estate [M]. Cambridge, Mass.: The Belknap Press of Harvard University Press, 1965: 122 - 135.

益的意见。这类意见将直接指明，什么样的政策可以实现特定的目标，以及何种政治因素和环境比较容易导致另一些政策的产生。本书将重点就政策科学的两个维度，即工具理性和价值理性，进行专业化的理论分析。

（三）教师政策价值取向研究的政治性意义。作为我国教育体系的重要组成部分，中职教师政策关系到众多的利益相关者和不同的社会阶层，加之我国技术工人和技师的成长处在一个全球化的装备制造技术竞争环境中，是强国之间的实力比拼，因此，对中职教师政策的研究不仅是一个公共管理问题，同时也是一个政治问题。作为从事中职教育的研究者和具体政策的执行者，我们没有理由置身于政策目标的确定之外，不应该在现今的政治问题和社会问题上保持沉默和无动于衷。虽然社会上对“应然”的、“正确”的政策目标和“合理”的政策目标的看法存在分歧，但是，我们仍然希望实事求是地按照最大多数公众的期望，提高中职教师政策的正确性；按照技术教育规律，培养操作型人才以及培育民族自信；在实现中华民族伟大复兴的总目标框架下，增加中职教师政策价值取向的合法性、有效性。

第四节 职教教师政策价值取向的研究方案

一、研究方法的遴选

本书内容以跨学科综合研究作为方法论基础，利用价值哲学、行为经济学、教育学、管理学等学科的研究成果作为理论支撑，构建一个研究框架来解释我国中职教师政策价值取向形成、变迁、调整的动因。该问题涉及价值哲学、教师教育、政策学、制度经济学、管理学等领域，需要综合多学科研究以形成问题解决的方案。中职教师政策价值取向的调整需要以政策科学知识和变量分析为基础。关于政策科学发展，公共政策专家戴维·伊斯顿（D. Easton）描述如下：“在研究解决（环境污染，种族的、社会的和性别的平等，战争）这些紧迫的社会问题的过程中，……政治学与其他社会科学相结合，对知识的应用投入了巨大的力量。我们在迅速和广泛发展的所谓政策分析运动中，亲眼看到这一点。不夸张地说，数百个学会建立起来了，不仅是为了理解政策的形成和贯彻方式，而且为了系统阐述帮助解决目前所有紧迫的社会问题的政策选择……这样，政策研究重新唤醒了早些时候各门社会科学一体化的希望。”[①]本书采用跨学科

① 单天伦. 当代美国社会科学[M]. 北京：社会科学文献出版社，1993：13.

综合研究方法论范式的目的主要在于：通过超越以往分门别类的研究方式，不但要以历史研究的方式梳理中等职业教育自产生以来的教师政策问题，而且以共时的横截面方式实现对中职教师政策价值取向问题的综合研究，主要是通过模型变量来分析同一问题在不同历史时期的动因，从而拓展或加深对中职教师政策价值取向问题的了解。

本书根据所研究问题的特点，尝试通过以下途径实现跨学科的系统研究。

（一）研究范式的转换。考察方法论问题，可以发现其结构由三个层次构成：其一，是基底层面的哲学观和历史观；其二，是中观层面的学科思维方法和一般分析法；其三，是微观层面的具体研究技术。

中职教师政策价值取向研究本身属于价值论研究，而价值哲学是哲学的一个分支。本书的哲学基础是马克思主义基本理论与中国发展道路相结合的实践价值哲学。① 中职教师政策问题为何发展成为目前的样态，它走过了怎样的历史轨迹，受到哪些内外部因素的影响？为解决这些问题，本书考察了中职教师政策的发展轨迹。论域涉及中等职业教育中教师的管理问题，所考察的目标是教育学问题，但是仅仅利用教育学领域的思想方法和一般分析方法，难以解决同时研究涉及到的职业技术教育与政府、市场和第三部门等领域的问题。中国企业受制于全球经济的大市场，企业技术进步离不开行业协会的信息沟通与服务，而行业协会在公共管理学中的定位是第三部门。行业协会与政策制定者共同受制于全球化的市场环境，如此一来，形成了一个中职教师政策的全息环境。本身属于教育政策学的教师政策的一般分析方法延展到了社会学领域；政府通过教师政策的设计以更好地提供公共产品的初衷，与企业技术进步和职校教师技术水平在什么范围和具有多大程度相关的现实复杂性难以厘清；加之中等职业教育教师政策来自不同的利益部门等，决定了研究需要采用跨学科的系统的方法论范式。

（二）研究方法论的自觉。研究方法论的自觉是指研究不局限于单一研究方法。本书研究对象的特点是：1. 中职教师远离技术发明的企业生产一线，不属于企业技术发明人员（技师、工程师），但是又被要求必须掌握先进前沿技术；2. 中职学校既是传播和推广先进技术的代理者，又要作为校企合作中的技术保密者；3. 中职教师政策既要使非营利组织诸如行业协会作为第三部门摆脱对政府的依赖，独立发挥作用，又要对受到国际行业协会所制定的行业标准影响的中职教师队伍进行管理。根据这些特点，

① 王玉樑. 21 世纪价值哲学：从自发到自觉[M]. 北京：人民出版社，2006：125.

本书自觉采用了多种研究方法，例如，采用历史研究法考察中职教师政策的变迁；采用质性编码研究法梳理已有的中职教师政策，考察其隐蔽于政策文本之后的价值取向；采用模型研究法构建中职教师政策价值取向调整的变量模型，既探究影响中职教师政策价值取向变化的外部经济社会环境因素，又考察影响中职教师政策价值取向调整的内部变量之间的互动关系。

（三）研究方法的综合。从具体研究维度着手，本书从调查研究、价值研究、模型研究及行为研究四方面对中职教师政策价值取向进行分析。调查研究回答政策实践中出现哪些需要通过政策调整来解决的现实问题，而这些问题是因某些不合理的价值取向与现实政策环境有差距所引起的。价值研究回答的问题包括：为谁？目标如何？用谁的价值标准？价值研究的基本目的是对以往和今后中职教师政策价值取向的合理性、合法性和有效性进行审视，因此，对研究问题的价值判断不但来源于实然状况，而且也要依据应然标准，如此一来，研究方可找到和发现中职教师政策价值取向调整所应遵循的规范。这里的中职教师政策价值不仅是在中职教育实践中发挥效益的实用价值，而且也表现为调整教师政策价值取向所依据的伦理价值。模型研究要求回答这样一些问题：变量是什么？哪些外部因素促使这些变量影响价值取向的变化？价值取向变迁的动因何在？模型框架对政策实践问题的解释力成为检验模型是否成立的标准之一。对于模型的设定和检验属于微观的研究方法。这种研究方法不仅要着眼于各个独立运行的社会部门及政策主体，诸如市场、学校、企业、行业协会、政府部门，而且要对这些社会部门所形成的利益相关者的价值取向进行分析。在模型研究中，实质上要对价值选择进行考量，价值选择就是依据价值标准进行价值判断。因为对一个或某几个价值标准进行判断和选择是决策行为，而价值取向的确认是一种价值选择行为，因此本书的研究又具备了行为研究的意蕴。本书所研究的政策范围，包括宏观层面国家的教师政策和各项法律法规，中观层面各级政府部门制定的教师政策和领导人讲话、批示，以及微观层面有关中等职业学校教师与企业师傅、技师、工程师的人事管理政策等。通过综合技术，使得处在诸多不确定因素下的政策决策主体的不同价值取向，集中到一个可以分析的价值取向内隐模型之中，通过设定一些变量，对政策决策主体的行为进行分析。

本书具体应用了如下几种研究方法：1. 历史研究法。通过对中职教师政策历史发展过程的梳理，揭示其发展规律，探寻政策价值取向变迁的路径。通过分析中职教师政策与政治、文化等的联系，可以避免孤立、片面的认识，充分了解政策制定的制约因素，以利于政策功能的发挥。本书从政策的多角度进行政策分析，为构建研究框架作资料与理论的铺垫。2. 文献研究法。本书对百多年来的中职教师政策进行研究，首先从搜集其他研究者的专著、论文等相关研究成果开始，通过整理各时期相关中职教师政策的文本资料，选择典型的中职教师政策文本进行深入分析。经过分析，获取关于中职教师政策价值取向的信息，考察中职教师政策主体与各利益主体的相互关系，厘清中职教师政策价值取向的影响因素。本书采用文献研究法主要想达到以下目的：一是掌握中职教师政策信息和政策理论，为本书的分析奠定理论基础；二是了解国内外有关中职教师政策研究的情况，作为政策分析的材料支撑；三是了解我国中职教师政策的发展脉络和现状，掌握政策制定的相关背景，为把握未来政策走向奠定实践基础；四是了解国外尤其是职业教育比较先进的国家的教师政策情况，为构建我国中职教师政策体系、调整政策价值取向提供借鉴。3. 编码研究法。为了寻找差异，书中以不同政策主体为主，辅以时间顺序，提取中国 1978 年改革开放以来重要中职教育政策文本中的相关教师内容作为一级编码。对于直接针对教师的政策文本，采取完整编码方式；对于间接涉及教师的政策文本，采取部分编码方式，只选取其中与本书相关的部分政策文本。在提取中职教师政策文本的二级编码和三级编码时，同样是根据中职教师政策价值取向的相关内容进行逐步概括。通过三次编码，从各教育政策文本中所蕴含的关于中职教师政策主体及政策目标、政策手段等方面的价值标准的变化，探寻中职教师政策价值取向的变迁。4. 模型研究法。本书构建了中职教师政策价值取向内隐模型，在模型的三个基本假说基础上，分析价值目标、价值标准、价值选择三个变量在不完全信息和时间压力下对中职教师政策价值取向调整的影响。5. 问卷调查法。本书对我国中部两省区的 3 120 名中职教师的实然生态状况进行了问卷调查，调查内容涉及教师入职、管理、培训与专业发展等方面，对调查所得到的数据进行统计分析，并且用调查结果对中职教师政策价值取向的模型变量进行修正。调查采用自填式问卷，在搜集真实可靠的数据基础上，使用统计软件 SPSS 进行统计分析，并主要从描述性统计、因素交叉统计、因素相关性检验等方面输出统计结果。

二、政策对象的限定与政策各阶段的划分

（一）中职教师概念外延的限定

“中等职业教育”是高中阶段教育的重要组成部分，它担负着培养数以亿计的技术工人和技师的重要任务，是我国经济社会发展所需的技术技能型人力资源的重要来

源。中职教育是职业技术教育的一部分，包括普通中等专业学校、技工学校、职业高中等学校教育及各种短期职业培训，也包括针对退役军人、农村转移劳动力等开办的成人中专等。

本书"中职教师"限定于中职教育的普通中等专业学校、技工学校、职业高中这三类学校的编制内教师和编制外的兼职教师以及政府购买服务岗位的教师，既包括人事关系隶属于教育部的教师，也包括人事关系隶属于人力资源和社会保障部的技校教师。

(二) 教师政策历史分期的说明

百多年来，我国中职教师政策从无到有，从内忧外困中破茧而出到被战火硝烟的现实考验所否定，再到受制于殖民统治和国民党一党专政下的自主声张，历经周折。自 1949 年以来，虽然中职教育领域在教育政策的推动下发生了若干次重大变化，经历过倒退、停顿，但总体来说，还是曲折向前发展的，并呈现出明显的阶段性特征。本书对我国中职教师政策的价值取向问题进行重点理论探讨，根据社会政治、经济变革的转折点以及中职教师政策改革发展的阶段性，将这些教师政策划分为三个发展时期、三个发展阶段进行分析。

三个发展时期包括：第一个发展时期，晚清时期的职业教育；第二个发展时期，民国时期的职业教育；第三个发展时期，新中国成立后的职业教育，此时期又以改革开放及社会发展新常态为节点分为三个发展阶段。

第二章　职教教师政策价值取向变迁过程中的复杂人、组织与技术环境

本章根据对国内外学者已有研究成果的总结及前人对相关教师政策价值取向研究所打下的基础，基于政策决策主体固有的观念，诸如国家利益、集体主义、效率或社会公平等，提出中职教师政策的价值取向是什么。这些基础使研究的理论视域扩大，有助于对中职教师政策价值取向的概念进一步界定，并对所发现的问题进行深入思考，从而表明我国中职教师政策价值取向的变迁是有迹可循的，价值取向变化的根据是可以在学理上进行推论的。这些有关价值取向内容的研究为第三章我国中职教师政策价值取向的百年演进及其动因分析打下了基础。

第一节　职教教师政策中的复杂人与价值论

一、相关概念

(一) 中职教师政策

中职教师政策是隶属于公共政策的下位概念，它既与公共利益有关，又与企业家、家长、教师和学生的私人利益有关；既从属于教育政策，又与人力资源政策联系密切。本书的中职教师政策是从宏观角度来理解的，即用以指导整个国家中职教师"入职——管理——退出"的政策，包括教育部的教师政策，也包括人社部的技工院校教师政策。

根据张家祥近20年前的归纳，我国职业教育教师的来源基本上有五条渠道：一是从各类高校毕业生中分配而来，这是构成职教教师的主要渠道；二是主办行业部门从下属企业单位选调一批工程技术人员到本部门主办的学校去担任教师；三是职业技

术学校选留本校的优秀毕业生；四是转或改，即原来普通中学的教师，由于学校升格而经短期培训后改教专业课；五是聘请企事业单位的专家、能工巧匠作为学校的兼职教师。[①] 时至今日，中职教师来源也基本如此，只是高校毕业生已经不是通过分配而是通过双向选择进入中职校任教。

中职教师政策是我国教育政策的重要组成部分，是党和国家机关根据教育基本政策，为解决中职教师问题制定的具体政策的总和。在本书中，中职教师政策采用广义含义，指党和国家机关（包括政治团体）针对中职教师制定的有关教师入职、管理、培训、发展的各项行动依据。外延上除了包括涉及中职教师的各种法律、规定、办法等文件外，还包括国家领导人的正式讲话、报告等。

（二）职教教师政策决策中的复杂人

政策决策主体需要因时因地地根据动机和需求层次的变化而变化，因而是复杂人。被政策所管理的职教教师队伍，因自媒体时代的信息来源渠道多样化而容易产生复杂的动机与需求。职教教师政策决策主体和政策对象都处在不确定条件下，可能会复杂地变化其动机与需求。寻求复杂人与职教教师队伍在动机与需求方面的一致性，是职教教师政策决策的难点所在。

（三）价值取向

价值取向是价值哲学的重要范畴。“所谓价值取向是价值主体在进行价值活动时指向价值目标的活动过程，反映出主体价值观念变化的总体趋势和发展方向。”[②]换言之，价值取向是价值主体对价值标准选取的方向，但是如果没有特定的价值目标，也没有可供选择的选项，主体就无法明确自己的取向。不妨这样理解，价值取向是指一定主体基于自己的价值目标，在面对或处理各种矛盾、冲突、关系时所依据的底线、立场、态度以及所表现出来的基本价值倾向。价值取向具有实践品格，它的突出作用是决定、支配主体的价值选择，因而对主体自身、主体间性均有重大的影响。促使价值取向的合理化是人类进步的信念。依从本体论的角度，可以把价值取向叫作价值的指向性；依从价值观的角度，价值的指向性就是价值取向。无论是取向还是指向，其实质是首先必须确认以谁为价值主体，并对价值主体的需要、目标和理想作何理解的问题。

中职教师政策的价值取向取决于中职教育满足市场经济条件下不同企业发展对

---

① 张家祥，钱景舫. 职业技术教育学[M]. 上海：华东师范大学出版社，2001：67.

② 阮青. 价值哲学[M]. 北京：中共中央党校出版社，2004：160.

中级技术人才的需求状况。中等职业教育在实践中与企业需要形成一种互赖关系，检验这种互赖关系的标准就是教育的实践结果，即中职毕业生所希望达到的高质量就业①。中职教师政策价值取向是政策主体在能够满足中职教育发展所需要的全部价值标准中，选取某些切合当下教育教学所需的价值标准的方向。具体来说，它是指一定主体基于自己的价值观，在面对或处理中职校与企业的矛盾冲突时所持的基本价值立场。其所反映的是服务型政府在协调政府—市场—社会关系时的价值标准的选择。中职教师政策价值取向的合理化能够使中职教育这个准公共产品更好地为本国企业参与全球化经济竞争提供及时有效的公共服务。

（四）政策决策

决策是指针对特定的问题，从多种可以替代的备选方案（预案、议案、提案或政策建议）中选出最合适的方案，作为未来行动的目标、依据、规则、手段的过程。政策决策是指针对特定的政策问题，从多种可以替代的政策预选方案中选出最合适的方案，作为政府的行动方案的过程。② 在现代社会，政策决策不但是公民、企业、政党、政府等多元利益主体之间斗争、妥协和合作的政治性过程，还是运用科学方法进行最优决策的技术性过程。应然状态下的政策决策主体不但有政府，而且有独立的、兼具智库性质的行业协会以及企业技术精英等。例如，2015 年两会期间，“政府工作报告”提出了“互联网＋”的战略，这种价值标准来源于国内一批企业技术精英在国内和国外两种市场实践中的前瞻预测。2016 年两会期间，“政府工作报告”提出培养“工匠精神”。倡导“工匠精神”是培养健康国民性的体现。缺乏“工匠精神”，就无法打造中国制造的金字招牌；没有质量安全标准以及与国际标准接轨的价值标准，就难以产生竞争力。那么，谁来培养“工匠精神”？培养“工匠精神”的主渠道是中等职业教育，而培养“工匠精神”的人是中职教师。在中职教师政策决策过程中，需要考虑如技术工人出身的人大代表李斌的提议：目前企业普遍缺乏年轻技术工人。

（五）中职教师政策价值取向

因为价值取向是对行为人行为后果的分析，所以体现的是主体价值观的发展变化走向。比如，雷锋做好人好事广为人知，他之所以做出“利他行为”，是因为“为人民服

---

① 作者注：“高质量就业”出自党的十八大报告，主要是指充分的就业机会、公平的就业环境、良好的就业能力、合理的就业结构、和谐的劳动关系等。

② 李由. 中国转型期公共政策过程研究[M]. 北京：北京师范大学出版社，2008：285.

务是最大的幸福"[①]是雷锋个人的价值取向。再比如，比尔·盖茨从大学退学，是因为有一个创业的商机。退学是他的行为，"抓住商机"是解释他行为的价值取向。价值取向说明的是"为什么这么做"及"我要的是什么"。本书认为界定中职教师政策价值取向体现的价值观在于：其一，从文字学的角度，考察了"向"字。在象形文字中，"向"的本意是朝北的窗户，引申为"方向"和"目标"。"向"字成词能力巨大，仅与动词成词就有流向、转向、面向、走向、趋向、导向等，而"取向"仅仅是其中之一。其二，从语料学角度，检索了北京大学CCL语料库。有关"取向"的2 649条检索结果显示，"取向"的成词能力也很强大，比如"积极心理学的治疗取向"、"营销是消费者取向"、"审美取向"、"性别取向"、"结果取向"、"过程取向"、"市场取向"，而"价值取向"确实是其中的高频语料，说明"价值取向问题"在当今大数据时代的确是一个对社会生活产生极其重要影响的热点问题。本书认为中职教师政策"价值取向"表明政策主体依据一定的价值目标，针对主体行为进行价值评价，继而做出行为上的更改、选择，是一个动态的选择过程。

探究教育部及人社部出台的相关中等职业教育政策，包括双师政策、一体化教师政策、兼职教师政策等，这些政策背后的价值目标是什么，隐蔽在其背后的价值目标问题是为谁服务，价值标准问题是为什么这么做。一些学者如刘复兴等，提出过教育政策"以人为本"的价值标准，本书将进一步探讨价值标准是否就是价值取向。

中职教师的工作对象是中职学生，中职学生多是那些"中考发挥失利者"，中职教育是对学生进行技术技能教育，其培养目标是通过以"西方技术"为价值标准来培育具有健康国民性和民族自信的中国技术工人和技师。我们的价值目标问题是中职教师政策为谁服务。2014年6月，习近平总书记在全国职业教育工作会议上指出，弘扬劳动光荣、技能宝贵、创造伟大的时代风尚，努力让每个人都有人生出彩的机会。我们便思考另一个问题，职业教育"以人为本"还是以"人人自主技术精进"为本，抑或是以人的"工匠精神"为本？本书把中职教师政策价值取向研究界定为对中职教师政策价值取向形成的影响因素——价值目标、价值标准和价值选择——的研究。这些因素在何种条件下必然发生转向？有没有更好的办法，使得中等职业教育满足各利益相关者的利益诉求？

---

① 习近平. 之江新语[M]. 杭州：浙江人民出版社，2007：7.

（六）内隐模型

中职教师政策价值取向的内隐模型是一组概念框架，用于解释价值取向的动因及变化。在这个模型中，价值取向是因变量，价值目标、价值标准、价值选择是自变量，价值取向内隐在三个自变量中，随着任何一个自变量的调整而发生变化，如图2-1所示。

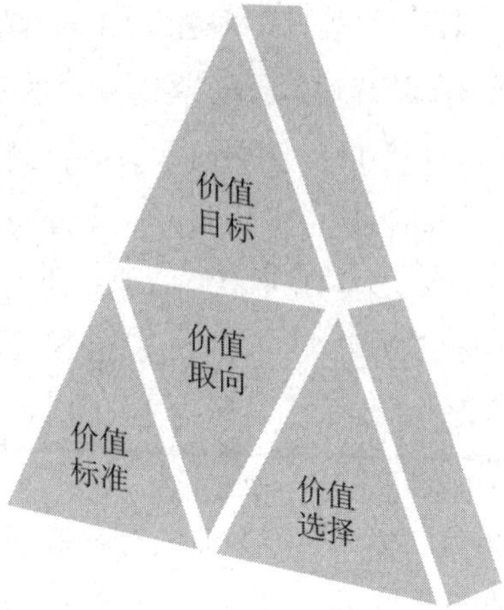

图2-1　价值取向内隐模型

当利益相关者的价值标准和价值选择突破制度的天花板，被显性为价值目标时，价值取向就包含在价值目标所表达的信念之中。诸多利益相关者的多元价值标准经过制度和体制的选择，能够进入政策主体视野的就成为政策，而在制度天花板以下的所有价值标准和价值选择则无法进入政策文本。

（七）自主技术精进

我国职业教育的目标是培养技术人员，中国技术人员参与的国际产业竞争通常在三个层面上展开：最低层面的是技术，中间层面的是专利技术，最高层面的是技术标准。中等职业教育所面临的任务是提高生产一线技术人员的技术水平以及对专利技术和技术标准的追踪，对此，本书提出“自主技术精进”的核心概念。在技术选择方面，我们习惯于聘请国外的教练、技术工作者，中国本土培养的技术工人处在被选择的“后来者劣势”[①]之中。自主技术创新有两个特点：第一，自主技术是内生的。根据毛泽东在《中国革命战争的战略问题》中所阐述的，“无论处于怎样复杂、严重、惨苦的环境，军

① 高旭东．自主技术创新的经验和教训：以TD-SCDMA为例[J]．国家行政学院学报，2011(3)：87—90．

事指导者首先需要的是独立自主地组织和使用自己的力量”。独立自主，是中国人安身立命的基本法则。在中国市场深度对外开放的情况下，我国企业不得不在本土直接面对跨国企业的技术竞争。在计划生育政策实行四十多年后，我国劳动力成本低廉的比较优势已经失去，因此，拥有自主技术成为我国企业参与国际竞争的必然选择。第二，随着企业技术的快速发展和技术生命周期的缩短，新技术不断涌现。国外企业技术人员精明而进取，锐意求进。我国企业需要加强对自主技术创新的紧迫性和战略意义的认识，需要增强对自主技术创新的信心。“自主技术精进”的提出有利于通过中等职业技术教育提高国民的技术素养，通过培养“大工匠”藏技于民，从而为我国技术专利和技术标准创新提供技术人力资源。

二、理论基础

（一）复杂人与超Y理论

“复杂人”假设是20世纪六七十年代由美国的行为科学家埃德加·沙因(Edgar H. Sche)提出的。这一假设认为，就个体而言，人是复杂的。因为个人的需要和潜力会随着年龄、地位、环境以及人际关系的改变而各不相同。就群体而言，人也是复杂的，人与人是有差异的。无论是经济人还是社会人，以及自我实现的人，这些假设有其合理的一面，但从管理的角度看并不适合一切人。因此，在“复杂人”假设基础上，超Y理论被提出。这种理论要求将工作、组织、个人三者作最佳的配合，其基本观点可概述如下：人怀着各种不同的需要和动机加入工作组织，但最主要的需要是实现其胜任感；胜任感人人都有，它可能被不同的人用不同的方法去满足；当工作性质和组织形态适当配合时，胜任感能被满足（工作、组织和个人间的最佳配合能引发个人强烈的胜任动机）；当一个目标达到时，胜任感可以继续被激励起来，新的更高的目标又会产生。

（二）公共政策决策理论

公共政策决策也被称为社会决策，是指国家、行政管理机构和社会团体为解决社会问题、实现社会目标而制定的公共计划、行动方案和行为准则，它具体表现为一系列的法令、策略、条例、措施等，[①]如国家安全、国际关系、社会就业、公共福利等。公共政策决策具有以下特性：第一，公共性。公共政策决策涉及的是社会公共利益，公共性是公共政策决策的本质属性。任何公共政策决策的制定执行都必须以社会中最大多

① 钱再见. 现代公共政策学[M]. 南京：南京师范大学出版社，2007：15.

数人的根本利益，即公共利益的最大化为目标。虽然每项公共政策决策都有其利益取向，但实际结果是应当使多数人普遍获益，至少不应该由于某项公共政策决策的实施使大多数人的利益受到损害。[①] 第二，公平性。所谓公平，是指公民参与经济、政治和社会其他生活应享有的权利公平、机会公平、程序公平和结果分配公平。[②] 戴维·伊斯顿认为公共政策是政府对整个社会的价值作权威性的分配。这种"权威性分配"是指政治系统经由政策制定，将各种价值分配于体系内的成员。[③] 既然公共政策是对这个社会的价值作分配，那么涉及公共利益的事项必须遵循平等、公平的价值理念，不能出现特权阶层的现象。此外，公共政策以社会问题为起点，要想使公共政策得到顺利实施，也必须以公平性为前提。第三，稳定性。一方面，因为决策目标的实现不是一蹴而就的，需要一个过程。在这一过程中，政策决策相关政府部门或利益相关者需要足够的时间来沟通、协调甚至妥协，从而最终达成一致。另一方面，公共政策决策只有保持一定的稳定性，才能使决策主体和客体能够更好地适应该项决策，朝令夕改的政策决策将会使政策执行陷入无所适从的境地。

（三）价值论

价值论在中国又被称作是价值哲学。杜汝楫提出认识有事实与价值之分。[④] "是如何"为事实认识，而价值认识是解决"应如何"的问题。如果把事实认识和价值认识截然对立，要么单纯强调其中一个方面，要么把两者混为一谈，都会导致这样或那样的错误。通过对教育领域的价值取向进行文献研究，发现以往研究者对教师政策价值取向的认识也有事实与价值之分。在中职教师政策价值取向研究中，诸多学者表示在实然价值取向与应然价值取向之间存在偏差。这将引导我们进一步思考，在政策决策过程中价值取向变化的根据是什么，价值取向的主体利益是如何表达的。

价值哲学可分为实践价值哲学与理论价值哲学，王玉樑认为，价值哲学最根本的是它坚持以实事求是思想为指导，从实践过程、实践结果出发理解价值。西方价值哲学的满足需要论认为，主体需要的满足是价值的基本标志，所以以满足需要界定价值。新文化运动之后，中国人按照西方哲学思想来从事经济建设和改造社会，在经济发展

---

① 宋生瑛. 公共政策中公平与效率问题的分析[J]. 经济问题，2008(1)：9－11.

② 王建国. 论科学的效率公平观的确立[J]. 河南师范大学学报(哲学社会科学版)，2006(2)：29－32.

③ Easton D. The political system：An inquiry into the state of political science[M]. New York：Knopf，1953：125－141.

④ 杜汝楫. 马克思主义论事实的认识和价值的认识及其联系[J]. 学术月刊，1980(10)：1－10.

的收益被自然生态环境的代价冲抵后，就不断有中国学者对满足需要论提出质疑或批评，指出主体需要（人欲）并非天然合理。满足合理需要是有价值的，满足不合理需要是无价值或是负价值的。满足需要论存在着混乱，实践上容易产生误导。[①] 哲学家文德尔班（W. Windelband）和詹姆斯（W. James）坚持以满足需要界定价值，实际上是把事实混同于价值，其思想根源是快乐主义。满足需要论本身是一种以快乐主义为基础的主观主义价值论，是一种片面的理论。

冯平指出："如果价值被看作是与主体及其处境相关的事实，那么我们自然会把主体及其处境明确地包含在这一价值事实中，因此价值将首先随主体而产生或消失。而主体作为所有价值的最终条件，可以说，价值包含在它自己身上。但是这样一来，主体的实存作为有价值的基础，将优先于每个特殊价值。"[②]

价值从两种截然不同的意义上来说，可以使用"非个人价值"和"个人价值"这些术语来加以区分。由于个人价值的相对性，个人价值总是主观的，而非个人价值是客观的。[③] 迄今流行的价值理论忽视了这样一个重要的主题，即忽视了非个人价值，但是它对个人价值研究却进行了有价值的、必要的工作。政策价值取向属于"非个人价值的研究"。埃伦菲尔斯（C. Ehrenfels）坚持认为工具价值只有与主体内在价值相关联时才具有价值。在《价值论与伦理学中》，他写道，"我们全都知道，便宜的铁比昂贵的金更有用处"[④]，面包的价格没有钻石的价格昂贵，但是面包对于我们的日常生活更有价值，"比起只不过用来开胃的胡椒，有营养的面包大多估价较低，这也是对的"。[⑤] 我们分析政策的价值取向所使用的分析工具可以总括为两把尺子：一个是分歧，一个是一致。分歧的刻度有"信念分歧"和"态度分歧"。信念分歧是关于"是"、"非"的分歧。在这类事例中，一人认为P是答案，另一人则认为非P，或某个与P不能共立的命题是答案，并且各自都可以在讨论过程中努力提出一些证据来论证自己的观点，或者借助较新的材料来修正自己的观点。可使用信念分歧这个工具来分析相同政策的不同主体的答案。在中国大陆，目前有两个政府部门出台中职教师政策，其一是教育部出台的有关职业教育教师的培养培训政策；其二是人社部出台的有关技工院校的教师政策。

---

① 王玉樑. 从理论价值哲学到实践价值哲学[M]. 北京：人民出版社，2013：4.

② 冯平. 现代西方价值哲学经典：心灵主义路向[M]. 北京：北京师范大学出版社，2009：138.

③ 冯平. 现代西方价值哲学经典：心灵主义路向[M]. 北京：北京师范大学出版社，2009：145.

④ 冯平. 现代西方价值哲学经典：心灵主义路向[M]. 北京：北京师范大学出版社，2009：185.

⑤ 冯平. 现代西方价值哲学经典：心灵主义路向[M]. 北京：北京师范大学出版社，2009：186.

另一些事例虽然也被称为“分歧”，但这些事例涉及的不是信念分歧，而是态度的对立。“当两个人对同一事物持有相反的态度(赞成或反对)，而且有一方意图改变对方态度或者怀疑对方态度的正确性时，我们就说他们存在着态度上的分歧。”[①]这种态度分歧有时是短暂和缓的，有时是强烈的需要、爱好、意图等。“当一个人试图改变另一个人的态度的同时，也会因为受该人意见的影响而准备改变自己的态度。”[②]信念分歧和态度分歧不一定都导致敌对性的竞争，相反，当在某种双方都认为有益的相互影响下，可能会引发双方目标的互换。两者的差别在于，信念分歧是关于怎样如实地描述和解释事情的问题；而态度分歧是关于怎样才能赞成或不赞成这些事情的问题。“一致”既可以指两个主体相同的信念，又可以指两个主体相同的态度。

(四) 人力资源与跨文化管理理论

自贝克尔(G. Becker)提出人力资源管理理论后，企事业单位在劳动人事管理业务方面，逐渐开始以人力资源的理念来梳理企事业单位内部的人员流动。中等职业教育教师的人力资源管理是指对归属于事业单位的教师的人事管理，通过“进——管——退”实现人力资源流动。跨文化经常被理解为跨国之间的文化交流与沟通。但是，从社会学角度出发，企业文化也存在差异，在不同企业文化环境中的技术人员的认知也存在差异。各社会阶层之间有各自的思维方式和文化归属。冯大鸣认为，有关政策制度还没有充分利用教师专业化发展文化变动带来的机遇和空间。[③] 在教师群体之间也存在着不同的文化处境，而中职教师群体对社会阶层的认知是存在冲突与困惑的。

跨文化管理真正作为一门科学，是20世纪70年代后期在美国逐步形成和发展起来的。它研究的是在跨文化条件下如何克服异质文化的冲突，以进行卓有成效的管理。其目的在于如何在不同形态的文化氛围中设计出切实可行的组织结构和管理机制，最大限度地挖掘和利用企业人力资源的潜力和价值，从而最大化地提高企业的综合效益。日本在20世纪60年代末70年代初企业管理方面的成功也是导致跨文化管理研究兴起的重要原因。研究结果显示，日本并没有仿造美国的管理系统进行管理，而是建立了更适合于本民族文化和环境的管理系统。这个系统远比美国已有的跨文化管理系统成功。跨文化管理理论承认，跨文化管理要求公共管理者有能力融合社会各阶层的文化差异，整合各阶层资源。

---

① 冯平. 现代西方价值哲学经典：语言分析路向[M]. 北京：北京师范大学出版社，2009：509.
② 冯平. 现代西方价值哲学经典：语言分析路向[M]. 北京：北京师范大学出版社，2009：509.
③ 冯大鸣. 处境变迁与文化回应——西部农村教师专业发展研究[D]. 上海：华东师范大学，2008：39.

本书认为，相对于中职教师政策的价值取向而言，政策决策主体需要从跨阶层、跨文化的角度整合中等职业教育相关利益者的文化资源，形成价值共识，才能达到各方在中职教师政策执行过程中的价值取向的一致性。长期以来，技术工人属于工人编制，工人阶层有自己的文化认同，他们是手艺和技术的代名词。企业家通过企业文化向工人和技术人员传播他们的管理理念。教师属于干部编制，也属于知识分子阶层。知识分子中有学者、理论家，企业家可以向他们提供材料、资金、实验场地进行技术发明，这种技术发明源于学者的理论发现。中职教师既不是学者也不是理论家，也不属于技术工人，因此，中职教师的文化价值认同中存在着各社会阶层的交集，而中职教师政策价值取向需要面对这种跨阶层文化给政策执行带来的冲突。

（五）公共选择理论

“公共选择理论”（Public Choice Theory）产生于 20 世纪 40 年代末，是詹姆斯·M·布坎南（James M. Buchanan）等人创立的一种新公共经济理论。公共选择理论把经济学的分析方法和工具用于研究集体的或非市场的政治决策过程，以现代经济学的基本假设（“经济人”为其中之一）为前提，分析公众的公共选择行为和政府的决策行为以及二者之间的关系。[①] 它认为人人都具有利己心，以自己的喜好和效用函数作为标准来寻求自身获得最大利益的机会。威廉姆森（O. E. Williamson）认为，当不确定性，或者是复杂性的存在达到了必要的程度，会产生有限理性。因此，环境的不确定性、信息的不完全性以及人的认识能力的有限性，使得每个人对环境反应所建立的主观模型并不相同，也就导致了人的有限理性的产生。由此可见，人总是在现行制度的约束下，在不损害国家利益、社会利益和组织利益的前提下，追求自身利益的最大化。这说明，只要在良好的法律和制度的保证下，“经济人”追求个人利益最大化的自由行动通过“看不见的手”来无意识地增进社会的公共利益。[②] 公共选择理论运用了新公共经济理论的基本假设和分析方法来研究政策问题，其分析方法来源于经济学，但是研究的对象不是经济市场而是政治市场。也就是说，虽然分析的对象是政治市场，但是采用的分析方法完全不同于传统意义上的政治学。布坎南和其研究伙伴戈登·塔洛克（Gordon Tullock）于 1962 年在他们的名著《同意的计算》中论证了以下观点：在公共选择中，因为信息不对称，一致同意需要极大的成本。现实中的政治程序多采取间接

① 宋锦洲. 公共政策：概念、模型与应用[M]. 上海：东华大学出版社，2005：59.

② 杨春学. 经济人与社会秩序分析[M]. 上海：上海三联书店，1998：12.

民主制(代议制)或多数票原则(简单多数或比例多数),政府行为和政府目标在很大程度上受政治家和政治官员的动机支配,多数原则不一定必然提供合理性。布坎南认为,在相互冲突的主体间形成一致的规则是不可能的,因此只能求其次,通过多数人规则来实现。这就必须理解多数人规则的实质,并不是让多数人接受而形成决策的规则,而是让所有人都接受决策的规则。布坎南还认为,多数主义政治会导致多数人联合体利用政府权力来为自己的利益重新分配资源,对经济和社会产生负面效应。他主张,放弃简单多数规则,而建立一个可以包容更多人的规则,即一种"普遍性的限制"(constraint for generality),从而使政治家在决策时按照公众的利益公平地进行社会福利的分配。

综上所述,政府是由官员组成的,官员个体具有寻求私利的"经济人"天然本性,因此,由政府官员组成的政府部门也可以被看成是"经济人"。另一方面,人类行为反映着价值观,人类在一定价值观指导下开展实践活动,实践活动带有相应的价值取向。对于价值取向研究来说,任何对"政策决策"问题的直接参与都是危险的。因为它可能偏离了"价值无涉",可能使分析丧失了不偏不倚的公正性。

我国教育部和人社部两个政府部门分别出台不同的中职教师政策。根据"经济人"理论,政府部门也是有限理性"经济人"。当"经济人"依据各自的价值标准对中职教师政策进行价值选择时,会涉及利益相关者的自身利益,从而产生利益冲突。尽管相对于中职教师政策,不同决策主体的价值取向存在不同,但中国技术所面临的国际竞争环境是相同的。

第二节　职教教师政策价值取向变迁的动力结构

一、西方技术强国价值论对职教教师政策的影响

马克思认为:"'价值'这个普遍的概念,是从人们对待满足他们需要的外界物的关系中产生的。"[①]以关键词"国外职业教育教师"在知网检索到的467篇文章[②]当中,介绍各国职教教师培养特点的文章如下所述。何倩介绍了芬兰的职教教师培养特点。芬兰职业教育教师政策"主要是针对那些想进入技术学院和职业教育机构的人员"。[③]

① [德]马克思,[德]恩格斯.马克思恩格斯全集(第十九卷)[M].北京:人民出版社,2006:406.

② 作者注:搜索日期是2016年2月16日。

③ 何倩.芬兰中等职教师资现状及其培养特点研究[J].职业技术教育,2009(19):88-92.

这类人员普遍存在年龄偏大的问题，说明“工作经验”成为芬兰职教教师入职政策的价值取向之一。张庆伦的研究表明，20世纪90年代，俄罗斯开始以中职学校作为培训专门人才的教育机构，全面推广中等专科学校的干部培训体系，并且积极探索新形式，极力满足个人对教育的需求，以及社会对中等层次专门人才的需求。① 穆小燕、王传捷介绍了日本职教教师培养体系的开放性。日本的职教教师录用制度非常严格，对教师要求很高，但是相应的待遇也优厚，注重教师的专业发展，为教师提供多样的在职培训制度等。② 李一在文章中对澳大利亚的职教教师政策进行了分析，“澳大利亚教师入职政策的价值取向注重企业经历，在新任教师成为真正的职教教师之前必须要有在企业工作的经历，这种要求作为一种传统一直延续至今”。在在职管理方面，强调行业协会在教师专业发展中的作用。“教师要定期到企业学习实践并成为相关专业和行业协会的会员，参加专业协会和行业协会的活动，以了解最新的行业发展动态并获取行业、企业最新的技术资讯。”③可以说，企业经验是澳大利亚职教教师的入职条件，而行业协会的经验是职教教师专业化的必经之路。

张燕在研究了法国职业教育教师培训的历史与现状后得出结论，认为法国职业教育与企业紧密挂钩。在教师退出机制当中，“以企业老师傅与企业开办的学校为例，培训总是局限于企业对技术的专门需求上，实践培训由最有经验的老工人负责，这也是他们退休前的最后一项任务”。“企业的工程师负责进行技术培训中理论部分的教学，如绘图、几何、物理、应用化学等。”教师内部阶层分化进入研究者的视野。同样在职业教育领域，“在国家职业学校以及实践学校中的内部阶层分化现象在职业学校中同样也存在。尽管薪水相当，但是助理技术教师每周要承担40个小时的教学任务，而从事技术理论课教学和通识课教学的教师只需要分别承担28小时和25小时的教学任务”。这不仅是一个教师群体阶层的内部分化问题，而且反映了一个制度歧视的问题。“制度锁定”是某些教师群体维护自身利益的现实需求，但问题是这种锁定对于法国中职教师在保持技术精英优势时是否起到促进作用。张燕认为“职业教育与培训内部的阶层化使通识教育与理论教育受到重视，而职业培训则处于相对的弱势”。这种教师培训的阶层分化带来了一些问题，“这种模式也导致了培训与现实世界的脱离”。例如，20世纪60年代的电工只需要学习电子类相关的理论知识，并在实训课堂接受电

① 张庆伦. 俄罗斯中等职业教育的特点及发展前景[J]. 职教论坛，2007(10)：56-59.

② 穆小燕，王传捷. 日本职业教育教师队伍建设的特点及启示[J]. 日本问题研究，2006(2)：32—36.

③ 李一. 澳大利亚卓越的职业教育专业化教师培养路径探析[J]. 职业技术教育，2014(4)：83-88.

子交换机的培训就能获得文凭证书，不需要学会处理未知状况下的复杂情况，以及懂得如何满足消费者的特殊需求。20世纪80年代初期的雇主们经常抱怨职业教育与培训中存在的这些问题。如何解释这一现象，本书将在第六章中给予探讨，并说明与商业社会的就业现实保持一致的阶层分化引起的制度变迁的必要性。

2002年11月，31个欧洲国家的教育部长聚首哥本哈根，为了共同实现"里斯本目标"，与欧盟委员会共同签署了《哥本哈根宣言》，启动了"哥本哈根进程"，希望"通过职业教育与培训领域的合作，使职业教育与培训走向一体化发展，以提高综合实力，从而适应欧洲社会的发展需要与统一"。[①] 德国是"欧洲职业教育一体化政策"的主要力量。"欧洲职业教育一体化政策"，即《促进职业资格互认和劳动力自有流动的欧洲工具和原则》，其中包括三个文件：《欧洲职业资格框架》、《欧洲通行证》和《欧洲职业教育学分转换体系》。[②] 配合上述文件，在知识政策方面，德国于2005年颁布了《欧洲职业教师资格共同原则》、《提升教师教育质量》。同年，颁布了新《联邦职业教育法》，该法案第三节规定了教育提供者与实训教师的资质，包括人品资质和专业资质；第六节规定了利益代表条款；并且在第101条规定了从事职业教育的自然人、法人和管理部门根据联邦职业教育研究所代表的要求提供所需信息和必要资料，允许在企业正常工作时间内参观企业场所、企业设施以及企业岗位，劳动法和公务法规定的保守企业秘密的任务仍然有效。2007版《联邦职业教育法》第三节又对05版进行了补充。除企业教师以外，其他虽不是职业教育教师，但是符合第30条规定的职业技能、知识和能力要求且人品合格的人员可以参加职业教育。[③] 以上政策呈现了欧洲学校职业教育的价值标准。

对上述国外职业教育教师政策的综述如下：第一，职业教育政策强调职业教育的归属感和认同感。例如，欧洲职业教育政策主体强调统一的欧洲共同价值标准和对欧洲的认同。欧洲作为价值主体，试图通过职业教育政策培养教师和毕业生对欧共体的归属感。职业教育教师政策也努力适应欧洲的社会现状。无独有偶，当今世人公认的职业技术教育的成功范例有三种，分别是日本的"产学合作"、美国的"合作教育"以及德国的"双元制"。职业教育政策要协调诸多利益相关者的共同利益，不能仅仅靠学校

---

① 王启龙，石伟平，李君敏. 哥本哈根进程后德国促进职业教育的启示[J]. 中国职业教育，2015(3)：66—69.

② 苟顺明. 欧盟职业教育一体化教育政策评析[J]. 教师教育学报，2014(5)：106—115.

③ 姜大源. 当代世界职业教育发展趋势研究[M]. 北京：电子工业出版社，2012：505.

单方面地封闭举办职业教育，学校职业教育必须与企业技术实践和行业技术标准相结合，要注重职业教育中“人”的归属感和认同感。这三种模式中有两种是关于职业教育中“人”的归属感的，抛开美国模式不谈，日本的“产学合作”使学校职业教育与日本企业的终身雇佣制结合，体现了日本企业文化中雇员对企业终身认同这种稳定的雇佣关系，是日本工匠产生的可靠环境。而与认同感有关的国外职业教育政策，比如《哥本哈根宣言》，通过打造全欧洲的通行证，让劳动力市场充分地自由流动，使职业教育毕业生获得游历的机会，让他们体会到只有欧洲才是他们的福地。作为准公共产品，由政府所提供的中等职业教育服务，体现了各国政府的价值取向。欧盟职业教育政策的目标是通过职业教育统一欧洲，同时欧洲各国的职业教育政策又可以与欧盟政策贯通。例如，德国联邦政策和地方政策并不与整个欧盟的政策互为掣肘，虽是“政出多门”，但彼此顺应。1969年德国颁布《职业培训法》，规定职业学校的管理由各州负责，企业内的职业培训由联邦政府负责，并由行业协会对企业的培训进行监督和管理。第二，职业教育政策主体多元，但是彼此责任明确，价值取向一致。各国的非营利组织或非政府组织（包括第三部门）在公共服务供给领域也都发挥了重要的作用。德国的企业和行业协会可以提供特色鲜明的公共服务，通过联邦政府购买其服务，使职业教育政策更有效地落地执行，这表明各政策主体都将社会公认的价值观等同于自己的价值标准并应用于政策评价。职业教育工作与科学、技术和工业理事会/协会强调了各种政策之间的紧密联系。高效率的职业教育政策是政府、市场和第三部门共同参与的结果。公共服务可以由政府和第三部门来提供，政府可以采取向企业购买的方式，为社会提供职业教育发展所必需的公共产品。不同政策主体的价值标准趋同，在职业教育政策中注重经营“人”的归属感，共同的归属感使得欧洲各政策主体的价值取向一致。

二、中国技术价值观

（一）关于职业教育价值及其价值取向的研究

在15世纪之前，我国的科技水平一直处于世界领先地位。当时主要的教育形式有私学、职官教育、世袭家传、艺徒传承、行业教做等。例如，管子传授天文历法、水利知识和技术。据《淮南子》记载，古人已掌握冰透镜取火技术及潜望镜技术的应用。“墨家私学，所传授的知识包括了光学、力学和几何学，并创立了科学实验的方法。”①

① 谢广山.中国古代职业技术教育的兴盛及其特征[J].职教论坛，2004(28)：63－64.

墨子是我国古代职业教育的名家，他最著名的教育观是“兼爱”。《孟子·尽心上》写道：“墨子兼爱，摩顶放踵利天下，为之。”兼爱所强调的是人与人之间普遍平等的观念，依据是“夫知者必量其力所能至而从事焉”。量力施教，“使能谈辩者谈辩，能说书者说书，能从事者从事”。这是多元智能理论在中国古代职业教育中的表达，“凡天下群百工：轮、车、赣、匏、淘、冶、梓、匠，使各从事其所能”。从这一点出发，我们发现中国古代职业教育的价值已经体现出只有社会分工不同、没有生命贵贱之分的意涵。古代职业技术教育建立了一套以实用操作技术为考核内容的应用型考核制度，比如宦学中的职官考选制度，又称“取士”制度。

康熙年间甚至研制出科学水平空前的《皇舆全览图》，可见，即便是到了18世纪，中国也不是没有自然科学发现和技术发明，而是当时管理科学技术的政府的政策价值取向存在问题。近代学校职业教育发端于清末，但学者们从价值角度研究中职教师政策的材料非常少，因此，首先考察一下关于教育政策的价值研究。

黄济认为，“在教育价值观中存在政治价值、经济价值、文化价值、宗教价值等等不同的各种要求”。[①] 教育政策决策主体根据主管需要确认教育价值的种类，因此，教育价值观并不呈单一维度。他进一步提出：“在教育中同样存在着价值的层次性，在中国长期的封建教育中，由于对体力劳动的鄙视，所以技术教育一直在教育制度中不占重要地位，这就大大影响了科技的发展。”叶澜在肯定当代中国教育价值取向的历史合理性的基础上，指出了教育价值取向的偏差表现为在政府的教育决策中只强调教育的社会工具价值，忽视教育在培养个性、使人的潜能得到尽可能发展方面的价值；分析了当代中国教育价值取向发生偏差的认识论根源在于要求教育直接为政治、经济服务的思维方式；总结了教育急功近利、忽视个性和独立人格、政治盲从等方面的严重后果，并初步探讨了国家教育决策层没有认识到教育价值取向偏差的原因。[②] 王卫东、石中英赞同叶澜教授揭示的我国国家主体的教育价值取向偏差的具体表现，并且在将教育价值取向的选择主体分为国家主体、集体主体和个体主体的基础上，进一步把教育价值取向分为三类：国家主体的教育价值取向、集体主体的教育价值取向和个体主体的教育价值取向，并且强调价值主体在一定的社会历史条件制约下的选择作用的充分发挥，提出了整合各种价值取向的解决意向和相对标准。[③] 劳凯声、刘复兴等较系统地

---

① 黄济.教育价值与人的价值[J].教育研究与实验，1989(3)：1-4.

② 叶澜.试论当代中国教育价值取向之偏差[J].教育研究，1989(8)：28—32.

③ 王卫东，石中英.关于建国后教育价值取向问题的思考[J].江西教育科研，1996(4)：1—4.

研究了教育政策的价值问题，认为“教育政策是价值选择的结果，教育政策研究必须重视价值问题”。[①] 孙绵涛提出，“教育政策的本质决定了教育政策的导向、调节和管理功能，使教育政策具有了客观的价值属性”。[②] 刘复兴等提出“以价值和价值分析为切入点研究教育政策问题，初步建立了一个比较系统的教育政策价值分析的理论框架”，[③]为后续研究奠定了较好的研究基础。但是，职业教育政策价值取向中人人平等标准的缺位及对人的归属感的重视等问题则无人论及。

（二）关于教师政策价值及其价值取向的研究

通过将价值哲学的宏观研究与小而微的教师政策实务相结合，国内研究者在探究政策决策过程中的行为者的价值取向方面曾做出过一些研究结论。檀传宝针对教育和价值的关系，阐述了教育中的价值问题，认为我国教师教育政策价值取向研究的重点在教育领域中的价值理想、价值选择和价值追求，为教师教育政策的价值研究提供了一个总体的思路。郭元婕、丁邦平指出，教师教育是一个政策问题，政策制定过程要将价值与理想相结合。[④]

王继平对我国教师政策价值取向进行了研究，认为我国教师政策价值取向应进行三个方面的调整：教师社会价值定位从阶级定位向职业定位转变，政策价值标准从干部标准向人才标准转变，政策价值追求从加强管理向促进发展转变。[⑤] 姜大源认为职业教育的技术教学论中存在改变着的学习文化，具体指的是：从传统的被动接受的价值观转向现代的独立人格的价值观。[⑥] 中职教育的课程政策影响教师政策，并影响教师政策的价值取向，任平认为，“教师教育是课程实施之本”。[⑦] 设计完善的课程需要教育技术精良、教学水平高超的教师来执行。对于不能满足当地产业发展需求的落后课程，需要教师有能力开发校本课程，因此，中职教师政策必然关涉到中职教育的课程政策和教学论。

王小红从伦理学的角度出发，指出教师教育政策应以追求公平、人道、理性为价值

---

① 劳凯声，刘复兴. 论教育政策的价值基础[J]. 北京师范大学学报(社会科学版)，2000(6)：5—17.

② 孙绵涛. 教育政策论——具有中国特色的社会主义教育政策研究[M]. 武汉：华中师范大学出版社，2002：25.

③ 刘复兴，劳凯声. 教育政策的价值分析[M]. 北京：教育科学出版社，2003.

④ 郭元婕，丁邦平. 教师教育研究的定位和发展趋势[J]. 比较教育研究，2005(11)：58—62.

⑤ 王继平. 合理调整我国教师政策价值取向初探[J]. 教师教育研究，2005(6)：5—11.

⑥ 姜大源. 职业教育的技术教学论[J]. 中国职业技术教育，2007(19)：1＋20.

⑦ 任平. 晚清民国时期职业教育课程史论[D]. 长沙：湖南师范大学，2010：5.

取向。[①] 朱艳霞从价值角度对我国2007年师范生免费教育政策内涵进行解析，分析了免费师范生政策的价值取向和价值缺失。[②] 杜智华提出了我国教师政策"以人为本"和"以教师发展为本"的政策价值取向建议。[③]

吴遵民、傅蕾对我国改革开放30年来的教师教育政策进行简要梳理，阐明了教师教育政策的变迁过程，清晰显示其价值取向的变迁轨迹，发现存在的问题与弊端，如近年来出现的师范教育特色的弱化与泛化、教师教育主体性的缺失、教师教育公平性的诉求等。吴遵民等一方面认为，教师教育政策乃是实现教育目的的公共方针及体系，国家作为政策的出台者，是国家意志和价值选择的体现。国家作为价值取向中的主体，必然会对作为客体的教师教育的方向及其内容有所选择或取舍。另一方面认为，教师政策本身反映了国家的需求与导向，同时渗透了一定时代与社会的价值取向。[④] 但是，他们没有就国家的价值取向与社会和时代的价值取向之间的冲突等深层次问题展开讨论。虽然提及职业教育低迷的情况，但是未深究政策价值取向对职业教育局面的影响。王坤提出在中等职业课程教育政策价值取向中存在路径依赖和钟摆的现象。[⑤]

根据前人针对教育政策或教师政策价值取向的研究工作，本书作综述如下：第一，根据已有政策文本分析，我国教育政策总体上的价值取向反映了中央政府所追求的价值目标，即服务于政治经济，这会引起教育价值取向的偏差，表现为急功近利、政治盲从、忽视个性培养等后果。无论是教师政策还是职业教育政策，皆体现了政策决策主体的偏好。叶澜、王继平等人的研究指出，受一定的社会历史条件制约，教师政策服从阶级定位，政策与政策对象存在一种两元对立、管制与被管制的关系。第二，研究发现，在相当长的历史时期内，教育政策决策的价值主体单一化，以往的研究并未从利益相关者的角度进行分析，而多是从教师政策决策的唯一主体所表达的国家意志出发开展研究。但是，中央政府的各职能机构会先后就相同领域出台政策，不同政府部门出台的政策多只反映本部门的利益。在这种情况下，少有学者进一步分析谁代表中央政策，地方教育部门在执行政策过程中是否造成政策的碎片化和政策打架等。第三，

---

① 王小红. 关涉教师幸福：教师教育政策的伦理诉求[J]. 现代教育论丛，2008(1)：82 - 84＋51.

② 朱艳霞. 价值视角下的高等师范免费教育政策[J]. 山东省青年管理干部学院学报，2009(1)：89—92.

③ 杜智华. 我国教师教育政策价值取向研究[D]. 长沙：湖南师范大学，2010.

④ 吴遵民，傅蕾. 我国30年教师教育政策价值取向的嬗变与反思[J]. 杭州师范大学学报（社会科学版），2011(4)：93—100＋128.

⑤ 王坤. 新中国中等职业教育课程政策研究[D]. 重庆：西南大学，2014：25.

教师政策价值标准经历了阶级定位、身份定位。改革开放30年以后，开始有学者提出教师政策价值取向应该“以人为本”。职业教育教学论中出现了从被动接受价值观向现代独立人格价值观的转化，这说明政策主体开始趋向多元。还有学者提出职业教育教师政策要以公平、人道、理性为价值取向。研究主要聚焦在中职教师政策价值取向“是什么”的问题上，没有学者进一步探究构成这种价值取向的原因是什么。这如同一年级小朋友可以说出自己在学校的午餐是“面包”、“馒头”，但其并没有发现做出这两种食品的原材料都是面粉、水和酵母。对于中职教师政策价值取向“是什么”和“为什么是”的问题，答案仍然是未知的。综上所述，中央政策所反映的仍然是以干部编制为政策工具的身份定位的价值取向。职业教育教师政策的身份定位对中央政策执行的有效性使得需求人才的产业部门产生怀疑，比如中等职业教育发展至今，为什么产业部门一直缺少中等专业技术人才，一技难求。此外，尽管有地方政府出台诸如《职业教育校企合作促进条例》等政策法规，但中职教师的企业实践仍然难以开展，“校企合作”仍然困难。这诸多价值取向困境背后的原因是什么，至今还没有学者给出满意的答案。

三、职教教师政策价值观动向

通过对国内外已有研究的整理，不难发现，教师政策价值取向变迁的动力结构尚没有被研究者聚焦，尽管有研究者提到主体的价值取向对政策的影响，但是无人谈及价值标准在政策评价中的作用。一百多年前，西方学者对“效率至上”价值取向的研究，是将政策决策主体仅仅锁定为政府。政府单方面“效率至上”的政策价值取向，是基于利益相关者的弱势。政策利益相关者（中职校教师群体、中职校学生群体）的自主性和平等价值判断还没能进入政策视野。随着西方工业技术的发展，社会贫富差距加大，罗尔斯（J. Rawls）从20世纪50年代起就深刻意识到现代社会的价值分歧，通过对公平正义的阐释，他成为美国社会居主流的价值和正义观念的忠实代言人。有学者认为，评价主体将自己的价值标准等同于社会公认的价值观并应用于政策评价，即便使用了精确的评价方法，其结论仍然与公众的感觉大相径庭。比如，日本文部省（文部科学省前身）作为价值主体，寻求“高学历”价值取向，逐步提高了中职教师的学历，忽视了新技术对职业教师提出的要求，使得学校职业教育无法发挥充足的作用，反倒是推行精益化生产管理方式的企业内部的职业教育推动日本制造业“技术立国”。

通过文献研究法，我们发现国外部分研究者在政策价值取向方面取得了一定的成果。有研究者探讨了政策主体问题，认为政策价值取向的选择是国家意志取向，但由政府和市场共同主导价值取向。比如德国中等职业教育的“双元制”，企业师傅与学校教师发挥同样的作用。但是尚无研究者仔细考察价值目标对不同主体的价值取向的影响，也没有研究者对价值选择结合中职教师政策价值取向进行深入的研究，因为多数研究者将目光聚焦在政策文本，而非政策出台前的价值取向的确认上。这表明对于中等职业教育教师政策的价值取向研究尚处空白，这便成为本书力图突破的政策研究困局。

第三章　我国职教教师政策价值取向百年变迁动因

本章通过对晚清时期、民国时期、新中国成立至今的相关职业教育政策的梳理，发掘出中职教师政策价值取向先后经历了“工具→工具偏经济→政治→经济偏人本”的变迁。其中，通过采用质的扎根理论研究方法，对新中国成立以来的中职教师政策进行重点展示。

通过对中职教师政策不同发展阶段实然价值取向变迁动因的分析，可以深刻理解价值取向的历史变化特征。根据研究发现：价值目标、价值标准和价值选择三个主要因素影响了价值取向的形成和变迁，并为当前中职教师政策价值取向的模型构建确定了分析变量。

第一节　晚清时期：工具价值取向动因

晚清时期，国内职业技术日趋没落，洋务派力主改革，倡议培养职业技术教师，由此也开始出台职业技术教师政策。实业教育实践活动进一步推动了中国近代职业教育教师群体的出现。各种教师政策利益相关者的价值目标不同，造成价值取向冲突，也成为影响价值取向的主要因素。通过对晚清时期职业教育教师政策活动系统中的价值要素的分析，发现这一时期中职教师政策表现为“西学为用”的工具价值取向。

一、晚清时期洋务派开始力推培养职业技术教师

自隋唐以来，科举考试逐渐形成规模，成为选拔国家机器主干力量的有效办法，也强化了中国社会重文轻武、重农轻商的价值取向。教师群体自然地形成两类：一是沿袭古制、所在官学，以吏为师，即“传道解惑者”。学生接受教师书面文字上的纲常教

诲，教师教学的目标是教会学生识文断字，使学生能够科举及第，日后为官从政，教育目标是培养社会的管理者。二是在奉守墨者、博物与商功传统的专门学校学习，以技为师，即"授业解惑者"。[①] 教师与学生之间依靠"口耳相传"和实践操作，有时并不需借助书面文字，教师教学的目标是使学生精于某门技术，日后从事某种职业。科举考试所规范的内容更强调儒家经术，在价值判断上的强烈功利主义使得社会学风逐渐崇尚精于书面文字的陈述性知识学习，而疏于程序性知识的内隐学习，社会管理更加强调劳心者与劳力者的两元对立统治。科举考试思想渗透着工具价值取向。清朝建立后，受汉文化的影响日益加深，通过科举考试体制培养了众多准备为官从政的人才，但技术技能型人才匮乏。而同一时期，西方则处在科学技术的迅猛发展阶段。尽管如此，15 世纪前中国的科学技术仍然是世界最先进的。在明朝永乐三年(1405 年)，郑和下西洋之前，中国的造船技术已经达到世界最先进的水平。在郑和下西洋的 28 年里，200 多艘的船队规模，2.7 万人常年生活在海上的补给能力，使中国人拥有比哥伦布早 400 年发现新大陆的航海技术技能及智慧。可是，在清朝统治的近 300 年时间里，这种先进的造船技术在"天朝上国"的价值观驱使下，竟然在背靠大陆屋脊、面向广袤海洋的中国逐渐衰落。舰队不再出海，勤劳智慧的造船匠首遁迹无形，这无疑是政府管理制度的原因造成了晚清中国海防能力的江河日下。更加难堪的是，中国近代史上的第一所职业技术学校福州船政学堂不得不聘请"洋教习"来传授造船技术，并使其技术在中国"辗转授受，以至无穷耳"。[②] 在清政府价值观中，技术技能是"奇技淫巧"，而培养社会价值、经济价值、政治价值、人的价值重于"授业"的技术技能教育。这种价值观的偏颇，是造成当时中国技术技能倒退的重要原因。清代参与社会管理的官员来源于科举制度，政府使用考试选拔功能划分中国各社会阶层，科考的内容缺乏对技术技能精进的引导。考试工具的不当使用使职业技术教育先天不足，这如同使用一个带有刻度的量杯去测量运动员的身高，缺乏工具的正确使用价值。这种局面造成社会各阶层重"道"而轻"技"的心理，使中国民间的能工巧匠的技术工艺、技能价值无处彰显。尽管清朝曾出现过颜元主持的漳南书院，传授学生"兵法、战法、水学、火学、工学、象数"[③]等经世致用的内容，但社会影响并不大。

---

① 作者注：韩愈《师说》写道："师者，传道授业解惑也。"道者，修身、养心、处世、谋事；而"授业"之业，这里理解为是职业的意思。

② 田正平. 中国教育史研究(近代分卷)[M]. 上海：华东师范大学出版社，2009：32.

③ 孙培青，杜成宪. 中国教育史[M]. 上海：华东师范大学出版社，2009：272.

在晚清洋务派力推下，我国职业教育教师的工作价值得到了清政府和当时社会的认可，清政府开始培养既有技术素养又具有书面语言能力的专业课教师。中国职业教育教师的培养经历了这样一个过程：无中生有，有中求优，从聘请外国教员到被选派去国外学习的留学生回国充当教员再到本国培养。聘请外籍人士为朝廷效力的做法，清朝以前就已有先例。1903 年，清政府在《奏定任用教员章程》中指出，“各高等实业学堂……暂时除延访有各科学程度相当之华员充选外，余均择聘外国教师充选”。1906 年，日本人松浦胜太郎和本土源次郎被聘为四川中等农业学堂教员。此任用专业技术指导教师的历史案例说明，在清末任用能工巧匠和有特殊技术技能的人，是出于人治的方便，这种政策的价值目标不明确，带来的是“损私”、“损国”的后果。例如，1708 年，清朝政府组织传教士们用了 10 年时间绘制了科学水平空前的中国地图——《皇舆全览图》。但是，这样一个重要成果随后被清政府密封于内府，反倒由传教士把地图带到了西方并进行发表，从而造成机密外泄的后果。以至于在相当长一个时期内，西方比中国人自己更了解中国的地理概貌、矿产储藏、人口聚集情况。这种技术内容不与代表公众利益的国防、资源环境、土木水利等公共服务相联系，发挥实际作用，就会有“外人”在中国的领土上使用。历史在不断变迁，如今，我们只能站在某个时点上，寻找有关职业技术教师政策的历史碎片，研究这些碎片，便构成了研究职业教育教师政策价值取向变迁的历史—逻辑起点。

二、晚清时期以颁布学制来确认职业技术教师政策

职业教育教师从无到有，近代职业教育起初聘请的基本上是外国人。1897—1906 年，全国 42 所各类实业学堂聘请日籍教员 14 人，多集中在高等实业学堂和中等实业学堂，约占 59%。[①] 怎样避免聘请“洋教习”的盲目性呢？首先要在职业教育教师政策上有所突破。

光绪二十三年(1897 年)，盛宣怀奏设南洋公学(今上海交通大学)，内设师范院，为中国师范学校之嚆矢。光绪二十八年(1902 年)，张百熙起草《奏定学堂章程》，成为我国首次颁布的代学制——“壬寅学制”，统设三段，中等一段四年，设有中等职业学堂，但未及实施。次年，张之洞会同张百熙、荣庆修改了前一学制，形成“癸卯学制”，设

---

① 王慧. 论近代职业教育教师培养体制的演进及存在的问题[J]. 教师教育研究，2004(4)：77—80.

有实业补习、实业初等学堂，初级师范学堂及中等实业学堂，[①]学程五年。晚清实业教育取得其合法性始于1904年。1904年颁布的《奏定教员任用章程》规定高、中、初等实业学堂正、副教员的任职资格，教师培养开始步入有序发展的轨道。随后，清政府也出台了以下对待实业教育的教师政策，以补充实业发展之急需。

甲：奏议：学部奏筹议实业教员讲习所毕业奖励办法以裕教师而兴实业摺。

——《江宁学务杂志》，1910(4)

乙：咨甘肃新疆巡抚札新疆学司中等实业学堂应提前设立初等实业艺徒实业补习普通各学堂均应多设实业教员讲习所应照章办理文。

——《学部官报》，1910(126)

丙：学部奏湖南高等实业学堂预科甲班学生比照中等实业学堂毕业给奖浙。

——《浙江教育官报》，1908(3)

丁：河南巡抚陈学政王会奏遵旨会议拟设尊经学堂及师范传习所以保国粹而广教师摺。

——《东方杂志》，1906(3)

上述晚清实业教育教师政策，表明实业教员讲习所是清末培养职业教育教师的重要场所，为改善实业教育教师匮乏的局面，"为广开师源，学部采取选派留学生回国任教、在师范学堂设立农工商科供学生选习、实业学堂毕业生留任等措施，实行外聘与内聘相结合，国内培养与国外培养相结合，逐步过渡到以内聘、专职培养与交叉培养相结合"。[②] 上述教师培养政策应运而生，体现了当时职业教育教师政策的工具价值取向。

三、晚清时期中职教师政策工具价值取向动因

（一）晚清时期影响职业教育教师政策的环境

探究我国中职教师政策出台的环境，离不开对"职业教育"概念的追根溯源。名词性短语"职业教育"首见于1904年，清末教育官员、山西农林学堂总办姚文栋所撰的

---

① 罗廷光.教育行政(上下册)[M].福州：福建教育出版社，2008：76—77.

② 王慧.论近代职业教育教师培养体制的演进及存在的问题[J].教师教育研究，2004(4)：77—80.

《添聘普通练习文》中。对于我国早期的实业教育与职业教育的关系，多数学者认为就其基本功能及其教育演变过程而言，两者一脉相承。如《中国大百科全书》将职业教育仅仅看成是实业教育“正式更名”后的提法。[①] 一般把实业教育作为职业教育的早期阶段进行研究。学界普遍认为中国的职业教育发轫于1866年底至1867年初，洋务运动的代表人物左宗棠奏请清政府开办福州马尾船政学堂这一事件。李鸿章是洋务运动的另一位代表人物，他数次出洋访问，回国后创办了一些近代企业。李鸿章对“重道轻艺”、“贵义贱利”、轻视科学、鄙薄技术，把培养仕宦之才作为教育唯一目标的价值观提出疑问，这是源于他对清朝所处的世界环境的正确认知。

相比较于鸦片战争后清政府对国门以外的政局及工业水平的认识不足，李鸿章对此有着清醒的政策环境认知。李鸿章对“庚申(1860年)以后夷势向内”的形势进行了如下的分析：

> 臣查各国条约已定，断难更改。江海各口，门户洞开。……东南海疆万余里，各国通商传教，来往自如，麇集京师及各省腹地，阳托和号之名，阴怀吞噬之计谋，一国生事，诸国构煽，实为数千年来未有之变局。轮船电报之速，瞬息千里；军器机事之精，工力百倍；炮弹所到，无坚不摧，水陆关隘，不足限制，又为数千年来未有之强敌。[②]

这段文字反映了李鸿章对清朝所处环境的忧虑，反过来也为中国洋务运动与新式学堂的兴起创造了政策环境。左宗棠在镇压太平天国的过程中借用国外军事技术，例如，他曾于同治元年(1862年)组成中法混合军，后又扩充中英混合军。这位通过镇压太平天国起家的封疆大吏，在长矛、大刀、热血与坚船、利炮、长枪的较量中，获得了直观感受，这种感受成为他培养掌握各种新知识、新技术、新技能的专门人才的基本动因。当然，他更长远的目标是“西法可衍于中国”，以适应迫切的海防建设需要。左宗棠曾说道：

> 夫习造轮船，非为造轮船也，欲尽其制造驾驶之术耳；非图求一二人能制造驾

① 培森.我国职业教育起源[J].协商论坛，2009(7)：9.

② 田正平.中国教育史研究(近代分卷)[M].上海：华东师范大学出版社，2009：32.

驶也，欲广其传，使中国才艺日进，制造驾驶辗转授受，传习无穷耳。故必开艺局，选少年颖悟子弟，习其语言文字，诵其书，通其算学，而后西法可衍于中国。[①]

中国近代职业教育从开端就着眼于拥有技术技能人才的规模化，而不是“求一二人能制造驾驶也”，这种技术人才规模化的价值取向是对近代职业教育教师数量的诉求(见图 3 - 1)。[②]

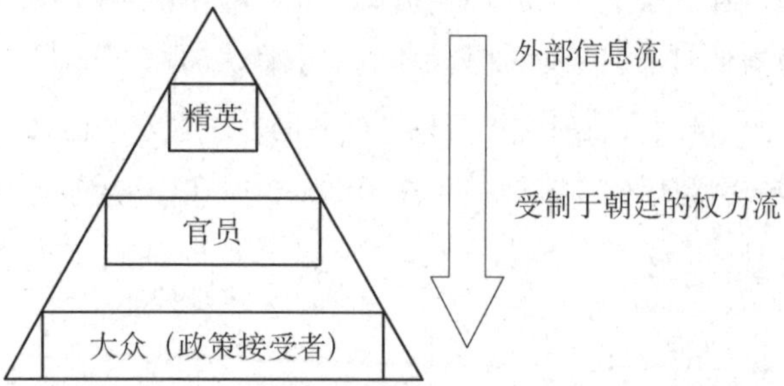

图 3 - 1　基于精英主义的职业教育教师政策模型示意图

(二) 晚清职业教育教师政策的工具价值取向分析

1. 晚清职业教育教师政策的工具价值取向问题

首先，晚清时期职业教育教师政策的价值标准具有买办性。谁的价值标准作为我国中职教师政策的价值标准？张之洞概括为“中学为体，西学为用”。晚清的社会精英们认为必须把基于经史之学的中学放在首要的主体地位，然后择西学之可以补缺者用之。依张之洞观点，西学包括西政和西艺。西政指教育、地理、度支、赋税、武备、律例、劝工、通商；西艺指的是算、绘、矿、医、声、光、电、化。而最重要的是兴办洋学堂，所有的洋学堂学生和留学生，都得用相当时间学习圣谕广训，并不时望阙行礼；注重学生的资格和出身，注重规范学生的道德等。然而，由于职业技术教师缺乏，我国职业教育教师政策制定之初就必然带有相当的买办性。国内学校长期由外国人主持，如丁韪良担任京师同文馆总教习达 25 年。曾就职于福建马尾船政学堂的法国人日意格，以及英国传教士傅兰雅，都出任过中国留学生监督。在他们的授意下，“工师”是中等职业学校专业课教师的原型，“匠首”则是中等职业学校实习指导教师的原型。

① 田正平. 中国教育史研究(近代分卷)[M]. 上海：华东师范大学出版社，2009：41.

② 朱志宏. 公共政策[M]. 台北：三民书局，1995：44.

其次，晚清时期职业教育教师政策的价值选择具有盲目性。洋教习不可能解决中国问题，例如，中国有着高度发达的农耕文明，历史上并不缺乏农耕技术的对外输出。完成于宇多天皇宽平年间的《新撰字镜》中有农田耕作章、农业器具章，从中可了解到“附以日本读音的字典产生的时代及体例，这种字典与从中国输入的各种教科书是一样的”①。即便如此，晚清时期在华充当职业教育教师的日本人并不在少数。1906 年，四川某农业学堂聘请日本人执教，反映出晚清时期地方政府在职业教育教师政策价值选择上的盲目性。对于职教教师政策价值选择上的问题，反映了晚清政府对价值标准的不确定性，说明这种制度设计脱离了中国本土技术的内生性，如中国本土的航海技术以及农业技术。政策设计者缺乏将中国本土技术与经济发展和社会发展进一步结合的动力。政策的价值选择倾向于“重外轻内”，优先采用西方的技术来解决中国的问题，价值选择盲目性与随意性的背后有着深刻的政治原因。

最后，晚清时期职业教育教师政策的价值目标是维护晚清统治者“部分人”的利益。晚清统治者为了维护封建统治，借用西学西艺来奴役“劳力者”，而并非借职业教育学堂的兴办来提高“劳力者”的技术技能水平，提高国民素质。“中学为体，西学为用”代表清朝后期的价值取向，“西用”的出发点是以“西”为工具，“劳心者”也是满足其统治需要的工具。而忽略普通技术人员的需求，使晚清的“中体”最终走到了尾声。

2. 晚清职业教育教师政策的价值要素

(1) 晚清职业教育教师政策的价值主体

1904 年，清政府奏准了张之洞等人制定的“癸卯学制”，其中职业教育法制化的内容作为清政府的教育政策被予以确认。由于职业技术学堂的兴办和发展，在改变学生知识结构的同时，也改变了学生的价值观念和行为方式，由此带来的民主、自由、平等、人权的思想与清政府的教化思想形成严重对立。这说明由西学带来的政策客体价值并不是晚清政府统治所需要的。晚清职业教育教师政策的价值主体，也是实业教育活动的主体，包括清政府、职业教育学堂和晚清的社会精英，他们参与了晚清职业教育教师政策的制定、执行。在晚清非民主政权形式下，只有那些既是官僚又是社会精英的个体，才有机会集职业教育政策决策主体、职业教育执行主体和职业教育利益主体于一身，才可以对晚清实业教育的实践活动产生作用。比如，张之洞凭借自己官僚、精英之优势创办的实业学堂有“湖北工艺学堂”。在实业教育实践活动中，他感叹中国缺乏

① [日]内藤湖南. 日本历史与日本文化[M]. 刘克申，译. 北京：商务印书馆，2012：230.

工程师和技师，“工有二道：一曰工师，专以讲明机器学、理化学为事，悟新理、变新式，非读书人不能为，所谓智者创物也。一曰匠首，习其器，守其法，心能解，目能明，技能运，所谓巧者述之也”。[①] 由于中国缺乏专业技术人才，旧有的工匠欠缺讲解技术理论知识的能力，因此，张之洞的实业技术学堂不得不聘日本教习两人，分别讲授理化学和机器学。

（2）晚清职业教育教师政策的价值客体

晚清职业教育教师政策的价值客体是指实业教育教师政策的实践活动及其属性。“教育政策的价值客体与一般意义上的所谓教育政策客体并不完全相同。”[②]“癸卯学制”中阐述了实业教育教师政策的价值客体，强调了教育政策活动作为一种中介和工具满足了当时人们的教育需要。它第一次提出了平行的三类教育：普通教育、师范教育和实业教育。这是作为“癸卯实业教育政策”在中国近代教育史上存在的价值意义。而“癸卯学制”所论述的实业教育教师政策价值客体，指的是实业教育政策所发生作用的对象，包括“癸卯实业教育政策”所要处理的社会经济问题和所要针对其产生作用的社会成员两个方面。“癸卯实业教育政策”所要处理的社会问题是通过实业教育解决中国技术人才匮乏的问题，而政策发生作用所针对的社会成员构成是复杂的。其中，教师的构成成分多样，政策价值主体之间的关系微妙而又复杂。

首先，“癸卯实业教育政策”的价值取向是“西学为用”。如前所述，在“癸卯实业教育政策”出台前，1866 年中国第一所职业技术学堂诞生之时，封建大僚们已经聘请洋教习来指导中国学员。所谓洋教习，最初是一些传教士，他们曾穿上僧服、儒服在中国各地传教，如明朝利玛窦、清初汤若望，他们不但带来了西方的技术、历法，也带来了他们改变中国的想法。当时的中国统治阶层仍然沉浸在“天朝大国”的美梦中，视洋教习为他们治理国家、发展实业教育的工具。这种“工具价值取向”源于他们闭关锁国的无知与傲慢。这说明，实业教育政策主体对政策客体所指向的事实与价值判断缺乏思想准备。事实就是存在，“存在”在职业教育政策价值取向的主体——清政府的价值判断中，但清政府主导下的中国人的利益在哪里？

其次，政策价值客体也指为解决政策问题，满足主体需要和目标团体的教育需要而进行的具有完整性的教育政策实践活动。“癸卯实业教育政策”指向的实践教育活

---

① 张之洞[EB/OL]. https://baike.baidu.com/item/%E5%BC%A0%E4%B9%8B%E6%B4%9E/17493.

② 刘复兴，劳凯声. 教育政策的价值分析[M]. 北京：科学教育出版社，2003：96—97.

动包括以立法形式保护目标团体(官僚、买办、民族资产阶级工商业)的实业教育成果,以避免再出现甲午海战那种中国大败的局面。“癸卯实业教育政策”出现了提醒政府依法行政的思想萌芽。

(3) 晚清职业教育教师政策的价值关系

在职业教育活动中,“当教育政策利益主体自身的需要得不到满足,或者教育实际状况与利益主体的主观期望有较大偏差,或者不同利益主体的教育利益产生冲突时,利益主体就会试图提出和表达各种利益诉求,从而形成各种各样的教育问题,其中某些普遍性的问题成为教育决策的对象,最终成为教育政策问题。在教育政策问题形成和解决过程中,教育政策价值主体相互作用而形成教育政策需要调节的基本价值关系”。① 这些基本价值关系包括:谁出钱,出多少?职业教育教什么课程?谁来接受职业教育,由谁来教?谁负责学校的管理系统?国家的教育权力是如何分配的?职业教育的受教育权利和受教育机会是如何分配的?在解决职业教育政策问题的过程中,教育政策主体为了顺利完成教育活动而彼此构成不同的价值关系,这些价值要素和价值关系便组成了教育政策的价值系统。

由前文分析看出,晚清时期职业教育教师政策基于社会精英对政策环境的认知而决策出台,实业教育的实践活动对中国近代职业教育教师群体的出现具有开启先河的历史意义,而伴随当时职业教育教师的实践活动,各种教师政策利益相关者的价值取向存在冲突。通过对晚清职业教育教师政策活动系统中的价值要素的分析发现,“癸卯学制”确立了职业教育教师的存在价值;“西学为用”的工具价值取向的教师政策虽然忽视人的全面发展的诉求因素,却赋予接受了科学技术教育的职业技术教师群体启发近代民智的先机。

第二节 民国时期:工具偏经济价值取向动因

一、民国时期中职教育管理体制发展

教育管理体制是一个国家在一定的政治、经济和文化制度基础上建立起来的,对教育事业进行组织管理的各项制度的总和。教育管理体制是整个教育体制得以构成和运行的保障,它对学校教育管理体制改革和发展的方向、速度、规模有着直接的影

① 刘复兴.教育政策的价值系统[J].清华大学教育研究,2003(2):11—18.

响。它涉及教育系统的机构设置、职责范围、隶属关系、权力划分和运行机制等方面，其外延包括以教育领导体制、办学体制和投资体制为核心的一系列教育制度。① 民国时期中国民族资产阶级的地位逐渐提高，但长期封建统治的定势思维与官僚买办资产阶级的垄断控制，以及帝国主义经济对民族资本主义经济的冲击，彼时中职教育管理体制在艰难的政策环境中曲折发展。由于民族经济发展对实业教育产品存在动力需求，因此回溯民国时期中职教育管理体制为适应资产阶级改革需要而发挥作用的路径，以及探寻民国时期职业教育管理体制下教师政策的变化，尤其是民国时期中职教师政策的变化，具有一定的理论意义。中国两千多年的封建统治经验深刻影响了民国初年民族资产阶级对治国理政的叩问与求索，西方教育民主管理思想本土化进程的困难之一是难以摆脱一元统治的桎梏。北洋政府时期，袁世凯军阀统治恢复旧的政治制度，在教育制度和内容方面恢复封建性，由此可见，民国时期教育是为政治服务的。仅有经济动因是不够的，在教育行政不稳定的情况下，职业教育也难以有效发展。1912年到1927年间，民国教育部长换了30多任。因对社会管理体制政见不和，民主人士退出政府，造成资源浪费。民国政府的教育组织机构形成科层控制(见图3-2)。

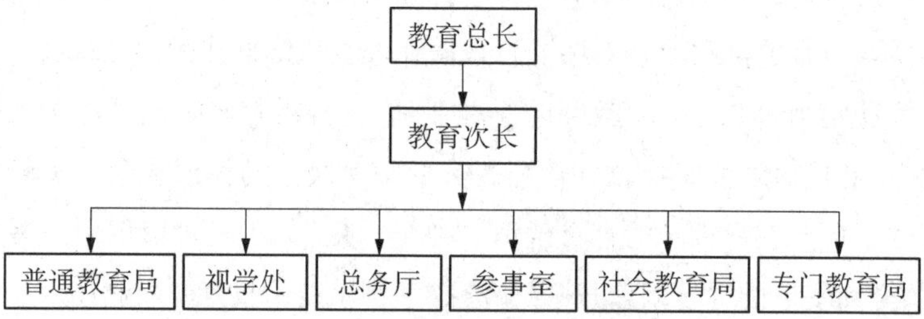

图3-2　1914年民国政府教育部组织系统②

可见，民国初年的教育政策决策受制于政治需要，并且屈从于社会工具价值取向。比如，1912年的《中华民国临时约法》没有规定人民的受教育权，1914年的《中华民国约法》规定人民"有应任官考试及从事公务之权"。此时，普通教育强调的"考试做官"的封建理念被写进宪法，而代表实业救国、技术立国的民族资产阶级思想的职业教育却没有进入立法者的视野。1923年的《双十宪法》也未将职业教育单独列项。

① 现代教育管理专题[EB/OL]. http://wenku.baidu.com/view/d95dd2300b4c2e3f5727634d.html.

② 罗廷光.教育行政(上下册)[M].福州：福建教育出版社，2008：143.

二、民国时期中职教师政策分析

缺乏合格的中职教师是民国时期发展职业教育面临的最大困难。由上文可知，“考试做官”的功利目标使得普通教育在民国时期的教育选择权重仍然大于以技术技能专长为主的中职教育，职业教师的社会地位不高，中等专门学校的毕业生选择直接工作，而不愿意进入中等专业学校任教。中职教师的来源问题一直是个困扰。例如，上海女子中西医学校除其主办者李平书、张竹君本身具有相应专业资格，分别担任中西医教学外，学校主要“延请名师，分授中西医学及各学科”。该校还规定，学生毕业时“按照科学考试”，合格者除可行医外，已具有该校任教资格，“如院中助教需人，须留堂充当教习，薪水优给”。[①] 当时，一些在国内或国外受过医科教育的人士纷纷在上海办学并任教。但是，医科学校不经教育部门许可而直接给毕业生颁同级别学校的任教资格这一做法是民国时期教师政策未明文允许的。民国时期的教师管理实行两重审定：一曰学历审定；二曰实际教学能力审定。小学教员由师范学堂毕业生担任，中学教员和师范学校教员由高等师范毕业生(包括经过一定培训的同等学历者)担任。中小学按地区组成相应的教师检定委员会，负责对学历申请通过者进行实际能力检定，被授予许任状的合格者方可出任教员。

民国初期，教育部颁布的《实业学校规程》对实业学校的教员资格作了如下规定：甲种实业学校教员之资格，一为在国立专门学校毕业者；二为在外国专门学校毕业者；三为在高等师范学校毕业者；四为在教育部认定的公立、私立专门学校毕业、积有研究者。乙种实业学校教员之资格，一为在甲种实业学校毕业者；二为在师范学校毕业者；三为有高等小学校正教员或副教员之许可状者；四为在乙种实业学校毕业、积有研究者。对于中职教育教师匮乏的原因也要从民国学制上给予分析。民国初期，废除封建旧制，新的学制“壬子癸丑学制”得以建立，该学制纵向分为三段四级，横向有实业教育和师范教育两系统。受教育者 6 岁入学，24 岁毕业，分为小学、中学、大学三段，共经历 18 年的学校教育。实业教育分甲乙两种，均为 3 年毕业，分农业、工业、商业、商船各类。师范教育分师范学校和高等师范学校两级。高中设普通科及农、工、商、家事、师范等职业科，[②]招收初中毕业 15 足岁到 22 岁者。高中普通科学生毕业后升入大学，成为社会的精英阶层，而高中职业科学生毕业后直接工作。如此一来，毕业生所属社

---

① 上海地方志[EB/OL]. http://www.shtong.gov.cn/dfz_web/DFZ/Info? idnode=76890&tableName=userobject1a&id=95743.

② 罗廷光. 教育行政(上下册)[M]. 福州：福建教育出版社，2008：85.

会阶层就因其选择了高中阶段的职业科而被确认了下来。“壬子癸丑学制”没有显示出有一条特别的通道可让那些怀抱升学设想的高中职业科毕业生进入高等学府深造。通过分析《实业学校规程》对中职教育教员的资格认定和当时的学制安排，可以发现从事中职教师工作的教员必须持有高等专科以上文凭，且具有实际能力。这样一来，民国时期中职教师技术技能的提高进入了死循环，文凭高的人，从学校到学校，缺乏实际操作能力。比如，医科毕业生去中等职业技术学校充任教员，但其缺乏临床经验，无法诊断病情。一个没有给人看过病的医生，怎么能教会学生看病？而一个有技术技能和实践经验的中等专业医科毕业生，却不被教师入职资格政策所认可。基于民国时期的中职教师管理体制，专业化的高水平教师缺乏，以致中职教育水平只能低水平地重复发展。

三、民国时期中职教师政策工具偏经济价值取向动因

首先，政策价值取向的主体频繁更换，造成价值标准难以统一。中职教育管理体制在民国时期没有得到生长发育的“天时”，中职教师政策在民国时期没有得到“人和”的支持，仅占“地利”的中职教育只好立足现实，以蓄待机，以止为行。民国时期只有短暂的38年历史，却多次更换政府，宪法频出。1912—1916年，军阀混战，实业凋敝，“各省甲乙种实业学校设备多不完全，而一切校室、校具及其他实习用具、场厂、器械、标本、图画、药品等等，均付阙如”。[①] 各省行政长官视地方情形开办实业教育，却遭遇政局不稳定的问题。即使1915年9月教育部出台《实业教员养成所规程》，规定招收中等学校毕业生或同等学历者，学制4年，学生免交学费，也难以确保政策推行至地方时的连续性。南京国民政府时期，国民党一党专政，1927年5月，蒋介石提出“党化教育”的思想，提出“以党治国”、“以党义治国”。1927年8月，《学校施行党化教育办法草案》出台，这一《草案》由南京国民政府教育行政委员会制定。“蒋宋孔陈”四大家族把持中国经济，官僚资本占全国工业资本的三分之二，控制电力、煤炭、水泥、砂锭等产业；民族资本只占两成。由此，职业学校数目少，学生规模小，培养的实用技术人才总量有限，同时在当时种种社会因素的制约下，就是这少量的技术人才中有一半左右工作后还是所学非所用。由于战火遍地，大部分学生毕业后没能发挥为社会发展提供技

① 米靖. 中国职业教育史研究[M]. 上海：上海教育出版社，2009：170.

术服务的作用，对社会发展的贡献极其有限。[①] 此外，国民政府强调的是“考试做官”的教育目标，而忽视了以技术立国发展实业的职业教育。以蔡元培的观察来看，“当时的教育状况，不但不能解决生计问题，反而阻碍了生计问题的解决。譬如，由农业职校培养出来的学生，毕业后进入农场，其技术却不如老农”。[②] 这从侧面反映了当时职业教育教师政策价值标准的偏差，延续了晚清的价值标准，造成西学西技的价值标准与中国本土价值标准的对立与冲突。

综上所述，民国时期的中职教育管理体制难以健全，国民党一党专制造成中职教师政策的决策主体单一，价值标准错位；寻求家族私利的官僚资本主义价值目标与民族资产阶级实业救国的价值目标对立；以“考试做官”为功利价值取向的普通教育，与以技术立国和提高农工劳动者素质的公益价值取向冲突。这些是民国时期中职教育没有得到充分发展的主要政治原因。民国时期，政府招揽了许多深受西方民主、科学、技术等思想影响的社会精英，但是在发展实业教育过程中，也无法逃离政策制定的“路径依赖”。[③] 民国时期政局动荡，加之实业教育教师政策的“社会工具理性”价值取向，使得职业教师政策缺乏连贯性。民族资本家借助实业教育的累积效应，大力发展民族资本主义经济，但实业教育教师的来源复杂，教师政策的价值选择与价值目标存在分歧，政策价值主体对价值客体的掌控并不在主体的完全预设之中。“拿来主义”、“中体西用”的政策价值取向在实业教育教师政策上的表现也是如此。例如，民国时期，海关从成立到发展的七十余年里主要由洋人把持，海关学校的重要职位由洋教习担任，只有地位低下的“华部”才由华人充当教师。海关学校毕业的中国学生去海关工作，看着日本人在马甲中装着白银堂而皇之地出关，竟然无法阻止。这体现了以“工具”为主导价值取向的教师政策的失败。我国的中职教师政策价值取向究竟以何为标准，这是内隐在价值取向上的一个问题。

第三节 改革开放前：政治价值取向动因

1949 年 10 月，中华人民共和国成立，百废待兴，同其他行业一样，职业教育也在

① 吴文华. 制约民国职业教育发展因素之初探[J]. 职业技术教育，2011(19)：73—77.

② 米靖. 中国职业教育史研究[M]. 上海：上海教育出版社，2009：181.

③ 作者注：路径依赖是指管理中一旦选择了某种体制，会导致该体制沿着既定的方向不断自我强化；也即一旦人们作了某种选择，就会按惯性的力量使这一选择不断自我强化，并且难以重新选择。

新的环境中谋求发展。总体而言，中职教师政策的价值取向处在“政出多门”、价值取向各异的政策环境之中。阶级对立的社会管理模式造成中职教师政策以“政治”、“阶级”为首要价值目标，而体现职业教育特点的政策并没有在价值取向中有所体现，价值取向轻视技术技能，偏好“政治”取向。

一、改革开放前中职教师政策梳理

“方针”是对某项事业或工作的总要求、总方向，是某一方面政策价值目标追求的最集中体现，如同指南针是航海必备的方向工具一样。新中国成立后，党的知识分子工作方针是“团结、教育、改造”。教师政策是党的知识分子政策的一部分。“团结、教育、改造”既是党的知识分子政策的价值目标，也是教师政策的价值目标。“团结、教育、改造”的方针从新中国建立之初确立，一直沿用到“文化大革命”结束。①

当时中等专业学校教育和技工学校教育各自为政，出现走两套办学思路的现象。中等专业学校培养技术干部，技工学校培养技术工人，干部编制与工人身份界限分明。以上海市中职教育为例，上海中等技术专业学校(简称“中专”)与中等师范学校合称为中等专业学校，办学任务是培养初级或者中级的技术干部；而晚于中专出现的技工学校的办学任务，则是培养“四级、五级”技术工人。1952 年政务院发出《关于整顿和发展中等技术教育的指示》，上海根据《指示》精神，按照“专业化、单一化”的原则，对中等职业学校进行调整。1953 年，上海对原有的各类中专学校进行调整、合并，留下 12 所。② 同年，国家建立技校教育制度，到 1957 年，共成立 10 所技工学校，设置 17 个专业。1958 年，刘少奇副主席在中共中央扩大会议上提出：两种学校，两种制度，大力发展半工半读的学校制度以及全日制的学校制度。同年 9 月，中共中央、国务院在《关于教育工作的指示》中提出 6 个“并举”，其中一条是全日制学校与半工半读、业余学校并举。1963 年，教育部发布《关于加强全日制高等学校和中等专业学校函授、夜校教育工作的通知(草案)》。在这一系列政策的合理作用下，中职教育得到了稳步的发展。但 1966 年到 1976 年间，中职教育经历了重大变化，出现倒退，且中职教育体系遭到破坏。中等职业学校教师从 1966 年的 4.2 万人下降到 1973 年的 2.4 万人。③ 面对全国中职教

① 王继平. 合理调整我国教师政策价值取向初探[J]. 教师教育研究，2005(6)：5—11.

② 上海地方志[EB/OL]. http://www.shtong.gov.cn/dfz_web/DFZ/Info?idnode=76860&tableName=userobject1a&id=95804.

③ 张乐天. 教育政策法规的理论与实践(第二版)[M]. 上海：华东师范大学出版社，2009：189.

师数量减少带来的一系列问题，1973 年，国务院批转国家计委和国务院教科组《关于中等专业学校、技工学校办学中几个问题的意见》，对局面的恢复起到了促进作用。

表 3-1　1949—1973 年部分职业教育政策分析

年代	政策主体	政策名称	政策文本形式	政策环境	政策内容/关键字	政策价值体现	政策执行
1949 年	中国人民政治协商会议第一届全体会议	《中国人民政治协商会议共同纲领》	会议文件		要注重技术教育	有价值，受重视	
1949 年	第一次全国教育工作会议			受苏联影响	学习苏联经验，大力发展中专和技校	解决就业问题	有技工学校 12 所
1951 年	政务院	《关于改革学制的决定》	决策				
1953 年	政务院	提出对职业教育的指导方针	指导方针		整顿巩固、重点发展、提高质量、稳步发展		建立了中等专业学校教育制度和技校教育制度
1958 年	国家领导人刘少奇		领导人提议	经济环境影响	两种教育制度，两种劳动制度	发展了半工半读中学	创办了农业中学、城市职业中学
1958 年	中共中央、国务院	《关于教育工作的指示》			6 个“并举”	全日制学校与半工半读、业余学校并举	
1961 年	教育部			大跃进影响	大规模压缩职业学校		普通教育单腿走
1973 年	国家计委和国务院科教组	《关于中等专业学校、技工学校办学中几个问题的意见》	意见			职业教育恢复并稳步发展	

二、改革开放前中职教师政策的社会环境

（一）1978年前中职教师政策的社会环境特点

1978年前，在计划经济条件下，国家对社会资源统筹支配，国家和社会互相融合。政治体系和经济体系高度一体化，即政治体系的各机构通过对社会物质资源和非物质资源的直接管理与分配来实现其政治调控的功能。在社会交往关系上，改革开放前的中国，国家和社会的关系格局是强国家—弱社会，社会以政治关系为主导，社会自主力量非常薄弱，私人的交往空间狭小。[①] 在这种社会结构下，中国社会成员的身份地位由其政治面貌决定，社会成员的政治身份在很大程度上也会影响其经济收入等级，社会的总体特征是意识形态标准下的社会群体（等级）建构。因此，当时我国的社会阶层结构比较清晰，主要分为干部、工人、农民、知识分子。那一时期社会上还没出现多种经济成分，社会的调控按计划进行，不同社会群体的利益诉求也表现出同质性，民众利益诉求的差异性没能得到应有的承认。

（二）中职教育的社会定位

由当时中国社会状况决定，中职教育逐渐形成了一个政府举办、计划调控、封闭办学、集中统一的体制。这种教育体制的最显著特征就是中央集权，通过中央集权实现国家政治体系与教育体系的高度一体化。同其他教育形式一样，中职教育管理权力高度集中于中央政府，国家通过指令性计划管理职业教育的发展规模以及调控职业教育人才的培养。因此，在这种教育体制下，中等职业学校所从事的培养人才活动，往往并不考虑社会和受教育者个体的实际需要，而只是按照政府的指令性计划来实施进行。[②] 这就使得中等职业教育按统一的模式运转，脱离了教育规律，与各地的不同社会情况互不适应，其他社会力量也难以对它施加影响。

对中职教育的这种社会定位，不但限制了它自身教育功能的发挥，也无法实现其作为一种教育形式的社会功能，并且无法满足不同社会利益群体的价值诉求。

三、改革开放前中职教师政策政治价值取向动因

（一）中职教师政策的特点

在计划经济时期，职业教育政策的表达方式以集体决策的书面表达方式为主，

---

① 王沪宁. 革命后社会政治发展的比较分析[J]. 复旦学报（社会科学版），1987(4)：76—82.

② 劳凯声. 变革社会中的教育权与受教育权：教育法学基本问题研究[M]. 北京：教育科学出版社，2003：232—234.

有关决策、意见、领导人意见也被政策研究者列为政策范畴。1949 年至 1965 年间，政策的制定者和执行者、学校教师以整顿、提高、巩固等政策内容为依据，通过两种办学制度，采用多种教学方式，满足教育和生产的需求，使中等职业技术教育得到较大的发展。由于处在计划经济阶段，大学生毕业由国家统一安排其工作去向。这一时期的中职教师政策也是如此，优先安排大学毕业生去中等职业学校工作，学历证书就是胜任教师工作的资格证明。这种情况一直延续到教师资格政策出台前。对于没有教师资格证书的年长且有经验的教师，实行“过渡办法”，帮助他们取得教师资格。

(二) 改革开放前中职教师政策的政治价值取向动因分析

首先，中职教师政策的价值取向以“红”为价值标准。1949 年中国共产党取得政权，采取人民民主专政，以阶级定位为基础对中国社会实行自上而下的管理，教师政策的制定者采用阶级对立的基本思想进行政策制定。教师是党的知识分子政策的对象。在强调阶级对立的年代，知识分子的阶级定位不明确，是“资产阶级知识分子”、“革命知识分子”，还是“无产阶级的一部分”，认识还处于变化之中。总体而言，此时党的知识分子政策是“团结、教育、改造”。由此，中职教师政策的价值目标清晰，即“团结、教育、改造”身为教师的知识分子。

其次，中职教师政策的价值选择是“又红又专”。中职教师由国家统一分配，通常选择那些“根正苗红”的青年。1953 年，我国学习苏联经验，建立中等专业学校教育制度和技校教育制度，使中等职业技术教育得到较大的发展。中等专业技术学校和技工学校是面向初中毕业学龄群体的职业教育。培养技术干部和培养技术工人的中职教育分类方法对塑造社会阶层起到政策引导的作用。建国之初，社会管理采用身份管理、单位管理。在当时特定的社会历史条件下，有工人身份的技校毕业生取得较高的政治地位，相对而言，教师的政治地位低下。为巩固发展职业教育，教育部的教师政策优先考虑大学毕业生去中等职业学校工作。随着社会生产力的发展，迫切需要中职教师培训相关政策。1955 年 3 月，第一次全国技工学校校长会议由劳动部组织召开，主要研讨如何提高职业学校教师水平问题。会议提出：学校应组织现有教师学习马克思列宁主义理论，加强对教师的思想政治教育，提高其政治觉悟；并经常采用观摩教学、研究教育学的基础知识、组织教学成绩展览会和交流教学工作经验等方法，不断提高教师的业务能力；对实习教师应按不同情况，分别加以训练提高。这标志着我国开始重视中等职业学校教师的培训工作。① 虽然如此，中职教师政策价值取向仍然是强调教师的“政治思想觉悟”。

最后，中职教师的编制政策出自中央政府编制部门，这一政策主体的价值取向是提高中职教师的政治思想觉悟。作为专业技术人员，中职教师的工资政策、职称政策出自政府的人事部门和劳动部门，这一政策主体的价值取向是严格划分“干部身份”与“工人身份”。而教师的教育培训政策出自劳动部和教育部。中职教师政策价值取向虽有冲突，但总体表现为政治价值取向。中职教师政策价值取向应该是教师政策主体在制定教师政策过程中价值选择的总趋向和价值追求的一贯性倾向。然而，中职教师的身份政策、编制政策、培养培训政策都要具体表现为用什么样的价值标准，确立什么样的价值目标，要通过中职教师政策来寻求、确认、实现、创造、分配价值。在中职教师政策的制定过程中，各部门协调一致的政策价值取向至关重要。1949 年到 1978 年间的中职教师政策价值取向处在这样一种“政出多门”、价值取向各异的政策环境之中。中职教师政策价值取向偏好“政治思想”，而体现职业教育特点的政策并没有在价值取向中有所显现，造成长期以来中国技术工人、技师的实际数量和水平无法有效提高。

第四节　改革开放至今：经济偏人本价值取向动因

改革开放后，我国从传统农业社会向工业化社会、从计划经济体制向社会主义市场经济体制转型发展。中职教师政策从“团结、教育、改造”转向“尊重知识、尊重人才”。但是，基于国家经济社会的结构调整，加之政策主体多元，造成政策价值取向多元，价值选择上区分了编制内外教师的管理，难以实现“以人为本”的价值标准。总体而言，中职教师政策趋向于“经济偏人本”价值取向。

一、改革开放至今中职教师政策的编码研究

（一）教师政策编码研究及样本选取范围的说明

扎根理论研究在本书中的具体操作程序如下：在一级编码（开放性登录）中，客观地把所有与中职教师政策有关的重要资料进行仔细登录，达到饱和状态，以避免遗失

① 曹晔，刘宏杰. 我国中职教师队伍培养培训主要政策 60 年演变进程综述[J]. 职业技术教育，2010(25)：18—24.

重要信息。按其本来的状态进行编码，注意寻找政策主体使用的词语。在编码过程中对资料进行逐条分析时，借助语言学的方法分析并询问：这个政策与教师政策研究的关系是什么？这个教师政策提及的事情可以产生什么类属？为什么会发生这类事件？本书及时对一些与政策词语有关的概念维度进行分析。这些维度可以产生用来比较的案例，例如，从“教师法”、“教师资格条例”发现了另一个维度“职业资格证书”，从而推进了研究的进程，使另一个中职教师政策部门——人力资源和社会保障部也浮现出来。书中的这个发现表明中国教育病理问题决不是教育部门一家就可以治理的。因此，本书对政府部门出台的相关中职教师的重要文件进行编码研究。二级编码（轴心登录）的任务主要是发现和建立概念类属之间的各种联系，以表现中等职业教师政策中的有机关联，分析政策概念类属间存在何种关系。通常概念之间的关系有因果、时间先后、相似、对等、类型、结构、策略等。在二级编码中，本书经过前期筛选，每次只深度分析一个类属，以这一类属为中心，寻找其相关关系。随着对中职教师政策分析的不断深入，有关教师政策的概念类属，比如，教师政策对象、政策客体、政策环境、政策主体、政策价值目标等类属之间的关联变得越来越具体明晰。同时，明确了研究的主要类属和次要类属。三级编码（核心式登录）所要进行的是选择性编码，是要在所有已经发现的概念类属中，经过系统分析以后，选择一个“核心类属”，并将研究精力集中到“核心类属”上。“与其他类属相比，核心类属具有统领性，能够将大部分研究结果囊括在一个比较宽泛的理论范畴之内。”①核心类属可以把所有其他类属串成一个整体拎起来，像一只木桶的“拎把”。离开这个“拎把”，尽管有桶底和桶壁，但至多成为盆，不能成为桶。桶之所以是有深度的容器，是因为它有个提纲挈领的“拎把”。三级编码经过分析提取，最后“精简到极致时，留下的只有名词”。② 在研究中，经过三级编码分析得出“教师政策”和“价值取向”两个名词性短语。归纳出这两个核心类属后，发现它们有如下特点：(1)“职业教育教师”和“政策价值取向”与政策科学中的大多数类属之间存在意义关联，最有实力成为研究资料的核心；(2)“职业教育教师”频繁地出现在教育政策资料中，表现出教育政策反复界定这一类人群，这个比较稳定的现象说明，这个群体是建国以后不同历史阶段都存在的从事职业教育的教师群体，他们由文化课教师、专业课教师和实习指导教师共同组成；(3)在实质理论中，核心类属比其他类属更容易

---

① 陈向明.质的研究方法与社会科学研究[M].北京：教育科学出版社，2000：334.

② [日]外山滋比古.思考的整理术：这样思考，人生就不一样[M].王丹丹，译.北京：北京科学技术出版社，2010：134.

发展成为一个概括性的实质理论。在成为形式理论之前，本书需要对有关资料进行仔细审查，在尽可能多的实质理论领域对该核心类属进行检测。

（二）编码研究的过程

国家层面的中职教师政策分别由国务院下属的教育部、人力资源和社会保障部两个部门制定。其格局是中等专业学校教师、职业高中教师由教育部归口管理；技工学校教师由人力资源和社会保障部归口管理。在开放式登录阶段，将两个部门的教师政策分别列出，但是在轴心登录和选择性登录阶段将两个部门的教师政策合并录入。这样做是为了提炼出与政策相关的主体，以确认作为中职教师政策不同主体的价值取向是否一致。

1. 一级编码

(1) 与教育部相关的中职教师政策的一级编码

《中华人民共和国宪法》(1982 年、1988 年、1993 年)

社会主义的教育事业；举办各种学校发展中等教育、职业教育；国家对就业前的公民进行必要的劳动就业训练

《中学教师职务试行条例》(1986 年)

本条例适用于全国普通中学、职业中学、农业中学、盲聋哑学校中学部、工读学校、教研室、校外教育机构，原则上也适用于中等专业学校和技工学校以外的其他类型的中等学校；职业中学的生产实习课教师的职务，按技工学校生产实习课教师职务系列进行聘任或任命；中学教师职务设中学高级教师、中学一级教师、中学二级教师、中学三级教师；中学教师职务实行聘任或任命制；政治思想、文化专业知识水平、教育教学能力；由学校或县以上教育行政部门领导进行聘任或任命；评审中学教师职务时，主管部门审核

《中等专业学校教师职务试行条例》(1986 年)

中等专业学校教师职务设教员、助理讲师、讲师、高级讲师；各级职务实行聘任制或任命制；中等专业学校的教师编制、师生比；中等专业学校各级教师职务定额应与所承担的任务相适应；国家教育委员会指导全国中等专业学校教师职务的评审工作；省、自治区、直辖市和国务院有关部委成立中等专业学校教师高、中级职务评审委员会；中等专业学校教师职务的聘任或任命，由校长根据限额进行聘任(或按干部管理权限由相应行政领导任命)，校长应与被聘任的教师签定聘约；

实行任命制的学校;其他专业技术人员到中等专业学校任教,须经过一年以上的教学实践考察,根据其业务水平及履行职责的实际能力,经相应的评审组织评审通过后,可聘任或任命为相应的教师职务;省、自治区、直辖市、国务院有关部委要指导中等专业学校教师职务评审组织的工作

《中央职称改革工作领导小组关于转发〈技工学校教师职务试行条例〉及〈实施意见〉的通知》(1986年)

原则同意劳动人事部《技工学校教师职务试行条例》和《关于〈技工学校教师职务试行条例〉的实施意见》;请按照执行,并结合实际情况制订《实施细则》贯彻实施;试行中有何修改意见望告知劳动人事部,以便制定《技工学校教师职务条例》等文件;经中央职称改革工作领导小组审核;报国务院正式发布执行

《中华人民共和国教师法》(1993年)

教师的合法权益;教师队伍;教师是履行教育教学职责的专业人员;每年九月十日为教师节;按时获取工资报酬;参与学校的民主管理;参加进修或者其他方式的培训;国家实行教师资格制,具备本法规定的学历或者经国家教师资格考试合格;取得中等专业学校职业专业课教师资格,取得中等专业学校、技工学校、职业高中学生实习指导教师资格应当具备的学历;中等专业学校、技工学校的教师资格由县级以上地方人民政府教育行政部门组织有关主管部门认定;中小学教龄津贴和其他津贴;国家补助;教师同工同酬

《中国教育改革和发展纲要》(1993年),《国务院关于〈中国教育改革和发展纲要〉的实施意见》(1994年)

学历文凭+技术等级证书+岗位资格证书并重的制度,扭转升学、文凭、职称对于教育运行的片面导向作用;提高教师政治和业务素质;高中阶段职业技术学校;未升学的初中和高中毕业生接受职业技术培训,必需的职业技术训练;职业技术教育是工业化和生产社会化、现代化的重要支柱,形成全社会兴办多种形式、多层次职业技术教育的局面;教师职务评聘坚持德才兼备的原则;职业技术教育和成人教育主要依靠行业、企业、事业单位办学和社会各方面联合办学;在国家教委与中央业务部门的关系上,国家教委负责提供服务,中央业务部门要加强对本行业的人才预测和规划,协助国家教委指导本行业的人才培养工作;教书育人,管理育人,服务育人;教师队伍建设;职业学校教师资格标准;聘任企业工程技术人员、管理人员和能工巧匠为兼职教师;教师职称和专业技术职称双职称制

《中华人民共和国教育法》(1995年)

国家实行职业教育制度和成人教育制度;发展并保障公民接受职业学校教育或者各种形式的职业培训;有合格的教师;聘任教师及其他职工;教师及其他职工合法权益;教职工代表大会等组织形式,保障教职工参与民主管理和监督;教师享有法律规定的权利;教师的工资报酬、福利待遇,依照法律、法规的规定办理;国家实行教师资格、职务、聘任制度,通过考核、奖励、培养和培训,提高教师素质,加强教师队伍建设;国家机关、军队、企业事业及其他社会组织为学校组织的学生实习、社会实践活动提供帮助和便利;各级人民政府保证教师工资逐步增长;中国境外个人可以进入中国境内学校,学术交流或者任教,其合法权益受国家保护;侵犯教师、受教育者、学校或者其他教育机构的合法权益,依法承担民事责任;军事学校教育;宗教学校教育

《教师资格条例》(1995年)

中国公民从事教育教学工作,应当依法取得教师资格;教师资格分为:中等专业学校、技工学校、职业高级中学文化课、专业课教师资格(以下统称中等职业学校教师资格),中等专业学校、技工学校、职业高级中学实习指导教师资格(以下统称中等职业学校实习指导教师资格);取得中等职业学校实习指导教师资格,应当具有相当助理工程师以上专业技术职务或者中级以上工人技术等级;中等职业学校的教师资格考试和中等职业学校实习指导教师资格考试;具备教师法规定的学历或者经教师资格考试合格的公民,可以依照本条例的规定申请认定其教师资格;中等职业学校教师资格和中等职业学校实习指导教师资格

《中华人民共和国职业教育法》(1996年)

职业教育是重要组成部分;国家发展职业教育;职业教育制度;全面提高受教育者的素质;行业组织;职业教育的义务;职业教育同职业等级标准相适应;实行学历证书、培训证书和职业资格证书制度;劳动者在就业前或者上岗前接受必要的职业教育的制度;国务院教育行政部门、劳动行政部门、其他有关部门分别负责有关的职业教育工作;职业学校教育与职业培训并举;职业教育体系;企业实施职业教育,企业办职业学校,境外的组织和个人在中国境内举办职业学校;职业培训机构;有合格的教师;国家依法筹集发展职业教育的资金;企业应当承担对本单位的职工和准备录用的人员进行职业教育的费用;县级以上各级人民政府保证职业教育教师队伍适应职业教育发展的需要;职业学校和职业培训机构可以聘请专业

技术人员、有特殊技能的人员和其他教育机构的教师担任兼职教师

《全国教育事业“九五”计划和2010年发展规划》(1996年)

中等职业教育进一步发展，高中阶段教育结构过分单一的状况明显改善；全国各类普通中等职业学校(指中等专业学校、技工学校和职业高中)在校生达到939.3万人，比1990年增长55.3%，年递增率9.2%

《国家教委关于加强中等职业学校教师队伍建设的意见》(1997年)

在校生数要达到2 100万人左右；关键在于建设一支与之相适应的教师队伍；统筹规划，多渠道解决职教教师的来源；职教教师的培养和培训基地，可在这些基地建立职业技术师范学院(二级学院)，或设立职业教育师范系，或者举办职业教育师范班；少数专业实习指导教师也可采取跨省培养；普通高等学校毕业生是中等职业学校文化课、专业课教师队伍的重要来源

《教育部关于贯彻〈国务院办公厅转发中央编办、教育部、财政部关于制定中小学教职工编制标准意见的通知〉的实施意见》(2002年)

合理的中小学编制；中小学编制核定，结果报中央编办；县级教育行政部门提出本地区中小学人员编制方案；规范中小学内设机构名称和职责；合理确定教师与职员比例；教职工编制总额；调控中小学班额；每班教师定员指标；计算并分配中小学校编制数额；调剂学校之间编制；中小学人员编制的核定和分配；教师编制总数；确定教师标准授课时数；安排教师脱产进修所增编制；教育行政部门要将中小学编制核定和管理与本地区基础教育发展的规划结合起来；核定和分解各中小学校编制；具体定编方案；中小学教职工编制要定期调整；清理各种形式占用的中小学人员编制，清理“在编不在岗”人员(见表3-2)

表3-2 中小学班标准额与每班配备教职工数参考

学校类别	地域	班额	教职工	教师	职工
高中	城市	45～50	3.6～4.0	3.0	0.6～1.0
	县镇	45～50	3.5～3.8	3.0	0.5～0.8
	农村	45～50	3.3～3.7	3.0	0.3～0.7
初中	城市	45～50	3.3～3.7	2.7	0.6～1.0
	县镇	45～50	2.8～3.1	2.7	0.1～0.4
	农村	45～50	2.5～2.8	2.7	0.1

续 表

学校类别	地域	班额	教职工	教师	职工
小学	城市	40～45	2.1～2.4	1.8	0.3～0.6
	县镇	40～45	1.9～2.1	1.8	0.1～0.3
	农村	各地斟定			

注：根据国办发〔2001〕74号文件附表《中小学教职工编制标准》折算。

《关于深化中小学人事制度改革的实施意见》(2003年)

加强编制管理，调整优化中小学教职工队伍结构；进一步完善校长负责制，改进和完善校长选拔任用制度；实行教职工聘用(聘任)制；完善中小学教职工工资保障机制；促进人才合理流动；规范学校机构和岗位设置；合理确定中小学教职工编制；中小学在核定的编制数和教师职务结构比例内科学设置岗位；通过定编工作，清理超编人员；中小学不得超编聘用人员占用或变相占用中小学教职工编制，对占用学校编制的各类“在编不在岗”人员要限期与学校脱离关系；全面推行中小学教职工聘用(聘任)制度；由学校与教职工签订聘用(聘任)合同，明确聘期；完善教师职务聘任制度，一岗一聘；邀请社区代表以及学生家长参与学校评价和教师考核等工作

《职业学校兼职教师管理办法》(2012年)

完善职业学校兼职教师管理制度，强化实践教学环节，优化教师队伍结构，鼓励和规范职业学校聘请具有实践经验的专业技术人员、高技能人才担任兼职教师；中等职业学校包括中等专业学校、职业高中、技工学校、成人中等专业学校；本办法所称兼职教师，是指受职业学校聘请，兼职担任特定专业课或者实习指导课教学任务的专业技术人员、高技能人才；兼职教师占职业学校专兼职教师总数的比例一般不超过30%；聘请兼职教师应重点满足面向战略性新兴产业、现代农业、先进制造业、现代服务业及特色专业的教学需要；聘请的兼职教师一般应为企事业单位在职人员，专业教学急需的也可聘请退休人员；兼职教师的基本条件，一般应具有中级以上专业技术职称(职务)或高级工以上等级职业资格(职务)，特殊情况也可聘请具有特殊技能，在相关行业中具有一定声誉的能工巧匠、非物质文化遗产国家和省级传人；聘请程序上，职业学校聘请兼职教师，通过对口合作的企事业单位选派的方式产生，也可以面向社会聘请；职业学校聘请兼职教师应优先考虑对口合作企业人员，建立合作企业人员到职业学校兼职任教的常态机制；面

向社会聘请兼职教师；职业学校与兼职教师签订工作协议；企事业单位在职人员在应聘兼职教师前应征得所在单位的同意；职业学校应明确兼职教师管理机构，负责聘请兼职教师工作的组织实施；组织管理上，协议期限应根据教学安排和课程需要，经双方协商确定，一般不少于一学期；兼职教师为企事业单位在职人员，原所在单位和聘请兼职教师的职业学校应当分别为兼职教师缴纳工伤保险费；兼职教师在协议期内发生工伤，由兼职教师受到伤害时其工作的单位依法承担工伤保险责任；鼓励职业学校为兼职教师购买意外伤害保险；经费来源方面，建立政府、学校、企事业单位多渠道筹措兼职教师经费投入机制，保障兼职教师的报酬；声誉较高、专业教师紧缺的职业学校聘请兼职教师；职业学校可以在事业收入中安排一定经费，用于支付兼职教师报酬

《中小学教师资格考试暂行办法》(2013 年)

参加教师资格考试合格，教师职业准入；中等职业学校教师和中等职业学校实习指导教师资格的人员须分别参加相应类别的教师资格考试；教师资格考试实行全国统一考试；育人导向、能力导向、实践导向和专业化导向；普通高等学校在校三年级以上学生，在籍学习证明，报考；中等职业学校文化课教师资格考试笔试科目；中等职业学校专业课教师和实习指导教师资格考试笔试科目；中等职业学校教师的《专业知识与教学能力》科目测试

《中等职业学校教师专业标准(试行)》(2013 年)

为促进中等职业学校教师专业发展，建设高素质“双师型”教师队伍；要经过系统的培养与培训，具有良好的职业道德，掌握系统的专业知识和专业技能，专业课教师和实习指导教师要具有企事业单位工作经历或实践经验并达到一定的职业技能水平；师德为先，热爱职业教育事业，具有职业理想、敬业精神和奉献精神，践行社会主义核心价值体系；把专业理论与职业实践相结合、职业教育理论与教育实践相结合，遵循职业教育规律和技术技能人才成长规律，提升教育教学专业化水平，不断提高专业能力；终身学习，学习专业知识、职业教育理论与职业技能，学习和吸收国内外先进职业教育理念与经验；参与职业实践活动，了解产业发展、行业需求和职业岗位变化，不断跟进技术进步和工艺更新；优化知识结构和能力结构，提高文化素养和职业素养；具有终身学习与持续发展的意识和能力，做终身学习的典范

《国务院关于加快发展现代职业教育的决定》(2014 年)

适应技术进步和生产方式变革以及社会公共服务的需要，深化体制机制改

革，统筹发挥好政府和市场的作用，加快现代职业教育体系建设，培养数以亿计的高素质劳动者和技术技能人才；着力营造制度环境，加强规范管理和监督指导等；促进职业教育与社会需求紧密对接；加强行业部门对本部门、本行业职业教育的指导；服务经济社会发展和人的全面发展；协调推进人力资源开发与技术进步；强化校企协同育人；实训设备配置水平与技术进步要求更加适应；形成具有国际竞争力的人才培养高地；有条件的普通高中要适当增加职业技术教育内容；健全企业参与制度；设立学生实习和教师实践岗位；支持企业通过校企合作共同培养培训人才；加强行业指导能力建设；行业组织要履行好发布行业人才需求、推进校企合作、参与指导教育教学、开展质量评价等职责，建立行业人力资源需求预测和就业状况定期发布制度；建立企业经营管理和技术人员与学校领导、骨干教师相互兼职制度；强化职业教育的技术技能积累作用；职业院校教师和学生拥有知识产权的技术开发、产品设计等成果，可依法依规在企业作价入股；加大实习实训在教学中的比重，创新顶岗实习形式，强化以育人为目标的实习实训考核评价；积极推进学历证书和职业资格证书"双证书"制度；开展校企联合招生、联合培养的现代学徒制试点；建设"双师型"教师队伍；完善教师资格标准，实施教师专业标准；健全教师专业技术职务（职称）评聘办法，探索在职业学校设置正高级教师职务（职称）；加强校长培训，实行五年一周期的教师全员培训制度；落实教师企业实践制度；政府要支持学校按照有关规定自主聘请兼职教师；完善企业工程技术人员、高技能人才到职业院校担任专兼职教师的相关政策，兼职教师任教情况应作为其业绩考核评价的重要内容；支持职业院校引进国（境）外高水平专家和优质教育资源；推动与中国企业和产品"走出去"相配套的职业教育发展模式，注重培养符合中国企业海外生产经营需求的本土化人才；完善职业教育质量评价制度，实施职业教育质量年度报告制度；引导全社会确立尊重劳动、尊重知识、尊重技术、尊重创新的观念，促进形成"崇尚一技之长、不唯学历凭能力"的社会氛围，提高职业教育社会影响力和吸引力

《现代职业教育体系建设规划（2014—2020年）》（2014年）

改革教师资格和编制制度；完善教师资格标准、专业技术职务（职称）评聘办法；探索在职业学校设置正高级教师职务（职称）；核定公办职业院校教职工编制；新增教师编制主要用于引进有实践经验的专业教师，到2020年，有实践经验的专兼职教师占专业教师总数的比例达到60%以上；改革职业院校用人制度；落实职

业院校用人自主权,鼓励职业院校按照国家相关规定聘请企业管理人员、工程技术人员和能工巧匠担任专兼职教师;教师年金制度;完善教师培养制度;加强职业技术师范院校建设;建立“双师型”职业教育教师培养基地;探索职业教育教师定向培养制度和“学历教育+企业实训”的培养办法;加强职业教育教师队伍师德建设,增强教师从事职业教育的荣誉感和责任感;完善教师培训制度;建立职业院校教师轮训制度,促进职业院校教师专业化发展;建立职业教育教师实践企业基地,实行新任教师先实践、后上岗和教师定期实践制度,专业教师每两年专业实践的时间累计不少于两个月;鼓励职业院校教师加入行业协会组织

《教育部关于深化职业教育教学改革 全面提高人才培养质量的若干意见》(2015年)

适应经济发展新常态和技术技能人才成长成才需要;全面提高人才培养质量;加强教师培养培训;建立健全高校与地方政府、行业企业、中职学校协同培养教师的新机制,建设一批职教教师培养培训基地和教师企业实践基地,积极探索高层次“双师型”教师培养模式;加强教师专业技能、实践教学、信息技术应用和教学研究能力提升培训,提高具备“双师”素质的专业课教师比例;落实五年一周期的教师全员培训制度,实行新任教师先实践、后上岗和教师定期实践制度;培养造就一批“教练型”教学名师和专业带头人;继续实施职业院校教师队伍素质提升计划,加强专业骨干教师培训,重视公共基础课、实习实训、职业指导教师和兼职教师培训;各地要制订职教教师培养规划,根据实际需要实施职业院校教师培养培训项目

(2) 与人力资源和社会保障部相关的中职教师政策的一级编码

人力资源和社会保障部前身是人事部与劳动和社会保障部。人事部管理全国事业单位的干部编制、公务员考试以及教师的干部编制;而劳动和社会保障部管理全国企业的工人身份的劳动者的生产安全以及工人疗养退休等福利。2008年两部合并为人社部。此前技工学校教师归口劳动和社会保障部管理,由其出台技校系统的教师管理办法。

《技工学校教师职务试行条例》(1986年)

技工学校教师职务;明确的任职条件、职责、聘任(或任命)限额和任期;技工

学校各级教师职务应有合理的结构比例；各级教师职务的限额应与批准的编制定员和工资增长指标相适应；技工学校文化课教师、技术理论课教师职务名称定为：高级讲师、讲师、助理讲师、教员；技工学校生产实习课教师职务名称定为：高级实习指导教师、一级实习指导教师、二级实习指导教师、三级实习指导教师；文化课教师工作职责；技术理论课教师的工作职责；生产实习课指导教师的工作职责；文化课教师任职条件；技术理论课教师的任职条件；生产实习课指导教师的任职条件；各省、自治区、直辖市或部委成立省、自治区、直辖市或部委的技工学校教师职务评审委员会，负责评审高级职务的任职资格或授权确实具备评审条件的下属部门或单位组织评审委员会，报省市和部委批准后，负责高级职务任职资格的评审；各地（市）和各技工学校成立相应教师职务评审组织（委员会或小组），负责评审中、初级职务的任职资格；各级评审委员会的成员，由作风正派、办事公道的担任较高级别教师职务的人员组成，中、青年应占一定比例；各级评审委员会的组成及评委会成员的聘任，同级主管领导批准；评审讲师和一级实习指导教师职务，报上一级主管部门备案；聘任（或任命）权限；技工学校的高级讲师、高级实习指导教师的职务，经地（市）评审组织评审通过后，报省、自治区、直辖市或部委评审委员会审定；讲师、一级实习指导教师的职务，经技工学校评审组织评审通过后，报地（市）评审组织审定；助理讲师、二级实习指导教师和教员、三级实习指导教师的职务，由学校评审组织审定；各级教师职务经相应的评审组织审定后，由校长聘任（或按干部管理权限由相应行政领导任命）；本条例适用于事业单位的技工学校，企业单位的技工学校可根据企业职称改革工作部署参照执行

《上海市劳动局关于上海市技工学校系统执行〈上海市中等职业技术学校教师资格考核暂行办法〉的实施意见》(1990 年)

上海市劳动局；技工学校；专职文化、技术理论课教师；生产实习指导教师；技工教学研究室专职人员；主管局（公司）；教师资格考核花名册；市劳动局核发教师资格证书；一九八八年三月一日前任教的技工学校专职教师，发给教师资格证书；个别技校中有些特殊专业，需要其他部门聘请的兼课教师，虽未取得教师资格证书，但可继续任教；实习指导教师中，教龄在十年以上的老年教师；兼课的校级领导，可发给教师资格证书；不符合教师资格考核标准要求的人员

《关于扩大技工院校一体化课程教学改革试点工作的通知》(2012 年)

全国 30 所技工院校，开展了汽车维修、数控加工、机床切削加工、钳加工、电

气自动化设备安装与维修等专业一体化课程教学改革试验工作，取得了积极成效；为进一步推广一体化课程教学改革成果，在全国部分技工院校扩大一体化课程教学改革试点工作；30所试点技工院校的原试点专业全面开展一体化课程教学工作，并在部分首批试点技工院校中新增一批试点专业；试点对象为2012年秋季入学新生；各试点院校根据本院校教学设施、教师力量，自行确定中级工或高级工试点班（零起点）；配备一体化教师；试点班的一体化课程教学由参加过我部一体化课程教师培训的教师、本校骨干专业教师担任；试点班师生比为1∶30，以确保一体化课程顺利推行，保证教学质量；一体化课程试点班教学的管理

《第42届世界技能大赛参赛集训工作技术指导意见》(2012年)

技术指导专家、教练员和集训选手的管理，提高集训工作管理水平，严格控制集训各关键环节，确保公平公正选拔出最优秀选手，代表我国参加2013年在德国莱比锡举办的第42届世界技能大赛；教练组长职责，组建教练组，组织教练员按照集训工作方案对选手进行日常训练，及时向专家组长反映训练中出现的技术问题，对集训方案提出调整意见和建议，协助集训基地做好选手集训期间的各项安全保障工作；教练组长须由专家组成员担任或由专家组长兼任；技术指导专家职责，按照专家组长要求参与制定集训方案，根据集训方案的安排和专家组长分配的任务，参与指导选手训练工作，及时发现集训工作中出现的问题，与教练组沟通解决，重大问题向专家组长报告；教练员职责，根据集训方案和教练组长分工对选手进行日常训练，及时发现集训中存在的技术及后勤保障方面的问题，向教练组长反映并提出解决建议；技术翻译职责，协助专家组长进行集训的日常对外沟通、交流，翻译与集训相关的各种外文资料，在集训对外交流活动中承担翻译和联络工作

《关于实施2013年国家级高技能人才培训基地建设项目的通知》(2013年)

贯彻党的十八大精神，实施人才强国战略，落实《国家中长期人才发展规划(2010—2020年)》和《高技能人才中长期发展规划(2010—2020年)》，按照《国家高技能人才振兴计划》的要求，加强高技能人才培养工作，启动实施2013年国家级高技能人才培训基地建设项目工作；在全国范围内选择新兴产业、先进制造业以及产业结构调整升级对高技能人才需求强劲的地区，建设国家级高技能人才培训基地，探索适应加快经济发展方式转变、推动产业结构优化升级所需要的高技能人才培训的基本规律；深化培训基地与企业开展高技能人才培训的合作；从培

养模式、课程设置、教师配备、实训装备、能力评价等方面积累高技能人才培训经验，为推动全国高技能人才培训基地建设和规模化培训高技能人才奠定基础；在教师队伍方面，有满足培训需要的稳定的专、兼职教师队伍，师生比为 1∶16—1∶20；高级实习指导教师和具有高级技师职业资格的教师占实训教师总数的45%以上；校企合作关系；专业与合作企业共同研究确定专业建设、课程设置、培养计划、教师建设、研发课题和培训实习方案，并与合作企业共建培训实习基地，聘请企业高级技师、技师和专业技术人员担任指导教师

《关于公布2013年全国技工教育和职业培训教学研究成果评选获奖名单的通知》(2013年)

提高技工院校教师队伍水平；搭建技工教育和职业培训教学研究信息交流平台；我中心组织开展；2013 年全国技工教育和职业培训；教学研究成果；评选活动

2. 关于教育部与人力资源和社会保障部中职教师政策的二级编码

二级编码说明：二级编码是对于上述一级编码所获得的概念，在分析的基础上寻找概念之间的联系，并且找寻概念类属前后的动词所代表的政策执行方式，通过简要分析把它们归入下列几个概念类属。

(1) 政策的表达形式

宪法、教育法、职业教育法、教师法、教师资格条例、教师标准、实施意见、实行办法、发展规划、意见、暂行办法、通知、规定、指导意见、全国人民代表大会、国家主席令、国务院令

(2) 价值主体

中央编办、教育部、财政部、人力资源和社会保障部、办公厅、人事部、建设部、行业组织和企业、事业组织、国务院教育行政部门、劳动行政部门、合格的教师、兼职教师、职业教育制度、职业培训、教职工代表大会、军事学校教育、技术指导专家、教练员、教师人事争议调解委员会、当地人事争议仲裁委员会、双师、理实一体教师

(3) 职业制度

实行学历证书、培训证书和职业资格证书制度；职业学校教育与职业培训；职业教育体系；国家实行教师资格＋职务＋聘任制度；推行学历文凭＋技术等级证

书+岗位资格证书并重的制度；教师职称和专业技术职称双职称制

（4）政策执行

企业承担职业教育的费用；全国各类普通中等职业学校（指中等专业学校、技工学校和职业高中）职业教育教师队伍；聘请专业技术人员、有特殊技能的人员；中等教育由地方人民政府管理；国务院有关部门在各自职权范围内负责有关的教师工作；教师节；民主管理；进修、培训；教师聘约；取得高级中学教师资格；中等专业学校、技工学校、职业高中文化课、专业课教师资格；中等专业学校、技工学校和职业高中学生实习指导教师资格；中等专业学校、技工学校的教师资格由县级以上地方人民政府教育行政部门组织有关主管部门认定；实施教师聘任制的步骤；中等职业学校教师资格；职业高级中学实习指导教师资格；申请人户籍所在地；教师资格证书在全国范围内适用；制订合理的学校人员编制标准；超编人员；在全国范围内选择新兴产业、先进制造业以及产业结构调整升级对高技能人才需求强劲的地区；建设国家级高技能人才培训基地；有满足培训需要的稳定的专、兼职教师队伍，师生比为1∶16—1∶20；高级实习指导教师和具有高级技师职业资格的教师占实训教师总数的45%以上；技工院校教师队伍；及时向专家组长反映训练中出现的技术问题；教师资格考试实行全国统一考试；考试坚持育人导向、能力导向、实践导向和专业化导向；应坚持以人为本、公开公平公正原则；客观体现教师职业道德、业务水平和工作业绩情况；通过考核、奖励、培养和培训提高教师素质；技工学校教师职务、工作职责；结果报中央编办；教职工编制总额；调剂学校之间编制；中小学人员编制的核定和分配；学校类别；重点中学；教师编制总数；安排教师脱产进修所增编制；县级以上教育行政部门统一安排使用；中小学编制工作的规划和指导；教育行政部门要将中小学编制核定和管理；核定和分解各中小学校编制数；具体定编方案；中小学教职工编制要定期调整；清理各种形式占用的中小学人员编制；清理“在编不在岗”人员；不得占用中小学教职工编制；深化中小学人事制度改革；实行聘用（聘任）制和岗位管理；加强编制管理，规范学校机构和岗位设置；全面推行教职工聘用（聘任）制度；择优聘用具有教师资格的毕业生和社会上具备教师资格的人员到中小学任教；职业中学的生产实习课教师的职务按技工学校生产实习课教师职务系列进行聘任或任命；任职资格评审；中等专业学校教师职务评审工作应在本地区职称改革工作领导小组领导下进行；其他专业技术人员到中等专业学校任教，须经过一年以上的教学实践；考察根据其业务水平及履行职责的实际能力,可聘任或任命相应的教师职务;省、自治区、直辖市、国务院有关部委要指导中等专业学校教师职务评审组织的工作;原则上也适用于其他类型的中等专业学校;完善职业学校兼职教师管理制度;鼓励和规范职业学校聘请具有实践经验的专业技术人员、高技能人才担任兼职教师;职业学校包括依法登记为事业单位的中等职业学校;本办法所称兼职教师是指受职业学校聘请,兼职担任特定专业课或者实习指导课教学任务的专业技术人员;兼职教师为企事业单位在职人员;鼓励职业学校为兼职教师购买意外伤害保险;经费来源;建立政府学校、企事业单位多渠道筹措兼职教师经费投入机制;保障兼职教师的报酬;专业教师紧缺的职业学校聘请兼职教师

3. 关于教育部与人力资源和社会保障部两个部门教师政策的三级编码

通过对二级编码的进一步分析和提炼,可以得到下列概念。为了探析这些概念之间的关系,我们将其归入4个核心概念。

(1) 权利组织和政策工具

国家、人民代表大会、党、国务院、教职工代表大会、教育部、人力资源和社会保障部、中央职称改革领导小组、中央编办、行业协会、上海市劳动局、具有独立建制的技工学校、多部门、多主体、就业培训一体化教师、我部教师工作司

任职资格评审;编制;教师参加编制考试;在编教师;在岗教师;入职资格;中等专业学校、技工学校、职业高中文化课、专业课教师资格;中等专业学校、技工学校和职业高中学生实习指导教师资格;中等专业学校、技工学校的教师资格;实习指导教师资格;文化课教师资格;职称改革;职称

(2) 中等职业教育组织

职业中学、农业中学、盲聋哑学校中学部、教研室、校外教育机构、中等专业学校和技工学校、技师学院以外的其他类型的中等学校、事业单位的技工学校、企业单位的技工学校

(3) 管理手段

中小学人员编制核定和分配解释权;聘任(或任命)权限;报省市和部委批准;可根据企业职称改革工作部署;各级评审委员会的成员,由作风正派、办事公道的担任较高级别教师职务的人员组成;中青年各级评审委员会的组成及评委会成员

的聘任;同级主管领导批准;评审讲师;一级实习指导教师职务;报上一级主管部门备案;教师的合法权利;技师、高级技师、工程师

(4) 中职教师政策的利益相关者

国家利益、社会公共利益、教师合法权益、同工同酬、"以人为本"、在编在岗教师、兼职教师、能工巧匠、非物质文化遗产传人、双师、理实一体教师、企业主、国有企业

(三) 编码研究得出的结论

1. 出台中职教师政策的部际关系复杂

出台中职教师政策的部际关系复杂,造成管理困难。中央政府部际关系就是指政府中各个机构之间的横向和外部联系。它不是指"部门之间的非正式往来,而是指官方的和正式的联系"。[①] 本书的部际关系是指在一个层级的政府中各个机构的横向和外部联系。政府本身如同一部完整的机器,机器平稳、顺畅、高效的运行有赖于各部门之间形成良好的联动关系。减少掣肘、减少内耗、降低行政成本是政府自身管理的应有之义。教师政策的部际关系是把有权力出台中职教师政策的部门看成一个整体来考察,而不只是针对政府内部的单个研究机构。通过中职教师政策的编码研究发现,中央政府的三个部门同时管理中职教师客体。教育部出台教师资格认证政策,中央编办出台教师的编制政策,人力资源和社会保障部管理中职教师的专业技术技能。不同部门的政策作用于同一政策客体,易造成教师政策冲突。也就是说,三个部门出台不同的中职教师政策,会出现"政策打架"的现象,使中职校的教师聘任工作面临一系列问题。例如,中职学校校长缺乏教师人事管理权;因受制于教师编制,有技术技能的人进不来;有编制的教师难以面对企业和市场对技术技能人才的急速变化需求。

2. 中职教师政策的主体多元及价值取向多元限制了教师发展

每个政策主体都持有本部门的价值取向。通过部门特定的价值工具,各管一摊的三个部门"自定规则、自己执行、自己监督,造成权力的垄断"。[②] 这种三权合一的权力格局,事实上形成"权力部门化,部门利益化,利益合法化"的权力怪圈,还会造成部门之间权力争夺、权力交叉和重叠的现象。在教学实践中,"中职教师"称谓的能指与所

---

① 薛刚凌.行政体制改革研究[M].北京:北京大学出版社,2006:219.

② 薛刚凌.行政体制改革研究[M].北京:北京大学出版社,2006:244.

指并不一致，因此现实中出现了两类教师，即“在编在岗”的教师和“无编在岗”的教师。“在编在岗”的教师，其工资福利比照公务员待遇，退休后按国家退休制度享受相关福利；“无编在岗”的教师，只领取中职校支付的课酬，缺乏基本养老保障。为什么会出现这类教师群体呢？通过三级编码研究可以发现，中职学校校长没有人事权，与应聘教师签订聘任合同。国家与中职学校之间存在事实上的委托—代理关系，校长代理国家行使发展职业教育的任务。目前中职学校在校学生人数已达2000多万，课堂上学生等着实习指导教师、专业课教师来上课，于是出现了没有编制的教学岗位。这类岗位薪酬低，社会保障和福利待遇差，成为具有制度歧视的教师工作岗位。

校长手中没有编制，编制的使用权由教委掌握。现实中，师范类高校毕业生入职中等职业学校，其价值取向在很大程度上是编制，但现实学校中有大量的“无编制教学岗位”需要有人来工作，这种制度歧视不利于吸引专业人员充任教学岗位和技术技能的更新与提高，也不利于依靠职业教育提供的人才来促进技术创新以实现我国社会经济发展的宏观愿景。

中职教师政策比照普通教育教师政策出台，缺乏职业技术教育特点。从理论上说，普通教育与职业教育是两类地位平等的教育类型，普通教育为社会提供公共服务的管理者，职业教育为社会提供生产力创新发展的技术驱动。两者如同健康人的双腿，缺一不可。然而，事实上，存在这样一种定势思维，认为普通教育是“培养社会的管理者，管理者当然管理技术技能的持有者”，而职业教育招收的是选拔考试当中的“失败者”，是针对失败者的教育。在这种错误思想的笼罩下，中职教师政策在教师岗位管理上缺乏针对性、有效性。

根据美国加德纳教授的多元智能理论，青少年的智力有9个方面，而且因性别不同、年龄阶段不同，智力的表现方式并不是整齐划一的。中职教师的工作也需要具备多种技术技能，对于某些隐性知识，只能进行默会教学，这一点在政策上应有所体现。通过对职称政策的编码研究发现，中职教师职称政策是比照普通教育教师政策制定的。对于文化课教师的职称管理，比照普通教育制定中职教师政策是切实可行的。然而，对于专业课教师和实习指导教师的职称政策，基于部门利益，劳动部有劳动部的政策办法，教育部有教育部的政策办法，而最能体现行业技术顶级标准的行业协会却哑然无声，这是当今行业协会在中国社会治理中不作为的表现。行业协会对于职业教育的促进作用，对于我国走技术创新转型产业发展道路的引领作用还远远没有发挥出来。

3. 中职教师政策客体缺乏利益诉求的渠道以致公民参与无法实现

党委领导、政府负责、社会组织协同、公民参与是现代社会多中心治理的主要模式。以往对中职教师的管理，曾无限地放大政府的管理作用。随着政府的转型，小政府大社会环境下的自我管理是公民主体参与意识觉醒的表现之一。但是在现实社会中存在中等职业教师有编内编外之分、教师利益诉求渠道缺乏等问题。中职教师的自我管理在计划经济时代和改革开放初期，是通过职工代表大会进行的。中职学校的教代会/工会负责对学校行政的监督，然而，通常由编制内的党委领导或行政领导参与教代会/工会对教师的管理，而编外的教师们很难发出自己的声音。本应该随着生产技术的不断更新而同步更新技术的中职实习指导教师，由于缺乏自我管理和自我更新的动力，其技术水平难以达到世界技术的最前沿。

中职教师的专业化发展和职业的社会声望在现阶段并不是靠自发努力去争取的。通过编码研究发现，中职教师在专业类型上被分为三类，文化课教师、专业课教师和实习指导教师。在教学一线，这三类教师并不能同时满足中职教育发展的要求。当中职校的发展需要某专业的实习指导教师时，如果本校在编在岗的教师未能满足教学需要，那么需要有相关专业背景的校外教师来充任，这就是“兼职教师”。兼职教师拥有技术技能，但是不占编不占岗，应临时教学之需而聘请。中职校对兼职教师的“只用不养”的政策执行状况，反映出中职教师政策价值的工具取向。

基于教育部的中职教师政策编码研究得出结论：从能指与所指出发，“职业教育教师”是不同的群体。本书发现，作为政策客体的“职业教育教师”和作为政策主体的“职业教育教师”之间存在差异。在教育世界的“职业教育教师”和现实世界的“职业教育教师”概念之间有差异。研究也发现存在两种“职业教育教师”群体在政策中的博弈情况。中职教师政策价值取向应从“以人为本”转到“以人的技术为本”。

人是社会发展中的宝贵因素，也是社会发展的动力因素。中国共产党十六届三中全会把“以人为本”作为社会发展观的核心。“以人为本”是一种政策价值取向，这种价值取向在中国社会的诸多领域发挥作用。研究发现，一些政策文本中界定“教师”仅为公办普通在岗在编的教师，而事实上，目前的中职教师群体由体制上的编内编外教师以及业务上的三类教师共同组成。同样是教师的话，他们应该拥有相同的职权。“具体的个人通过担任国家职务而获得的权利”[①]就是职权。“以人为本”的教师政策价值

① 高鹏程. 政治利益分析[M]. 北京：社会科学文献出版社，2009：361.

取向，其所谓的“人”，是指具体的“个人”，还是“编制人”，或是“每个有技术技能的人”？这是值得公共管理者在职教领域深思的问题。因为“如果没有规范良好和有效制约的职权行使环境，具体个人的职权就可能给他的个人利益的实现带来更大的可能性，这就是‘职权悖论’”。[①] 职权悖论可能引发具体个人利益和国家利益之间的冲突。教师政策价值取向应该“以人人为本”，做到“人人”同工同酬，而“同工同酬”的实质是实现体制内外的公平正义。

二、改革开放至今社会环境的特点与中职教育性质的重新社会定位

(一) 改革开放后中国社会环境的特点

改革开放以后，随着社会转型发展和全球化影响加深，我国社会结构发生了深刻的变化，政策环境也发生了巨大的变化。在世界近现代史上，社会转型是每个国家都必须经历的过程。社会转型或改变了国家制度，或促生了新的交往关系和阶级结构。我国社会自 1978 年以来发生了“双重转型”，即从传统农业社会向工业化社会转型，从计划经济体制向社会主义市场经济体制转型。在转型过程中，中国社会的权力结构也发生了变化。虽然国家权力仍是社会的主导性权力，但随着市场经济体制的确立和发展，市场权力获得了很大的自主性，而国家对大众传媒限制的放松也使社会权力的自主性得到了一定的发展。市场权力和社会权力从国家的全能性权力中逐渐剥离出来，形成政府、市场和社会的三元结构模式。

中国特色社会主义市场经济采取以公有制为主体，多种所有制经济共同发展的所有制结构，市场对社会分工的精细化带来了职业群体结构的变化。社会群体结构的高度均质化的状况变得松动，并且随着社会阶层变化发生着分化、重组与再生，形成了新的财富和利益结构。2002 年，中国社会科学院“当代中国社会结构变迁研究”课题组发布的研究结果表明，当前中国社会结构已经由过去的两个阶级一个阶层(工人阶级、农民阶级和知识分子阶层)分化为五大社会经济等级、十大社会阶层，这种阶层结构的多元化倾向，显示出中国社会的中间阶层正在迅速扩张，中国社会阶层结构开始由原先的金字塔型向橄榄型转化。中国已经具备了与现代化经济型结构相适应的现代化社会基本的阶层结构。社会阶层的进一步分化初步形成了在收入来源、社会地位、生产方式和生活习惯等方面有着明显差别的利益群体。从利益的角度看，当代中国所发

---

① 高鹏程. 政治利益分析[M]. 北京：社会科学文献出版社，2009：362.

生的阶层分化的实质，就是在社会利益趋向于多样化和复杂化的变化过程中，既有新生利益的出现和对新生利益的分享，又有对既有利益格局的调整和重新分配；既有利益竞争的扩大，又有多年积累下来的社会利益摩擦和利益矛盾的显形化。利益群体的分化导致人们的利益需求也呈现出多样性，这些利益需求往往需要利益群体的表达与综合才能进入政府决策系统。

从1978年至2008年，中国市场逐步向全世界开放，职业教育所培养的技术工人和技师的操作水平，与企业的产品质量及市场竞争力紧密相关，决定着企业的发展规模和能力。随着社会阶层的变化，与职业教育相关的利益群体也呈现多元化，对中职教育质量提出不同的要求，从而也影响政府对中职教师政策价值取向的选择。中职教师政策处在复杂的政策环境及主体利益表达之中，政策价值主体的目标及标准都需要重新确认。2008年全球金融危机以后，世界各国开始进行产业结构调整，国际制造业工厂发生转移，我国经济发展进入新常态。

(二) 中等职业教育性质的重新社会定位

哈贝马斯(J. Habermas)认为，资本主义市场经济的发展导致了国家和社会的分离，与国家相对应的是“公共权力领域”，即政治领域；与社会相对应的是“私人领域”。而私人领域又可进一步分为私人领域和公共领域，其中的私人领域包括商品交换和社会劳动领域、家庭及其私生活；公共领域则是指由私人组成的公共领域(区别于与国家对应的“公共权力领域”)，从而形成“公共领域—经济领域—国家(政治领域)”的社会三元结构。[①] 柯亨(J. L. Cohen)与阿拉托(A. Arato)认为，市民社会是经济与国家之间的互动领域，是由私人领域(主要是家庭)、志愿结社领域、社会运动以及各种公共交往形式构成的，市民社会应与政治社会和经济社会区别开来，从而形成“市民社会—经济—国家”三元结构。二者对市民社会理论的最大贡献在于他们把经济从市民社会中分离出来。[②] 经济学理论认为，人们生活所消费的物品分为私人物品(private goods)和公共物品(public goods)。中职教育是一种典型的准公共物品。因为在学校规模未达到饱和之前，增加一个消费者(学生)并不会排除其他消费者(学生)对教育的消费，也不需要增加投资扩建学校和征募更多的教师，边际成本为零，所以教育主要表现出公共物品的特点。而在学校规模达到饱和时，继续增加学生则会影响其他学生的学

① [德]哈贝马斯. 公共领域的结构转型[M]. 曹卫东，等，译. 上海：学林出版社，1999：35.
② 童世骏. “后马克思主义”视野中的市民社会[J]. 中国社会科学季刊，1993(5)：85.

习，需要限制更多的学生接受教育或追加投资以扩建学校和征募更多教师，边际成本大于零，此时教育更多地表现出私人物品的特点。由于在不同的条件下表现出不同的特征，根据中职教育的特征，可以说，中职教育是一种准公共物品。

根据社会三元结构理论及经济学理论，中职教育产品由于具有准公共物品的典型特征，因此，可以把政府提供、市场适度介入、第三部门调节作为中职教育的定位。

改革开放后，我国坚持改革促发展的大方向，始终处理好改革、稳定与发展三者的关系，公共政策价值取向围绕经济效率和社会公平不断进行调整，发生从“以经济效益为中心”、“效率优先，兼顾公平”到“以人为本”的转变。1978 年，党的十一届三中全会果断地作出把全党工作着重点转移到社会主义现代化建设上来的战略决策，“以经济效益为中心”、“发展是硬道理”成为指导这一时期我国公共政策的主要价值取向，[①]中职教师政策呈现经济价值取向。党的十六届三中全会以后，为了应对经济发展过程中的资源环境瓶颈、劳动力人口老龄化、人力资源成本上升等问题，我国公共政策提出“以人为本”的价值取向。为了适应中国经济发展的新常态，保持我国在装备制造业方面的竞争优势，中职教育提出“劳动光荣”、“创造伟大”、“让每个人都有人生出彩的机会”的育人方向。中职教师政策要面对我国技术技能人才缺乏、高级技师人才匮乏的困境，因此中职教师政策价值取向发生了变化。

三、改革开放至今中职教师政策经济偏人本价值取向动因

1978 年改革开放后，中职教师政策价值取向发生了变化。邓小平同志提出了“尊重知识、尊重人才”的思想，教师群体结束了“接受无产阶级再教育”的历史任务，从“团结、教育、改造”的对象朝“人才”转型。虽然《教育法》规定教师工作由教育部主导，然而，教育部对中职教师政策的制定始终没有占据主导位置。新中国成立后，我国中职教师政策奉行“团结、教育、改造”的方针，一直沿用到“文化大革命”结束。从计划经济时代的中职教育构成上仍然可以看出“官员”本位和“工人”的阶层对立。改革开放初期，党的知识分子政策表现在中职教师政策上，也从“团结、教育、改造”转变为“尊重知识、尊重人才”。但是，对经济价值的追求未能打破“官民”与“公民”之间的隔阂。“官民”与“公民”、“干部身份”与“工人身份”、“有编制教师”和“代课教师”的思维表明，在

---

① 刘福敏. 科学发展观指导下我国公共政策价值取向的有效整合和贯彻[J]. 毛泽东思想研究，2011(4)：89—92.

制定教师政策时，存在着两种利益的博弈，也表现在对企业教师的管理上。中职教师政策系统由四个部分组成，中职教师政策主体、中职教师政策客体、中职教师政策环境以及中职教师政策工具。

（一）中职教师政策主体多元化

我国中职教师政策主体分为官方政策主体和非官方政策主体。

1. 官方政策主体

官方政策主体指广义政府，即立法机关、行政机关和司法机关。这三大系统分别掌握着立法、行政和司法三种权力，各司其职，依据宪法赋予的权力制定各类公共政策，同时互相制约，保持三种权力之间的制约与平衡。此外，在中国政治生活中，中国共产党“扮演了政治决策的核心角色，特别是在国家的经济建设、政治发展、社会发展等重大问题上，将政治决策活动与立法活动分成两个部分和前后过程，并基本上由中国共产党和全国人民代表大会分别承担”，而且“人大和政府的决策围绕党的决策具体化，在党的原则性政策的指导下进行自身的决策活动”。[①] “中央”一般是指中央政府，但在我国有两个含义：一是指中华人民共和国中央人民政府，即国务院；二是指中国共产党中央委员会。前者简称“中央政府”，后者简称“中共中央”、“党中央”。有时候二者并称会用“党中央、国务院”这个称呼，也可以统称为“中央”。根据政策主体不同，政策可分为中央政策、国务院政策、教育部政策、人社部政策等。

2. 非官方政策主体

非官方政策主体包括政治党派、利益集团、思想库、大众传媒和公民个人等，相比官方决策主体而言，尽管他们对政策制定过程的影响较为间接，但同样是政策制定中不可忽视的主体因素。作为相关利益者的非官方政策主体，出于经济利益的考虑，可以向地方政府要政策。

教师政策主体的价值目标呈现出多元化。教师政策利益群体的价值目标客观地存在冲突，例如，政府官员的价值目标是政绩，企业的价值目标是经济，教师的价值目标是稳定工作和退休保障，三者共同作用于中职教育教学活动。价值目标冲突客观存在，但是价值目标在教育教学实践活动中寻求统一。中央政府的宏观教师政策价值取向在于引导，非官方的微观教师政策价值取向在于提供技术指导。

---

① 陈尧. 当代中国政府体制[M]. 上海：上海交通大学出版社，2005：33—61.

（二）中职教师政策经济偏人本价值取向动因

美国管理学家赫伯特·西蒙（Herbert Simon）提出的决策理论，为我们理解中职教师政策价值取向提供了一个思路。现有政策处在诸多不确定因素环境中，使得我们不得不认为当今的中职教师政策就是一种基于有限理性的满意决策。作为官方政策主体的政府掌握着配置社会资源的权力，在决策过程中，政府是以"经济人"的身份参与政策决策的，"经济人假说"认为，经济人的理性是有限的。有限政府不能无限准确地预知未来的各种风险活动，其可能会因为眼前的部门利益而使教育政策决策朝向政府有利的方面引导。因此，政府所制定的中职教师政策，在某种程度上不能考虑到生活世界中的全体教师的利益，而且有可能仅将社会资源配置给一部分教师。教师政策是用来分配利益和资源的，这里存在一个零和博弈问题。从价值创造方来看，是全体教师创造了社会价值，政府将教师政策倾斜到的那一部分教师所得到的利益正是从另一部分教师那里转移走的利益，这里就存在着教师政策价值取向的短板，即教师政策的不公正。遭受不公正对待的教师又如何能够公正地对待每一个学生呢？管理大师德鲁克（P. F. Drucker）认为，组织中最有价值的资产是组织中的知识工作者和他们的生产力。中职教师的技术是最重要的生产力，没有技术的支撑，教师的人文知识不足以形成生产力。教师管理中的价值取向是技术取向的管理。知识管理理论认为，知识等于过程，知识是对技能的安排。行为学派的知识管理则包括理论研究和实践活动两方面，关注对人类个体技能或行为的评估与改变的过程，对职业教育教师的知识进行管理。教师政策主体没有考虑到教师工作的特殊性，如果教师政策不公正，不是"以人人为本"、"以全体教师为本"，就如同一只没有底的桶，不具有实用价值。政府不但不能准确地预知未来，也不能完全准确地感知身边现实。[①] 因此，政府的有限理性需要非官方政策主体和利益相关者发出政策诉求。

由此，我们判断用西蒙的满意决策理论并不能完全解释清楚我国中职教师政策价值取向的问题，这些问题包括：

第一，价值标准问题。私立职业技能学校教师不占编制，不在统计数字内，这样的职业技能学校吸纳了无业的社会青年前来学习，创造了就业岗位，是否应该得到政府的政策照顾？

---

① 黄佐钘. 机构投资者行为及政策引导研究：以证券投资基金为例的实证研究[M]. 上海：上海财经大学出版社，2012：5.

第二,价值选择问题。现行中等职业教师政策是编制偏好的政策,因为教师的职称、职后进修、培训、职称晋升都是基于编制而言的。国企改革后,企业技校教师存在不能以教师身份退休的问题,代课教师群体存在生活艰难的现实问题等。

第三,价值目标问题。以技术为立国之本,就要以"教师—技师—工程师"的实际技术技能为价值标准进行价值选择,从而实现有明确方向的"产学研"接力棒的传递。如何吸引有专长的技术人才到中职教师队伍,重要的是发展中职教育面向人人、服务社会的功能,实现中职教育的公共性。需要改变我国传统的重官轻民观念和重编制轻教学任务的现实。现行中职教师政策中的"以人为本"的政策,只是以一部分"编制人为本",而不是以"自主技术为本"。

改革开放后,我国中职教师政策重经济取向,是基于编制而言的。在经济高速增长的时代,中职教师体制内与体制外管理方面的矛盾使得中职教育服务经济社会发展的能力逐渐引起全社会的关注。价值目标与价值标准的错位,带来了诸如"中职教育缺乏吸引力"等一系列问题。研究发现,价值目标、价值标准和价值选择三个主要因素影响了价值取向的形成和变迁,这为第四章构建价值取向内隐模型打下了基础。

(三) 新常态下(2008年至今)中职教师政策价值取向走势

"大工匠"精神的提出是补制造业的短板,而大众创业、万众创新的行动是搭跳板。"补短板"是要提高产品的质量标准,"搭跳板"是要通过云端技术避免对不可再生资源的过度依赖。中职教育所面临的任务是既要补短板,通过职业技术教育培养健康国民性,保证具有"大工匠"精神的技术工人的数量,又必须"搭跳板",使得中国经济跳过不可再生资源枯竭以及劳动力人口缺乏的"中等收入陷阱"。2016年世界经济论坛的年会主题是"掌控第四次工业革命",探索第四次工业革命对我国工业的影响和实现路径。第四次工业革命的标志性技术是:人工智能、物联网、无人驾驶汽车、3D打印、5G通信、能源储存和量子计算,世界格局面临着再一次重新洗牌的机会,这也将深刻影响我国的中职教育政策。

美国、英国、德国等发达工业国家的"再工业化战略"不是要重回制造业,而是要在第四次工业革命中继续保持领先地位。制造业是国民经济的主体,是科技创新的主战场,是立国之根本,兴国之神器。"抓住第四次工业革命之机遇,并不意味着我国可以忽视制造业的短板,直接进入互联网时代。发达国家正在进入工业4.0时代,而我国制造业的水平大体处在2.0阶段,中国仍然缺乏关键核心技术与高端装备制造能力”。[①]

“互联网+”以及共享经济使得生活在市场经济的每个主体都有可能参与由信息化和智能化带来的，高度灵活的、人性化的、数字化的产品生产与服务模式，因此，“人人自主技术精进”在大数据时代便有实现的渠道。为了迎接工业 4.0 的挑战，智能制造相关规划出台。为了实现中国“智造”和中国创造，在职业教育领域的政策层面，《现代职业教育体系建设规划 2014—2020 年》在教师管理方面要求：加强对教师信息技术应用能力的培训，将其作为教师评聘考核的重要标准。一个优秀的教师可以培养成百上千的学生，因此要加紧用信息技术改造职业教育的专业课程，使“每一个学生都具有与职业要求相适应的信息技术素养”。为了迎接新的工业革命，职业教育政策强调在职业教育领域加速数字化、信息化进程。“将信息化作为现代职业教育的基础建设，实现宽带网络校校通，优质资源班班通，网络学习空间人人通。”通过网络“人人通”的基础设施建设，为“每个人都有生命出彩的机会”提供信息技术支撑，为大众创业、万众创新提供人力资源支持。

职业教育政策一再强调人人和每一个人，使得价值选择全息化。这就为“人人自主技术精进”提供了政策上的基础保障。

---

① 史丹. 抓住第四次工业革命机遇[J]. 环球，2016(3)：8.

第四章　基于内隐模型构建的我国中职教师政策价值取向分析

米塞斯(L. von Mises)确认了人类决策行为产生的三个条件：感觉不满、内心不安以及期盼所采取的某种行为能减少不满和不安。任何行为的价值目标都是从一种情绪不安中得到解脱。[①] 进一步分析，"感觉不满"与"内心不安"都是主体的价值感受，是对现有政策价值取向的不合理和低效率的不满，同时也是对自己不作为的不安。外部价值感受与主体内部价值取向不匹配，使得价值取向发生变化，对价值取向进行调整是行为改变的第一步。基于以上三个条件，将中职教师政策价值取向的基本模型表述为：价值取向调整的内隐模型。

该模型的基本理论观点是：构成政策价值取向的几个变量在不同政策主体的审视面前趋同或一致时，价值目标明确，价值取向处在合理状态，不需要调整。但是当不同价值主体各自的内隐变量发生冲突时，价值取向处于不平衡状态，需要调整。该模型包括三个假设：假设 1，不完全信息条件下我国中职教师政策的价值目标存在分歧；假设 2，时间管理作为价值标准对中职教师政策的价值选择存在影响；假设 3，不完全信息条件下中职教师政策的价值目标和价值选择存在分歧。

第一节　我国中职教师政策价值取向内隐模型构建

一、构建模型的理论基础及变量的确定

因为政策决策主体的行为受价值取向影响，要回答价值取向在我国中职教师政策

① [奥]路德维希·冯·米塞斯.人类行为的经济学分析(下)[M].聂薇，裴艳丽，译.广州：广东经济出版社，2010：75.

决策中怎样发挥作用、如何改变决策主体选择结果等问题，无法回避其中的内隐因素，所以需要构建价值取向的构成模型。可以说，价值取向模型研究是打开影响政策决策主体价值取向变化的黑匣子的钥匙。为此，本章提出价值取向调整的动因取决于不同价值主体的信念一致程度，以及隐含着价值取向的价值标准是什么，这些标准是否已经达到完全信息的状态。若价值主体处在不完全信息条件下，通过价值选择与价值目标是否存在分歧，则可以推断价值选择是否处在价值取向调整的窗口期。该模型的理论基础和推导过程如下所述。

(一) 行为经济学及中职教师政策价值取向的内隐模型变量

行为经济学看待人类存在和社会进步的基本原则是，“在劳动分工条件下的合作与每个人在封闭条件下的孤立相比，是一种更为有效的生存方式”。① 然而，以何种方式合作？如何更有效地合作？对此，必须引入一些事实判断和价值判断。人类所作的价值判断是分等级的。“价值等级”这个概念是米塞斯为人类贡献的智慧之一。米塞斯认为，“通常行为者安排自己的行为时，他们心中都会有一系列不同等级的需求和价值。他们会先满足对他们来说更有价值的需求，即最迫切的需求，暂且不管其他不是很迫切的需求”。② 并不是每个价值主体的“价值等级”与其他价值主体的“价值等级”在表达与合作中都是同步的，因此人类还需要伦理规范来调和不同行为主体的“价值等级”。所以，“伦理规范旨在建立一系列人们应该遵循的价值级别，但是人们不一定会完全遵循”。③ 米塞斯也同意一个行为所追求的结果就是我们普通人所说的目标，这个目标来自“价值等级”，因此可以推论说，价值目标是一个行为者(或多个价值主体)在决策之前首先需要确定的。个人价值目标与团体价值目标的性质相同。如果说政府是一个团体，那么政府的价值目标也来自其心目中的“价值等级”。不同政府部门，作为价值主体，拥有不同的价值等级。“价值目标不是价值取向，价值取向是价值主体对价值标准选取的指向；具体来说，价值取向是指价值主体基于自己的价值观在面对或处理各种矛盾、冲突、关系时所持的基本价值态度以及所表现出来的

---

① [奥]路德维希·冯·米塞斯. 人类行为的经济学分析(上)[M]. 聂薇，裴艳丽，译. 广州：广东经济出版社，2010：735.

② [奥]路德维希·冯·米塞斯. 人类行为的经济学分析(上)[M]. 聂薇，裴艳丽，译. 广州：广东经济出版社，2010：7.

③ [奥]路德维希·冯·米塞斯. 人类行为的经济学分析(上)[M]. 聂薇，裴艳丽，译. 广州：广东经济出版社，2010：77.

基本价值倾向。"①

徐贵权认为,"人的价值取向具有支配欲、表现欲,总是要展开自己现实化、对象化的过程,具有实践性品格"。② 价值取向具有实践品格,而价值目标则具有观念品格,或者说,价值取向为人类行为提供实践的动力,价值目标为人类行为提供的是信念。为阐述得更加透彻,我们以汉字源来考证"价值取向"的"取"字。在汉字的六书中,象形字"取"是会意字,表示人的一只手在左耳边。古代打仗,以割取敌人的左耳计数报功,本意是割取左耳,引申为"拿",③在这里价值标准是"左耳"。"拿"的本意是握持、动手。动手就是实践,实践的内容是动手拿敌人的左耳。从实践价值哲学出发,结合米塞斯的行为经济学,可以推导出:价值取向内隐模型的第一个变量是价值标准,第二个变量是价值选择(见图 4-1)。价值选择是针对价值标准而言的,价值选择可以选择"左耳"、"右耳"、"首级",为什么在这里价值选择是动手取敌人的左耳,因为价值标准决定了价值选择的指向。

由于不同价值主体的价值标准不同,造成他们的价值选择不同,因此他们的价值取向各异。从图 4-1 中可以观察到,价值取向内隐模型是个内嵌结构。在这个内嵌结构中价值标准和价值选择隐含着价值取向,需要价值取向对它们进行提炼和表达,价值标准和价值选择需要借助价值取向的平台外显化。因此,价值标准和价值选择都是价值取向调整的变量。

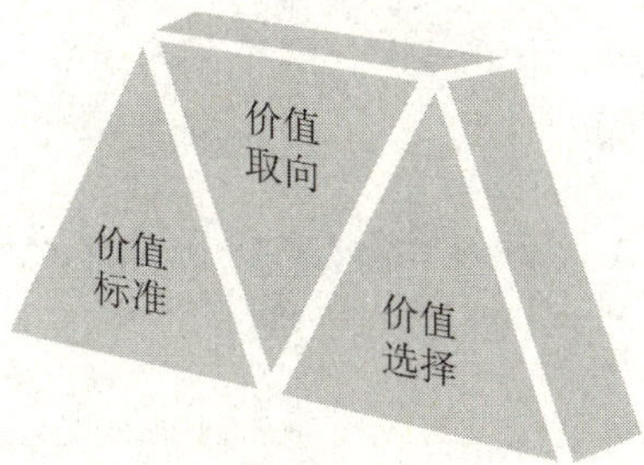

图 4-1　中职教师政策价值取向调整内隐模型的变量 a

(二) 马斯洛需求层次理论中的自我实现与价值选择

马斯洛把人类需求由下而上依次分为:生理需求、安全需求、爱与归属需求、尊重需求和自我实现需求。后来他在自我实现需求前面增加了认知需求和审美需求。人类需求的七个层次表明,各种需求是一个不断变化发展的连续过程,低层次的需求得到满足后,较高一层的需求才能起优势作用;随着时间和外界条件的变化,人的需求也是不断发展变化的;在同一时期内,可能同时存在几种需求,因为人的行为是受多种需求支配的,但是,每一时期内,总有一种需求是占支配地位的。作为人本主义的核心理

① 阮青. 价值哲学[M]. 北京:中共中央党校出版社,2004:160.
② 徐贵权. 论价值取向的建构功能[J]. 南京师大学报(社会科学版),2002(3):20—24+38.
③ 顾建平. 汉字通[M]. 上海:东方出版中心,2014:537.

论，需求层次理论的根本主旨是关注人的尊严、价值、创造力、潜能和自我实现，由此引导人类发展健康积极的价值观。自我实现的首要表现是自我选择，人类主观上有了自主的需求之后，才可以实现自我价值。价值选择是基于自我实现的价值指向，因此价值选择是中职教师政策价值取向内隐模型的第二个变量。

（三）有限理性经济人假说及教师政策价值取向内隐模型的外显变量

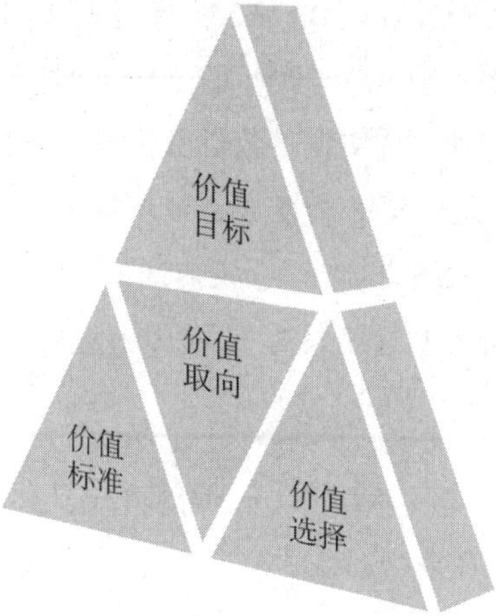

图4－2　中职教师政策价值取向调整内隐模型的变量 b

价值取向内隐模型的关键在于把价值取向作为中介，如同火箭的推送器，把价值标准和价值选择推送到价值目标的高度，这时价值取向则把内隐变量（价值标准和价值选择）外显为价值目标（见图 4－2）。

价值取向体现的是谁的价值目标？价值主体是谁？如何确定价值主体所表达政策的合法性、合理性和有效性？在公共服务领域，政策主体的价值取向调整是怎样发生的？过去人们习惯认为，政策主体是政府，政策在某些情况下代表的是政府的意志，政策价值取向研究的是政府的价值取向，政府既然是合法政府，政策主体就应该确保政策决策的合理性。狭隘的政府主体价值取向是从政府本身的利益，或者从政府部门的利益出发的。比如，教育部出台中职教师政策，同时人社部也出台中职教师政策，而两个政府部门的价值等级是不同的。教育部的中职教师政策侧重于入职时教师的身份背景，在职管理时教师的教学与研究能力；而人社部的中职教师政策强调技校教师入职时，学历学位与职业资格（技师、高级技师）并重。而且，根据有限理性经济人假说，政府部门也是具有寻租和逐利本性的“经济人”，因此，极有可能基于本部门的利益而出台政策，造成政策执行过程中“政策冲突”或“政策打架”。

亚当・斯密提出“经济人”理论，又进一步提出“看不见的手”指导“经济人”，去尽力达到一个并非其本意想要达到的目的。“经济人”追求自己的利益，往往使其能比在真正出于本意的情况下更能有效地促进社会利益。边沁、西尼尔、穆勒等经济学家深深地受到亚当・斯密“经济人”思想的影响。“理性经济人”假设进一步完善了“经济人”的假设，它指出人总是受利己动机的影响，并经过权衡利弊、趋利避害的成本—收益分析，对所面临的各种可能的机会和目标进行优化选择，以找出能给自己带来最大程度利益的方案。

在中职教师政策决策中，政府等利益相关者作为政策主体，都具有有限理性“经济人”属性。“经济人”理论告诉我们，凡是那些利益相关者都是“经济人”，都怀揣各自的价值取向。面对现实生活中的资源稀缺情况，价值取向必须面对价值选择，选择项有若干个矛盾项或同质项。比如，选择意向为上策是朝四暮三，选择意向为下策是朝三暮四，两种选择在桃子的数量上没有什么不同。这仅是选项“上上策”、“上策”、“中策”、“下策”、“下下策”中的两个。但是，人的选择行为牵涉到价值取向是“数量”还是“质量”（“质量”指的是早上的桃子更新鲜，能为价值主体提供更多的“能量”），如何选择便是一个值得思考的问题。总之，价值选择是处在资源总量有限的框架下讨论价值选择的倾向性，这使得各个利益相关者的价值取向发生冲突。如前所述，价值取向既然具有实践品格，是各个“经济人”面对稀缺资源的“拿”，即获取，那么就得到另一个推论，即价值目标是价值取向内隐模型的第三个变量。价值目标提供给价值主体的是信念和行动方向。价值目标被价值取向外显，提炼并简化成两个字——信念。

二、假设 1：不完全信息条件下我国中职教师政策的价值目标存在分歧

所谓不完全信息是指市场参与者不拥有某种经济环境状态的全部知识。新凯恩斯学派认为，不完全信息经济比完全信息经济更加具有现实性。在现实政策决策过程中，政策主体依据价值等级进行价值排序来确定价值目标。卢梭在《社会契约论》中说道：“在行政官个人身上，可以区分出三种本质上不同的意志：首先是个人固有的意志，它只倾向于个人的特殊利益；其次是全体行政官的意志，……这一团体的意志就其对政府的关系而言则是公共的，就其对国家——政府构成国家的一部分——的关系而言则是个别的；第三是人民的意志或主权者的意志，这一意志无论对被看作是全体的国家而言，还是对被看作是全体的一部分的政府而言，都是公意。”[①]从中可以看到，政府官员作为有限理性的经济人，寻求“个人的特殊利益”是天然的，而寻求政府部门利益是出于“团体的意志”。不同政府部门在不完全信息条件下寻求团体意志，那么就有可能在代表“全体的国家意志”的价值目标方面存在分歧。

当中职教师政策不同的价值主体有了明确的价值目标，即有了信念之后，信念并不会静止不动。随着时间压力[②]的来临，政策决策环境会发生变化，从而引发信念变

① [法]卢梭. 社会契约论[M]. 何兆武，译. 北京：商务印书馆，1982：3.

② 作者注：事件发生逆转的临界点。

化。根据前文所述，在资源有限的社会条件下，不同价值主体之间的价值取向会形成竞争，一种价值取向会挤压另一种价值取向以达到新的平衡。于是，信念更改的依据成为我们深入研究的兴趣点，因为这种更改也是在不完全信息条件下，即对对方所掌握的信息不充分知情的情况下作出的。美国学者查尔斯·L·斯蒂文森（C. L. Stevenson）在《伦理学与语言》中提出："当两个人对同一事物持有相反的态度（赞成或反对），而且有一方意图改变对方态度或者怀疑对方态度的正确性时，我们就说他们存在着态度上的分歧。"①当内隐的价值取向变量被价值取向表征和精炼为一个词（通常是一个名词，比如共产主义、民主、革命、经济效益、钱）之后，我们分析政策决策主体的价值取向所使用的分析工具可以总括为两把尺子：一个是分歧，一个是一致。分歧的刻度有"信念分歧"和"态度分歧"。斯蒂文森把下列这些情况称为"信念分歧"，是关于"是"、"非"的分歧。在这类事例中，一个人认为P是答案，另一人则认为非P或某个与P不能共立的命题是答案，并且各自都可以在讨论过程中努力提出一些证据来论证自己的观点，或者借助较新的材料来修正自己的观点。可以借用"信念分歧"这个工具来分析相同政策问题的不同主体的答案。

另一些事例是态度的对立，也被称为"分歧"。态度分歧有时是短暂和缓的，有时是强烈的需要、爱好、意图等。"当一个人试图改变另一个人的态度的同时，也会因为受该人意见的影响而准备改变自己的态度。"②信念分歧和态度分歧不一定都导致敌对性的竞争，相反，当在某种双方都认为有益的相互影响下，可能会引发双方价值目标的互换。两者的差别在于，信念分歧是关于怎样对事情进行如实的描述和解释，而态度分歧是关于怎样才能对事情赞成或不赞成。"一致"既可以指相同的态度，又可以指相同的信念。出于分析的方便，我们不得不对"分歧"进行深入的探讨，同时把"一致"主要当作分歧的反义词来看待。

在描述意义时，我们注意到语言规则的作用，每一个个别的单词都如同一个完整的句子一样，具有影响认知的倾向。对词语中的语素进行排序，同时也说明了价值取向的排序。

牛奶——奶牛　语法——法语　鸡蛋——蛋鸡　牙刷——刷牙

① 冯平. 现代西方价值哲学经典：语言分析路向[M]. 北京：北京师范大学出社，2009：509.
② 杨春学. 经济人与社会秩序分析[M]. 上海：上海三联书店，1998：12.

校企合作——企校合作　职业技术教育——技术职业教育

由于语言存在线性表达的限制，不同的价值主体都会在描述价值目标时进行意义描述，因此出于主体的价值追求，将对价值目标进行排序。多元价值主体在描述事物时，所采用的词序往往透露着他们各自的价值取向。比如，消费者要判断的是“牛奶质量如何”，而乳品企业要判断的是“奶牛的质量如何”，尽管“奶牛和牛奶”之间存在价值关系，但词序不同，排序有异，就说明不同价值主体的价值取向不同。在我国职业教育的价值实践中，对“职业技术教育和技术职业教育”的排序，透露了两种价值取向。教育部以表征学历学术“教育”为主要价值取向来界定职业教育，而人力资源和社会保障部以“技术”、“技能”为主要价值取向。在中国大陆，我们用职业教育来指代“职业技术教育”，从价值等级的排序上看，简称其为“职业教育”；而在台湾，职业技术教育被称为“技术职业教育”，在价值等级排序上以技术为第一。技术第一是否会使工业发展过程“天蓝、空气好、饮用水安全”呢？在教育支撑技术发展的场景下，两者对立会引发“公地悲剧”。[①] “雾霾公害”出现了，人人受害，人人有责，此时“以人为本”的价值取向有必要转化为“以人的技术为本”的价值取向，因为是人的教育出现了问题，社会需求必然启动价值取向调整的政策引擎。

由于价值主体不同而造成价值取向多元。价值选择与价值标准和价值目标的关系是极其复杂的，它们之间既有区别又有联系，价值取向内隐其中并对现实的价值活动进行动态的调节，因为价值选择、价值标准和价值目标必须通过价值取向的黏合作用才能够互相依存、互相制约、互相影响、互相提升，共同推动着价值关系的发展（如图 4－3 所示）。

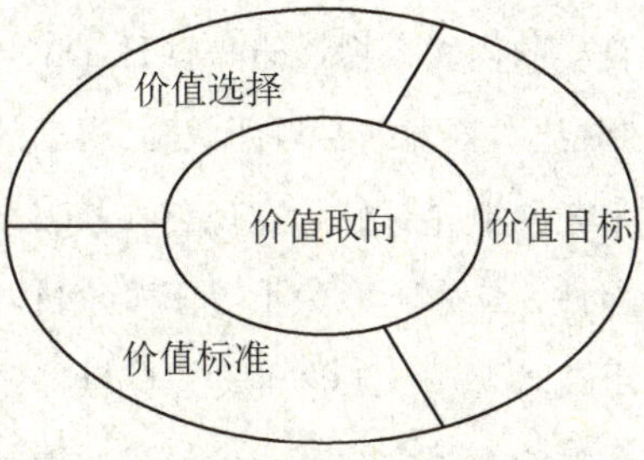

图 4－3　中职教师政策价值取向的影响因素

三、对在不完全信息条件下民国时期中职教师政策价值目标存在分歧的验证

（一）“民主”与“科技”还是“民主”与“科学”

科斯定律告诉我们，企业生产、社会交易等几乎所有领域都存在成本问题。我们

① 作者注：1968 年，英国学者哈丁（Hardin）提出：公地作为一项资源或财产有许多拥有者，他们中的每一个都有使用权，但没有权力阻止其他人使用，而每一个人都倾向于过度使用，从而造成资源的枯竭。

已经不难理解在大数据时代，存在一个信息搜索成本。对于职业教育领域，职业教育是什么，这是一个价值信念问题。对这个信念的分歧，使中国职业教育付出了信息搜索的成本。搜索信息之所以需要成本，是因为在特定历史阶段，政策决策主体难以穷尽完全信息。如对于民国时期，救国的密钥是“民主”与“科技”还是“民主”与“科学”就存在一个不完全信息的情况，此现实没有被当时的利益相关者注意到。1919 年，出于“救亡图存”的社会现实的迫切需要，中国的青年精英提出只有“德先生”(Democracy)和“赛先生”(Science)可以解救中国命运，“德先生”就是民主，“赛先生”就是“科学”。那个时代缺乏由技术精英阶层发出的声音，没有人提出“泰先生”(这个“泰先生”是“Technology”)对救亡图存的意义。职业教育发展一百多年来，人们甚至认为“科学/赛先生”里面天然地包含了技术。然而，科学发现并不等同于技术发明。例如，虽然爱因斯坦的贡献很大，但是爱迪生所做的技术发明，爱因斯坦不一定能做出来。这仅是关于科学与技术在语言中的排序问题，并不能说明技术附会于科学。长期以来，对“科学的春天”这一信息的价值解释为“科学技术的春天”，而不是“技术科学的春天”。德国哲学家赖欣巴哈(H. Reichenbach)在《科学哲学的兴起》中承认人类的技术实践，概括了科学的起源:“古代人的科学，表现在他们所拥有的许多文明技术中，如，建造房屋、织造织物、锻造兵器、用船舶航行、耕种土地。”[①]早在 1867 年和 1877 年，作为技术哲学的代表人物，德克斯(H. Dircks)和卡普(E. Kapp)两人曾先后发表了《发明哲学》和《技术哲学纲要》，而我国“科学的春天”直至 1978 年才由郭沫若首次提出。长期以来我国学界对科学发现和科技发明区别对待。这里的完全信息是：技术本身具有独立性，“热力学毕竟不等于蒸汽机，电磁理论不等于发电机”。[②] 因为民国时期，中国缺乏技术人才—工程师为主的社会阶层，技术人员缺乏政治地位的表达渠道，这些体制机制的不健全和不完全信息对我国的中职教师政策产生了以偏概全的影响。“一些现代西方知识分子错误理念的最严重后果，还不是出现在他们所生活的世界，而是出现在接受了他们思想影响的非西方世界中。”[③]民国时期的政策决策主体通过政策对社会资源进行配置，“作为科学知识与应用技术的开发，乃是重要的公共资源之一，同时也是社会发展的重要动力”。[④] 在职业教育领域同时对科学发现和技术发明进行传播是教育

① [德]赖欣巴哈. 科学哲学的兴起[M]. 伯尼，译. 北京：商务印书馆，1983：9.
② 徐国庆. 职业教育原理[M]. 上海：上海教育出版社，2007：87.
③ [美]托马斯·索维尔. 知识分子与社会[M]. 张亚月，梁兴国，译. 北京：中信出版社，2013：Ⅵ.
④ [日]佐佐木毅，[韩]金泰昌. 科学技术与公共性[M]. 吴光辉，译. 北京：人民出版社，2009：447.

政策公平的体现，民国时期教育政策中对科学与技术的价值排序所反映的价值取向却成为社会分层的工具，这一点恰恰是因为民国时期政策决策价值主体单一造成的。

（二）不完全信息条件下民国时期中职教师政策价值取向的确认

在1912年至1927年期间，中国社会处于军阀混战状态，致使中央政府的教师政策不连续。中国社会传统有着重教的定势思维，加上私塾教育仍然存在，地方政府和民间职业教育机构仍然维持新学堂正常的日常教学，因此，民国时期中央政府的教师政策的价值取向事实上仍然是工具取向。其根据阐述如下。

如前所述，斯蒂文森认为信念分歧(关于价值P与非P)是价值判断的根据。我们通过价值取向内隐模型，把价值标准作为价值取向内隐变量的一部分，来解释民国时期关于中职教师政策价值取向的信念不一致问题。这就是确认中职教师所教的内容是什么，是科学发现还是技术发明。对科学发现的不懈追求是对学术知识的深入研究，而对技术发明的不懈追求则是精进现有的技术技能。

民国时期中职教师的教学内容如果是技术技能，那么技术技能就可能在职业学校和产生技术的现场(民国时期的实业)之间转移，职业学校教师政策的高频词汇就是“技术”。如果是非技术，那么教师政策的高频词汇就应是“学校课堂教学”，而学校课堂并不是产生创新技术的现场。在本书的第三章我们考察了1913年《实业学校规程》中的乙种实业学校教员之资格，有三项规定中“学校”出现了5次以上，而“技术”的出现概率为0。通过民国时期中职教师政策的文本分析，我们验证了民国时期中职教师政策价值取向的内隐变量中，关于价值P与非P存在信念分歧，从而分析得出民国时期中职教师政策价值取向是科学发现或科学发现的载体——书本理论知识。

（三）不完全信息条件下民国时期中职教师政策价值目标分歧的动因

在极力摆脱封建伦理意识对新青年的思想控制并建立民主国家的过程中，西化的民国社会精英不断在中国试验西方各种先进理论。日式职业教育的特点还未及在中国实业教育中出现，急于富国强兵和实业救国的青年精英就放弃了仿日本的“癸卯学制”。那是因为民国初年，军阀混战，中国的实业界为中等职业教育毕业生提供终身雇佣的可能性非常渺茫。就在1912年中国仿日新学制出台前后，日本“东京技师学校希望依照德国的职业学校将自己建成全国技师学校的典范”。[①] 我们向日本学习，而日

① [德]菲利普·葛洛曼，[德]菲利克斯·劳耐尔. 国际视野下的职业教育教师培养[M]. 石伟平，译. 北京：外语教学与研究出版社，2011：156.

本却从德国汲取经验。于是民国社会精英转而放弃学习日本，改学美国。1922 年民国教育改革，“壬戌学制”出台，这是一群留学美国哥伦比亚大学的归国学子力推的新学制。而美国职业教育的特点是社区职业教育，提供综合中学课程，为社区的 16 岁左右的青少年提供多样的学习领域，满足他们个性、兴趣和特长的发展。1922 年学制对职业教育制度的改革包括：不再用“实业学校”的名称，全部改成“职业学校”；“旧学制中的甲种实业学校可以改为职业学校或者高级中学的农工商等科”。[①] 但是，是否适合在中国使用美国学制呢？

更多的声音批评了这种借鉴美国民主制度建立的学制背后隐藏的不平等和不民主。丛小平认为“壬戌学制”“强化了南方沿海等发达地区的优势，却并未对经济不发达地区和乡村教育的落后状况给以足够的照顾，如果‘壬戌学制’的制定者所追求的民主制度只应对了发达地区和都市的政治需求，那么将广大的中国农村和数以亿计的农民置于何处”。[②] 当时的中国并不存在美国的社区概念，如果要生搬硬造一个出来的话，那么就是城市中贫富差距巨大的不同阶层的居住区。1931 年，欧洲教育专家组成的国联教育考察团来华考察了中国的教育，“他们所称赞的职业教育只会（给中国）带来更大的社会阶级分化：即富裕家庭的孩子上中学，然后升大学，找到更好的工作，出人头地；而贫寒家庭的孩子只能上职业学校，成为社会的打工者”。[③] “壬戌学制”“不仅在社会层面造成阶级分化，还制造了大量的都市失业者”。[④] 即便是接受精英教育的城市阶层子女也可能面临“毕业即失业”的现实。

民国时期，美国留学归国的改革派，充满对于中职教育的热望，但通过“壬戌学制”办综合中学，尤其是在高中设职业科，与当时中国社会现实不符。职业教育的不兴，反倒助推了“读书做官”的价值追求。可以说，职业教育在民国时期，并没有呈现出设计者对它的期待，人们仍然重视考试教育。因此，民国时期中职教师政策屈从于考试做官的功利价值取向。这种“自上而下”的由社会精英主导的教育政策，并不能真正解决当时社会的贫富差距问题，政府所代表的只是政府管理者中一部分人的利益。由于资

---

① 米靖. 中国职业教育史研究[M]. 上海：上海教育出版社，2009：209.

② 丛小平. 师范学校与中国的现代化：民族国家的形成与社会转型 1897—1937[M]. 北京：商务印书馆，2014：113.

③ 丛小平. 师范学校与中国的现代化：民族国家的形成与社会转型 1897—1937[M]. 北京：商务印书馆，2014：144.

④ 丛小平. 师范学校与中国的现代化：民族国家的形成与社会转型 1897—1937[M]. 北京：商务印书馆，2014：146.

产阶级民主革命尚处于幼稚阶段，复辟实力持续存在，因此这一时期政府发展教育的价值取向仍然是“官本位”，对于中职教育教师队伍的建设，采用的是工具价值取向。而且民国时期，留学归国的资产阶级改革派所采用的职业教育教师政策更倾向于使用国外人员来发展本国经济。例如，国民党时期的鞍钢，其前身是成立于1918年的鞍山制铁所，日本人八田裕太郎时任所长。到新中国成立后，鞍钢的70名技术人员中有62名是日本技术人员。中国共产党政权建立后，日本人员撤离，中国经济建设急缺技术人员。这种政策工具价值取向的缺陷是没有把发展自主技术当成价值选择。

第二节 中职教师政策价值标准和价值选择趋向一致模型分析

一、价值标准和价值选择趋向一致的动力机制——刻点均衡

价值取向的确定是动态的、历史的过程。价值标准和价值选择都具有信念趋向。一致性是指价值标准和价值选择的信念趋向某一刻点，从而达到主观一致。“择标一致”的动力之一是在价值实践过程中价值主体所受到的被动的时间压力和价值主体主动的时间管理。青木昌彦曾用历时结构解释过制度的演进，他认为，当博弈双方遇到巨大的外部冲击或内生困难时，博弈双方将以互动和创新的方式修正其选择，从而达到刻点均衡。刻点均衡强调在一定的时间管理下达成双方的共有信念而形成一致。[①]

价值标准通常被西方学者界定为人们的主体需要和利益。价值标准有真伪之分，主体的需要和利益能够在实践中得到实现，就证明其价值标准是正确的。美国哲学家瓦托夫斯基(M. W. Wartofsky)认为，价值标准理论构成了哲学学科中最困难、最严谨的领域之一。由于有大量的主体因素参与价值关系和评价活动，因此“这就导致价值标准和评价标准之间的关系错综复杂，使用实践标准和价值标准及评价标准又有许多环节”。[②] 李德顺认为自从价值问题引起理论上的注意时起，价值标准和评价标准就成为一系列重大疑点和难点的发源地。[③] 在实践中政策主体的标准得到认可和实现，说明政策评价标准上升为价值标准。李进认为，“教育管理要注意教育政策评价，教育政策评价的主体，不能仅限于教育行政官员；作为教育工作者，作为非官方的个人和组织，都应该用理性态度来分析教育政策问题，只有当教育的决策主体、研究者、执行者

---

① 曾晓东. 中小学教师管理的制度分析[M]. 北京：北京师范大学出版社，2004：71.

② 阮青. 价值哲学[M]. 北京：中共中央党校出版社，2004：103.

③ 阮青. 价值哲学[M]. 北京：中共中央党校出版社，2004：101.

都对教育政策评价有积极态度的时候，才能更有效地执行政策”。[①] 中职教师政策的决策主体、研究者和执行者都是政策评价实践者，但是他们在各自不同的领域对政策进行评价实践，因此他们各自持有不同的价值标准。教育行政官员的标准与政策研究者的标准在何种程度上发生契合，学者的标准才会被教育行政官员选择？当教育教学工作者的标准在何种程度上与政策标准贴近，政策才能得到顺利执行？只有三者的政策价值标准趋同一致，也就是三者的评价标准趋向一致，共同对政策进行了认可和选择，而不是拒绝和否定时，才实现了教师政策标准的一致性。

价值选择是指对言语、行为举止、活动、项目所追求价值目标的取舍和断定。价值选择的内容和动力来自价值主体所处的一定国际国内政治、经济、技术文化、军事、公民参与等价值实践，因此受到一定的制约。根据米塞斯的行为经济学理论，政策主体决策行为是基于一定时间压力及同行业竞争压力，“感觉不满，心中不安”时必须作出的价值选择。中职教师政策价值选择的内容则是在价值选择过程中根据教育目的、社会经济发展需要、中职教师群体现有的条件、专业发展方向、其他国家中职教师的技术技能前沿水平等，在一些价值实践中选取某些方案作为目标。可供选择的方案可能有N种，但应该有一种最能反映教师政策主体价值取向的需要、符合其意志、具有合法性和有效性的方案。价值选择就要发现、选定这其中合情、合理、合法、有效用的方案。促使价值选择达成的动力机制来自价值主体所处的内外部政治经济环境对自我价值实现的影响，最突出的表现是在时间压力下作出价值选择。[②] 因为任何影响政策决策的信息价值都表现出时效性，错过这个时间戳，影响政策价值取向的信息价值将降低效用。为了提高决策的质量，决策主体必须缩短观察、反应和作出两难选择的犹豫期。“决策质量和信息价值与可用于决策的时间有关，而信息价值本身也是随时间变化的，并且直接影响决策所能达到的最佳质量”，[③]并且，在价值标准中，“机会窗口期”这个时间戳也是价值选择与价值标准趋向一致的动力。这就是中职教师政策价值取向的

① 郭扬.职教名家谈职教[M].上海.华东师范大学出版社，2013：21.

② 作者注：中职教师政策的价值选择受到国内产品的国际竞争压力，需要具有“工匠精神”的劳动者的竞争能力。

③ 作者注：这里是分析政策在特定时间的及时跟进：工业4.0对我国装备制造业形成时间压力。若不能及时跟进，没有实现技术替代，没有自主技术，就意味着资源已被掠夺开采。例如，发令枪响后，我们必须全力奔跑，如果不起跑，意味着我们主动退出竞争，以往所有训练和努力都成为徒劳。如果比赛中途从赛道中退出，说明自己放弃，丢失了比赛的意志。如果一直奔跑在赛道上，即便是作为最后一名，但也完成了比赛，则表明我们参与了游戏，未来还有改写比赛规则的机会。所以，政策主体在特定的时间里必须进行决策，否则政策就失去了竞争力，失去了存在的意义。

价值标准和价值选择趋向一致模型的内容。

二、假设2：时间管理作为价值标准对中职教师政策的价值选择存在影响

对于时间价值的认知，我国政治家早在先秦时期就有论述。例如，《吕氏春秋》写道："天不再与，时不久留，能不两工，事在当之。"意指时间一去不返，老天只给一次机会，事情的成功在于适时而做。事情的难易也与时间有紧密联系："事之难易，不在小大，务在知时。"《列子》写道："凡得时者昌，失时者亡。"意指凡事做得不早不晚，及时而为就会成功；没有抓住时机就会失败。现代人时间管理的目的是实现价值，管理学大师德鲁克认为，有效性是现代管理的精髓，时间管理是有效性的前提。时间对于政策价值取向的所有利益相关者来说，都是没有弹性的，没有替代品，任何主体完成每一件事都无法脱离时间的轨道。改革开放后，我国教育政策决策也因为对外部世界了解的增加而与时间相挂钩，尤其是中国经济发展进入新常态后，与中职教育相关的制造业政策直接冠以时间名词的限定。[①] 例如，《2003—2007年教育振兴行动计划》、《中等职业教育改革创新行动计划(2010—2012年)》、《现代职业教育体系建设规划(2014—2020年)》、《面向21世纪教育振兴行动计划》等。

价值选择是在ABCD中进行单选，每一个选项都可以代表不同价值取向。没有时间压力和时间限制下的选择在现实生活中几乎不存在，小到一场标准化的纸笔测试，或挑选一件自己满意的衣服。"在无时间压力情形中，决策主体常常采用以选项为主的信息搜索策略，而在时间压力情形中，决策主体更倾向于以属性为主的信息搜索策略，即时间压力导致决策主体的选择策略从基于选项的搜索策略转换为基于属性的搜索策略。所谓以选项为主的搜索策略是指决策主体针对某一选项的各个属性加以查

---

① 作者注：中国制造相关规划提出要三步走：第一步，到2025年迈入制造强国行列；第二步，到2035年中国制造业整体达到世界制造强国阵营中等水平；第三步，到新中国成立一百年时，综合实力进入世界制造强国前列。改革开放后，我国职业技术教育一直在追赶最先进的技术信息。在追赶过程中，制造装备技术技能的操作存在短板。清末由于闭关锁国，对外部世界的技术水平不了解，民国时期因为战火硝烟，工业发展的内部环境不稳定，我国职业教育错过了工业1.0、工业2.0；改革开放后，我国搭上工业3.0的末班车，但自主技术缺乏，出现"技师荒"，造成我国制造业的短板。当前，在与德国工业4.0对接下，德国期望成为标准的制定者，不仅在欧盟，而且在全球推广其标准。从这个意义上说，时间压力就与价值标准相一致。事实上，我国政策价值取向的时间管理意识起于1951年起草的第一个五年计划，为避免政策走计划经济的轨道，中央政策用"规划"代替"计划"。与中职教师政策相关的时间管理意识下的近期宏观政策是"十三五规划"。

看和全面了解后，再对下一个选项进行同样的考察，以期提高决策的质量。"[①]正因为我们在确定的价值标准下进行选择，所以价值取向调整常常面临时间压力。否则，政策决策过程就不能避免有意滞后和无意滞后两种状态的出现。造成政策滞后的原因主要是决策主体的价值取向没有及时调整好。政策滞后对教育实践具有负价值。比如，晚清职业教育教师政策滞后于那个时代的职业教育认识和实践，当时蒸汽机时代的技术已经代替了农耕时代的技术，而晚清社会管理仍然采用封建衙门式的管理思路，这也成为政权被颠覆的因素之一。这一点将于本章第三节详细论述。

三、我国若干知识分子政策中时间管理作为价值标准对价值选择存在影响的验证

人类对时间的洞察力大致可以分为对过去、当下和未来的思考。敏锐的时间洞察力表现为能够关注当下，展望未来，平衡当下的"舍"与未来的"得"并作出价值选择。在政策价值取向调整中，我们假定价值标准随着时间成本变化而对价值选择产生影响。通过把时间价值标准当作一把衡量价值取向倾斜度的尺子，来解释不同历史时期某些政策价值取向是如何调整的。依据行为人对当下突发事件的感知和反应所产生的紧迫感，可以在时间管理的优先矩阵中划分出四类行为者（见表4-1）。根据西蒙的有限理性经济人假说，每一类行为者都会依据"满意原则"给出自己的选择。

表4-1　根据对突发事件的反应来判断行为者类型

A. 有紧张压力的行为者	B. 从容的行为者
C. 无用的行为者	D. 自满且行动迟缓的行为者

如果将政策决策的政府部门视为经济人，那么经济人在时间管理上的价值标准反映了其所作出的价值选择的依据。主体对于利益的价值标准诉求，反映出该主体作价值选择时所依据的"轻重缓急"。

从行为经济学着眼，对于重要的事情，个体行为在感知方面要比组织行为敏捷，组织行为常常表现为缺乏管理学中的危机管理意识和政策迟滞。例如，在晚清的政治改革过程中，不但错过了发展民族资本主义经济的窗口期，而且朝廷同意开展洋务运动的信息价值超过了时效期。1840年鸦片战争后，晚清政府并没有马上开展洋务运动，甚至在签订《南京条约》之后，也没有在全中国开展自强自救运动，而是经历了20年的

① 刘金平，李红锋. 时间压力下的决策策略和决策理论[J]. 河南大学学报(社会科学版)，2008(6)：73—78.

反应期和犹豫期，即第二次鸦片战争结束，再次受到签订割地赔款的冲击之后，清政府才准许开始洋务运动。如果能够早20年，在与英国第一次交手失败后就进行改革与发展，也许“中国就不至于一步步地遭受列强的蚕食鲸吞，中华民族也不至于那样伤痕累累，陷入半殖民地半封建社会的深渊而难以自拔”。①

清政府的保守派和洋务派曾经进行了激烈的论战交锋，洋务派是A类行为者，他们深感富国强兵对于未来朝廷社稷而言重要且紧迫；保守派是D类行为者，只知在“天朝上国”的尊严里悠然自得，只要能图一时的安宁，管它是什么丧权辱国的条约。②D类人用过去的价值观享受着当下而看不见未来。在两派意见中决策拍板的傀儡皇帝，虽然感觉富国强兵重要，但是身居高墙之内的皇宫，远离东南沿海的民生实情，成了优柔寡断的C类行为者，被称为无用的人。对当下事件的不反应是基于对过去价值观的依赖和对未来价值观的担忧。

用这个例子来验证一下假设2：假定价值标准随时间因素变化而对价值选择产生影响，从而迫使价值取向发生调整。晚清的自我价值标准是“天朝上国”，在办洋务和不办洋务的价值选择之间犹疑了20年。这20年对英国人来说，是工业技术发展的机遇窗口期，使他们有足够的时间脱身于对缅甸及阿富汗的战争，完成对印度全境的征服，并且迫使俄国接受《巴黎和约》，平复了英国国内规模较大的工人运动——宪章运动。英国用20年的时间近交远攻，积累原始资本用于工业发展，从而在工业1.0时代成为强大的工业国。而清朝政府用了20年时间，在徘徊中终于明确了自己在国际动荡局势中的价值标准和价值选择，在第二次鸦片战争的失败后调整了政策的价值取向，开始考虑到安全的海防需要海军战船，并于1866年底到1867年初，由洋务派兴办了中国第一所职业学校——福建马尾船政学堂，学校的教师是高薪聘请的法国匠首工头。清政府的价值取向调整用了20年时间，从“师夷长技以制夷”时称西方为“夷”转向称西方为“洋”。“夷”是鄙视，而“洋”却为仰视，从“夷”到“洋”称谓的变化，说明清政府经过了长时间的价值选择才确认了自己的价值取向所在，确立自己的价值标准必须经过洗心革面的“舍”才能够平衡未来的“得”。由此，我们确认晚清政府的职业学校教师政策为“工具”价值取向，因为清政府的所有政策都是为了方便封建君主对臣民的管理。

---

① 喻维春. 洋务运动缘何姗姗来迟——近代中国历史变革迟滞20年的原因探析[J]. 皖西学院学报，2006(3)：65—68.

② 喻维春. 洋务运动缘何姗姗来迟——近代中国历史变革迟滞20年的原因探析[J]. 皖西学院学报，2006(3)：65—68.

新中国成立后，出于巩固政权的需要，国家极度需要快速发展“技术民族主义”。这个概念的含义是，“对于国家安全和经济繁荣来说，技术是最根本的，技术必须不惜一切代价本土化，并使技术在整个制度中扩散”。[①] 1949 年 6 月，刘少奇从苏联带回 200 名技术专家，并开始借鉴苏联的五年计划编制经验。从“一五”计划开始，我国的宏观政策就确立了时间管理意识。时间管理作为价值标准，对政策主体的行为选择起到了巨大的政策效用(如图 4－4 所示)。

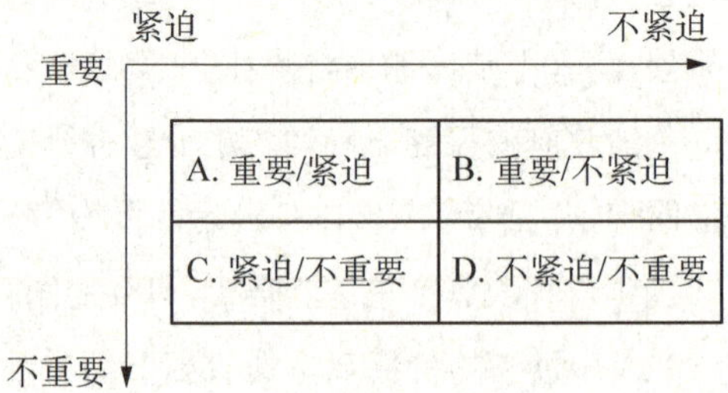

图 4－4　行为人对当下事件时间管理的优先矩阵

1951 年，国家出台政策对知识分子进行思想改造。“知识分子的处境与面临的任务是极其不相称的。具体存在六个方面的问题：一是估计不足，即对他们的政治进步和业务水平估计不足；二是信任不够；三是安排不妥；四是使用不当；五是待遇不公；六是帮助不够。”[②]一方面是新中国建设需要技术人才，另一方面是对技术人才存有疑虑。1955 年，我国导弹之父钱学森绕过美国的围堵回到祖国，受到政府的热情欢迎。一位美国海军将领说，一个钱学森抵得上美国五个海军陆战师。在冷战期间，面对美国的封锁、禁运及西方各国的围堵，要建设强大的国防力量，需要依靠专业技术人员。1956 年 1 月，中共中央关于知识分子问题的会议在北京召开。周恩来在报告中坦言当前面临一个急需解决的困难，即各类专业人才缺乏。报告把中央调整知识分子政策的必要性确立在三个基点上：第一，指出当今世界科学技术迅猛发展，中国必须急起直追；第二，承认 1949 年以来知识分子在政治上有很大进步；第三，应该给知识分子以必要的工作条件和适当的待遇，必须保证他们至少有六分之五的工作日(即每周 40 小时)用在自己的业务上。报告确认，“他们中间的绝大多数已经成为国家工作人员，已经为社会主义服务，是工人阶级的一部分”。[③] 知识分子问题会议的另一项成果是《1956—1967 年科学技术发展远景规划》，其中有 600 名苏联学者及 500 个苏联科学与设计机关参与了中国科学技术发展十二年规划的制定和修改。

---

① Feigenbaum E A. China's Techno-Warriors: National Security and Strategic Competition from the Nuclear to the Information Age [M]. Stanford, CA: Stanford University Press, 2003: 14.

② 林蕴晖. 国史札记：史论篇[M]. 上海：东方出版中心，2009：115.

③ 林蕴晖. 国史札记：史论篇[M]. 上海：东方出版中心，2009：117.

1956年，刘少奇为准备召开党的八大所做的调查显示了他对技术人员的重视，他提出，多吸收一些专家参加部领导，让他们挺起胸膛讲话是有好处的，一是把外行变内行，二是把内行变成红色专家。[①] 同年，毛泽东在知识分子问题会议上说，“现在我们革什么命，革技术的命，革没有文化、愚昧无知的命，所以叫技术革命、文化革命。搞技术革命，没有科技人员不行，不能单靠我们这些大老粗”。[②] 即使在1958年春发动大跃进的初期，毛泽东在《工作方法六十条》中仍然明确指出，“现在要来一个技术革命，以便在十五年或者更多一点的时间内赶上和超过英国”。遗憾的是，当时的知识分子政策在指导思想上急于求成，对斯大林“干部决定一切，技术决定一切”的口号进行了批评，提出了政治挂帅和群众运动等与之相对立的口号，致使知识分子政策的执行偏离了原有轨道。教师作为知识分子的一部分，教师政策自然也是党的知识分子政策的一部分。“团结、教育、改造”既是党的知识分子政策的价值目标追求，也是教师政策的价值目标追求。“团结、教育、改造”的方针从建国之初确立，一直沿用到“文化大革命”结束。[③] 1978年中央组织部发布《关于落实党的知识分子政策的几点意见》，说明党的教师政策价值标准重新确立。这个时间压力，开始改变建国至1978年由工厂师傅传授操作技术的价值选择。

马克思主义的动机与效果统一论认为，良好的动机不一定带来良好的效果，还必须要有正确的方法，正确地做正确的事，才能达到动机预期的效果。1949年作为一个价值取向必须调整的时间压力，政策制定者必须把革命和建设区分开来。闹革命和搞建设分别处于不同的阶段，政策所承担的任务也不同，应该及时调整政策的价值取向，确认价值目标。从良好的动机出发，经由正确的价值取向，制定政策才能达到良好的效果。从上文毛泽东同志的一系列讲话中可以发现，彼时政策价值标准仍然是斗争与革命，不但与以美国为首的西方冷战，而且与插手各国内部事务的共产国际斗争，而经济建设的价值标准并没有完全建立起来。以什么样的价值标准来制定政策，反映出当时政策的价值目标不清晰。在非此即彼的选择中，要么选择苏联的价值标准，要么选择美国的价值标准。由于当时缺乏实践价值哲学的指导，缺乏自己的价值标准，在政治上一边倒向苏联，并没有自己的价值标准。“用什么样的价值标准去寻求确认、实

① 林蕴晖.国史札记：史论篇[M].上海：东方出版中心，2009：144.
② 林蕴晖.国史札记：史论篇[M].上海：东方出版中心，2009：271.
③ 王继平.合理调整我国教师政策价值取向初探[J].教师教育研究，2005(6)：5—11.

现、创造、分配价值，则是考察公共政策得失、优劣的前提。”[①]从 20 世纪 50 年代到 70 年代，历史并非没有向中国提供科教兴国的良机，只是由于种种原因，或对良机视而不见，或与良机擦肩而过，其中的重要原因是我们未能及时确认本国的中职教师政策价值标准，也未能调整政策的价值取向。

从 1949 年到改革开放前，我国的教师政策在政治与科学技术的选择中，都没有跳出“政治”的价值标准。那个时期政策语言的价值排序是“又红又专”和“红专干部”，所以 1949 年到 1978 年之间的中职教师政策以政治为价值取向。

第三节　中职教师政策价值目标和价值选择趋向一致模型分析

一、中职教师政策价值目标和价值选择的主客观统一

如前所述，目标是信念，而选择是行为者的行动。当信念与行动一致时，说明价值取向明确，对行动产生指导作用。价值取向具有目标筛选功能、自我塑造功能以及信念强化功能。但是不同的利益相关者或价值主体，如果对于同一事件的信念和行动彼此不一致，就容易造成价值取向的困境。

人们在长期的价值活动中，会形成关于某一类事物的价值信念、价值取向、价值标准、价值规范的稳定的思维模式，被称为价值观。价值观渗透于各个领域，成为主体的动力机制，决定主体的价值取向与价值选择，是主体能动性的重要组成部分。“价值取向与选择是一个价值观念的支配问题，有什么么样的价值观念，必然会产生什么样的价值取向，‘官本位’的价值观就会产生决策主体自我利益（政绩）的价值取向，就会产生以上级指令或者主观认识为主的价值取向，而忽视社会和民众需求的客观的价值取向。”[②]

价值需要决定着价值标准，而价值标准反映着人们的价值取向。人们在现实的价值活动中，追求什么，选择什么，是受其价值观念支配的，而价值标准则是价值观念的核心。价值取向实质上是人们内在的观念性的价值标准在实际行为中的表现。因此，价值标准的矫正，必然要通过引导价值取向表现出来。[③]

价值取向与价值选择也是既有区别又有联系的。任何价值选择活动都内含着价

① 王继平. 合理调整我国教师政策价值取向初探[J]. 教师教育研究，2005(6)：5—11.

② 王学川. 历史价值论[M]. 杭州：浙江大学出版社，2014：122.

③ 赵馥洁. 中国传统哲学价值论[M]. 北京：人民出版社，2009：445.

值取向，价值手段、价值途径、价值结果的选择，都是为了实现价值目标而进行的，都体现着特定的价值取向。可以说，有什么样的价值取向，就有什么样的价值选择。

二、假设3：不完全信息条件下中职教师政策的价值目标和价值选择存在分歧

不完全信息源自中职教师政策价值取向缺乏有效的信息沟通，包括国内与国外在产业技术水平方面的沟通以及国内各行业协会、企业与职业教育教师政策之间的信息沟通。刘复兴认为，信息障碍和信息不足，造成决策主体事实判断的失误。“政策决策活动是一个理性思维和价值选择的过程，它不是用物质去构造物质系统，而是依靠反映客观事物的信息去选择政策目标，设计政策方案，所以，完全的、精确的、可信的和及时的信息是决策主体做出准确价值判断的前提。”[①]在西方发达国家，行业协会的重要职责就是传递政府与企业间的信息，沟通两者的需求，作为桥梁和纽带发挥中介作用。西方一些行业协会在向政府反映会员单位诉求和影响政策制定过程中，也发挥了积极作用。布拉德利(Joseph F. Bradley)认为，“行业协会是由参加相同或类似经济活动的公司所构成的旨在解决共同或普遍性问题的组织”。[②] 杜鲁门(D. B. Truman)强调，“在政治决策过程中，行业协会作为利益集团开展各种活动，发挥着特殊的作用，反映出互益性组织的基本特征”。[③] 对于中职教师政策而言，行业协会的作用在于向政府提供技术技能人才需求的信息。行业协会在职业教育中发挥的作用如下所述。

（一）独立于政府且具非营利性质的行业协会对政策制定产生有针对性的影响。因为来自市场对政府政策需求的信号，首先是被代表最先进技术水平的行业协会所捕获。行业协会代表全体会员企业的利益诉求，而不是代表个别企业直接与政府发生联系，这要求行业协会加强自身建设。比如，德国工业联盟之所以经常和政府、政党、工会、欧共体及其他国际组织对话，是因为其代表了全德工业界的利益和技术水平，因此由行业协会考试颁发的师傅证书也对职业学校教师资格产生影响。

（二）非独立行业协会对职业教育教师政策产生影响。因为中国许多行业协会的行政化色彩浓厚，被戏称为“二政府”。1988 年国务院机构改革，撤销了一部分工业部

---

① 刘复兴，劳凯声．教育政策的价值分析[M]．北京：教育科学出版社，2003：163.

② Bradley J F. The role of trade association and professional business societies in America [M]. University Park: The Pennsylvania State University Press, 1965: 82.

③ Truman D B. The governmental process: Political interests and public opinion [M]. New York: Knopf, 1951.

门，成立了10个全国性的行业组织，这些行业组织下面还聚集了众多的国家级的专业学会、协会，由此构成了完整的行业组织体系。但是，这些行业组织所提供的信息主要是来自政府的声音，而不是全球化市场条件下对中国技术人才的需求发生变化的声音。

如果行业协会的成员是与政府形成委托—代理关系的组织和个人，那么行业协会对市场释放的政策需求信号就不会那么敏感。这样可能会导致政策扶持的职校所培养的学生在劳动力市场上的供需认知发生迟滞。

（三）行业协会指导对中职教师专业发展的影响。职业教育的全称是“职业技术教育”，但是，人们对技术的强调远远低于对职业的强调，结果这种模糊了学术与技术关系的职业教育逐渐代替了职业技术教育，难以形成对工艺技术发明的社会组织的管理。掌握了核心技术的社会精英对于安邦定国的经济贡献，胜过荒蛮战争的攻城略地。技术发明和技术进步是一个社会累积的过程，是集合技术工人/技师—学者—企业经营者三者共同完成的。中职教师既不是严格意义上的学者——有追求学术的发展空间，也不是企业经营精英——他们掌握了大量的原材料、资本为技术发明提供物质基础和研发环境，有保守企业技术秘密的责任以增强市场竞争力，更不是企业一线的技师或技术工人。中职教师要通过技术教育对最先进的技术进行推广和传播，使得技术具有公共产品的性质，以增加整体经济效率。虽然中职校与企业合作，但企业不可能把最先进的技术数据交给中职教师，解决问题的关键在于需要独立行业协会发挥作用。强调“产—学—研”结合，中职教师通过学术研究来增加理论发现，并促进技术进步，但这样做又会使得他们脱离教学实践。如何协调这一切矛盾，首先就要增强行业协会对职业技术教育的技术指导，减弱中职教师在技术上对企业的依赖(见图4-5)。

加强行业协会建设成为促进中职教师政策价值取向调整的一项重要工作，因为价值标准的主体从企业转换为行业。通过行业建设把企业强化为一个技术整体，从而应对国际竞争中与日俱增的技术需求。

这些行业组织下面还聚集了众多国家级专业协会(学会)组织，从而构成了完整的行业组织体系。[①] 但是，中国的行业协会所提供的信息大多是来自政府的声音，而不是全球化市场对于中国制造需求的声音。

---

① 郭扬. 职教名家谈职教[M]. 上海. 华东师范大学出版社，2013：161.

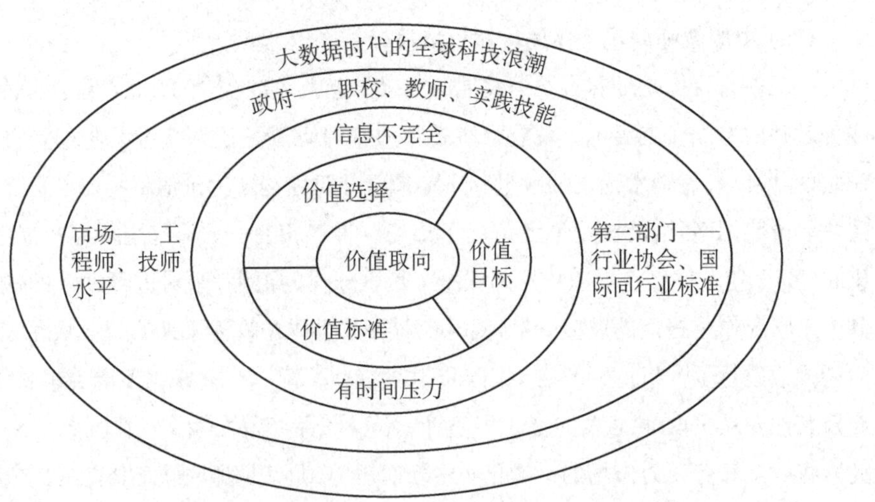

图 4-5 社会环境因素对政策价值取向的影响

三、对不完全信息条件下中职教师政策价值目标和价值选择存在分歧的验证

政策的价值目标与价值选择不一致会导致价值困境，价值困境是指政策主体的价值遮蔽于社会大众价值观念之中，造成价值共识碎片化、漂移乃至虚无的状态，甚至是终极价值的空场。很多人认为在经济全球化进程中，中国社会的价值多元与无序是造成民众价值困境的根源。政策主体在引导和塑造民众核心价值观方面具有不可忽视和不容推卸的社会责任。尤其当政策主体的价值目标和价值选择难以达成一致的情况下，政策的价值困境将影响某一职业群体的群体行为。我国中职教师政策的价值目标和价值选择存在分歧，价值目标是培养全面发展的人，培养具有健康国民性的中国技术工人，而现实价值实践中的价值选择却是培养偏好国外技术的中国技术工人。

（一）中职教师政策主体的实然价值选择

高等教育大众化之后，对中职学生毕业后的出路问题造成很大的影响。于是帮助学生升学、追求高学历成为中职教师的工作内容之一，而不是把技术技能的提高作为教学工作的重点。相对于升学，中职教师传播和推广技术是“不值得”努力的事。“不值得定律”[①]反映了中职教师的实然价值选择。

① 作者注：不值得做的事情，就不值得做好。这个定律反映出人们的一种心理，一个人如果从事的是一份自认为不值得的事情，往往会持冷嘲热讽、敷衍了事的态度。不仅成功率小，而且即使成功，也不会觉得有多大的成就感。

（二）中职教师政策主体的应然价值目标

中职教育目标是培养有技术技能的中等专业人才，技术精进而不是学术精进应该成为教师的专业发展目标。现有中职教师的管理政策是比照普教教师的管理办法来制定的，即以发表学术论文的数量和质量来晋升职称。这种价值目标与价值选择分歧造成的价值困境，给潜在竞争者留出了市场。世界银行《2007 年全球经济展望》编写组在《2007 年全球经济展望——驾驭新一轮全球化的浪潮》中对世界经济的现实情况和未来状况作了短期的展望分析，同时也对决策主体在改善未来的经济状况方面所面对的挑战进行了分析。2007 年，中国和印度加入了新一轮全球化浪潮。来自中国、印度及其他发展中国家工人的低工资竞争（不仅商品贸易如此，而且服务贸易也是如此），将对全球劳动力市场的一体化产生新的压力，尤其是那些缺乏技能的工人将被远远地抛在后面。要处理好这些问题，将增加国家决策主体的负担。中国职业教师政策决策主体将在新一轮商业全球化的舞台上，遭逢更大范围和更深程度上的管理机遇。大卫·李嘉图（D. Ricardo）认为，自由贸易对世界各国都有利，因为所有国家都将专注于生产他们最擅长生产的产品。在这种商品生产国际分工的前提之下，中国企业的产品是否具有比较优势，需要的是更多技术精湛的劳动者。比如，日本丰田汽车在中职校可以授权培训，而国产奇瑞汽车的维修授权培训却难以推广。这在一定程度上造成国产汽车的市场份额因为价值困境而出让给日资企业。

（三）现行中职教师政策的价值取向问题

教师政策在具体职称管理政策上存在错位。职称晋升的管理方式以学术研究为导向，而非以技术精进为导向，使教师认为自己在教师管理序列上应向普通教育教师看齐，进而使职业教育的信念发生动摇。也就是说，中职教师的教学信念不是为中国经济发展提供“懂技术、会操作、会管理”的技术人才，而是通过帮助中职生取得更高文凭来实现中职教师的人生价值。

引起中职教师政策价值取向问题的原因是：(1)社会心理和读书做官的强大思维定势；(2)制度锁定效应，中职教师个体对编制的目标锁定，形成中职教师群体的“编制价值取向”；(3)行业精英、企业师傅、中职教师三方疏离，行业协会也没有能够在教育部门和企业之间发挥充分的桥梁作用。

第五章　当前我国中职教师政策价值取向的实然验证

中职教师群体作为中职教师人事管理的对象，既是中职教师政策客体，又是参与中职教师政策决策过程的一部分。作为行动者，中职教师群体参与了政策决策过程。“行动者对政策过程的影响总是和其自身追求的利益需求以及行动所赖以发挥作用的制度环境密切联系的。”[①]中职教师群体的利益表达和追求方式以及努力的结果无不受到自身所在的教育制度关系与企业、行业环境状况的约束。这些约束来自政策工具的使用及其方法和效果。在中职教师政策价值取向内隐模型的框架下，中职教师政策从决策系统(policy-making syetem)价值取向的定型到间接主体系统(indirect system)对决策系统价值取向的认同或反对都与各自本身的利益相关。如果中职教育所培养的学生能够满足新常态下产业转型升级对技术工人和技师的需求，那么作为间接主体系统的行业企业对中职教师政策的价值取向产生认同；反之，如果中职教师培养的学生不如企业师傅自己带出来的徒弟在技术技能上更具备动手操作能力，那么作为间接主体系统的行业企业对中职教师政策的价值取向就无法认同。而政策执行系统(policy execution system)(这里指中职教师个体)，在执行政策过程中因为入职政策、在岗管理的职称政策、“双师”政策等都与自身利益紧密相关，因此如果他们要在现存政策下实现自我价值目标，就无法自由提供校园以外的那些来自企业的实践经验与技术技能。本章将根据调查结果对第四章设计的价值取向内隐模型进行现实变量修正。

第一节　当前政策价值取向下中职教师实然状况调查

在政策目标与政策执行之间存在偏差的基础上，合情、合理、合法的政策价值取向

① 赵德余. 公共政策：共同体、工具与过程[M]. 上海：上海人民出版社，2011：45.

将使政策有效地服务于经济社会的发展。对于正在执行的教师政策，我们很难考察政府作为“行为人”的政策价值取向的标准和依据，但可以通过政策执行的结果来逆推教师政策所要达成的价值目标。比如，通过政府所建立的学校、所聘请的教师、教师的状况以及对经济社会所产生的效果等，来分析政府在政策决策时实际所做的事情，这与政府说将要做些什么是有区别的。通过考察政策输出的结果，我们能够发现，政府实际所采取的政策与其在政策声明中所表达要做的事情之间所存在的差距。本章希望通过调查中职教师在现实政策下的实然生态状况，来探求政策目标与政策执行的差距，进而寻求调整政策价值取向的影响因素。

一、问卷调查的设计

（一）问卷调查的目的及其设计

一项问卷调查的实施基本上出于两种目的，一种是为了获得调查对象的描述性信息，一种是为了检验调查对象各因素之间的相互关系；或者是两种目的兼具。[①] 本章进行问卷调查的目的主要是为了通过对中职教师的调查，以获取中职教师政策实然价值取向下中职教师入职、管理、流动等方面的描述性信息，并对信息作初步分析。

问卷设计贯彻科学理念，大致分以下三个步骤：(1)设计初稿。希望通过问卷，了解现实中职教师政策价值取向下，相应入职政策及管理政策观照下的教师实然状况，据此将学历、专业、职称、接受培训、工作量、教学反思、课题研究、技术技能等设定为问项的变量并设计选项，经反复推敲，力争做到不漏项不余项，最后组合出问卷初稿。(2)问卷测试。先后在上海 2 所中职学校随机各抽选 40 位教师作为样本对象进行问卷测试，根据 2 次测试结果及教师反馈来论证问项及选项的充分必要性，并以此为基础调整问卷。(3)问卷定稿。经过样本的测试，确定问卷，并对问项编序及设置代码，便于后期统计分析。

（二）问卷的抽样方法及调查范围

预试样本先后在选定的 2 所学校内随机抽样产生。正式样本采取非随机抽样方法，即把总体进行分类，然后在各类别中选取样本。这样操作可以保证样本的代表

---

① Keeves J P Educational research methodology and measurement: An international handbook [M]. Oxford: Pergamon Press, 1988: 107.

性。本研究首先把所有总体按地理区域进行分类，确定每个区域内的样本数，然后用方便抽样的方式在每个区域内选取样本。从严格的统计学意义上讲，此样本调查结果与全国范围的中职教师总体情况之间肯定是存在误差的，不过，此次简单抽样的调查结果还是能在一定程度上反映总体的部分情况的，也基本上能够满足本研究之需求。

调查范围选取我国中部地区两省的中职学校。因为中职教育是各类教育中与区域社会经济联系最紧密、对经济依赖程度最高的。由于区域间的经济发展不均衡，导致中职教育发展的非均衡问题十分突出，不同区域间中等职业学校的规模、质量等差距也很大。此中部两省都不是人力资源强省，从劳动力结构看，农民均占全省总人口的80%左右，人均受教育程度不高；从社会需求看，十分缺少高素质的中级技术人员。但此两省又都是全国劳务输出大省，外出务工农民的专业培训率比全国低6个百分点。由于经济落后，职业教育发展乏力，同时，职业教育也无力助推当地社会经济的快速发展。所以，加快发展职业教育，是此两省的经济发展对职业教育明确的现实需求，也是实现由人口大省转变为人力资源强省的必然要求。选择此两省的中职教师作为样本调查，无论是样本对象本身的价值，还是以此样本对象来衡量政策的价值实现，都具有很强的现实意义。

(三) 问卷调查学校及样本的选择

选择与公共服务和产业结构相关的7大类专业为主的学校进行调查。原因是与普通义务教育不同，中职学校的专业特点非常明显，根据《中等职业学校专业目录(2010年修订)》，目前中职校专业类有“01农林牧渔类、02资源环境类、03能源与新能源类、04土木水利类、05加工制造类、06石油化工类、07轻纺食品类、08交通运输类、09信息技术类、10医药卫生类、11休闲保健类、12财经商贸类、13旅游服务类、14文化艺术类、15体育与健身类、16教育类、17司法服务类、18公共管理与服务类、19其他”等19个，专业有321个，其中的专业学校分属于教育部或人社部两个政府部门管理。有的专业的教师数量有限，对本书的研究不具参考价值，所以本书选取了以加工制造类、交通运输类、信息技术类、财经商贸类、旅游服务类、文化艺术类、公共管理与服务类为主专业的中职学校为样本。

调查对象为2个省40所中职学校的3 400位教师。近年来我国中职学校增长很快，根据中国教育统计网发布的统计信息，2015年，全国中职教育(包括普通中等专业学校、职业高中、技工学校和成人中等专业学校)共有学校1.12万所，专任教师84.41

万人。[①] 而作者个人受开展调查的能力等因素局限，无法开展大面积普查，只能采用实验性的相对小样本的抽样调查，以此作一示范性分析。

（四）问卷的结构

问卷分两部分，一是基本信息，一是工作中的实际状况信息。基本信息是为分析实际状况提供参考的。

与基本信息相比，中职教师的工作状况信息涉及的范围非常大，考虑到保证问卷回答的准确性等因素，本问卷要求样本个体一次性持续完成，为此，在问卷设计时就要考虑问卷的题项数量以及作答者的耐心等因素。同时，根据本书的研究需要，问卷选择以任职、岗位管理、教师培训、专业发展等四个因素作为考察点，涵盖 62 个具体的信息。从政策内容的严格分类来讲，有关教师专业发展的政策是被教师岗位管理政策所涵盖的，但是本书不是重点研究政策的分类，只是为了突出中职教师的专业发展内容，因此将之列为单独的考察点，也是出于对研究内容进行分析的需要。

本问卷属于结构化调查问卷，[②]将问卷调查资料转换为数字形式，使用统计软件 SPSS15.0 进行分析。问卷目的是通过对中职教师的调查，获取中职教师入职、管理、专业发展等方面的描述性信息，主要是为了描述教师的现实状态特征。问卷分析的变量测量基本上采用定类测量和定序测量，统计分析也只涉及单变量分析和部分双变量的简单交叉分析，不作假设验证，不对交叉分析结果的影响因素作统计学数理意义上的深入探究。

二、问卷调查的实施

（一）问卷的回收及信度检验

研究共发放问卷 3 400 份，回收问卷 3 135 份，回收率为 92.2%；剔除无效问卷 15 份，有效问卷共 3 120 份。问卷使用统计软件 SPSS15.0 进行分析，首先对问卷整体信度进行检验，得到克隆巴赫系数（Cronbach，α）为 0.856，表明问卷处于较好的信度范围。

（二）被调查者的基本信息

1. 性别比例总体平衡

中职教师比例较为平衡，男教师人数略高于女教师，男女教师比例分别为 52.6%

---

① 2015 年全国教育事业发展统计公报[EB/OL]. http://www.moe.edu.cn/srcsite/A03/s180/moe_633/201607/t20160706_270976.html.

② 游正林. 社会统计学——对问卷调查数据的统计分析[M]. 北京：社会科学文献出版社，2010：3.

和47.4%。

2. 年龄

教师年龄在30岁以下的占24.4%,31—35岁占22.4%,36—40岁占17.2%,41—45岁占17.7%,46—50岁占13.3%,51岁以上占5.0%。

3. 中职教师工作量(任教班级数、学生数)

绝大多数教师(73.1%)任教1—3个班级,仅有7.0%的教师任教7个班级及以上。任教班级学生人数低于50人的教师比例为83.3%。中职校在任教的工作分配上相对合理。

除此之外,从每天工作的时间分布来看,教师每天工作10小时以上的比例为17.4%,占比较少,大多数教师每日工作时间控制在10小时以下。

4. 每月平均总收入

约80%的教师月均收入少于4 000元,只有7.1%的教师的月均收入超过5 000元。教师之间的收入相对较均衡,主要集中在3 000元上下的范围。

第二节　调查结果分析

一、中职教师聘任情况

(一) 中职教师来源

调查得出,中职教师中有57.9%的教师来源于应届毕业生,24.3%的教师来自其他学校。

(二) 中职新进教师入职培训情况

1. 新教师教学岗位培训情况不理想

在我国,新教师教学岗位培训是一项必需措施,大多数省市都要求新教师接受教学岗位培训课程。但是,调查的结果并不乐观,当问及教师到职校担任教学工作前是否经过教学岗位培训时,有近1/3的中职教师表示未参加过教学岗位培训。另外,根据国家教师资格制度的规定,在从事教学工作之前基本都需接受教育学、心理学等方面的培训。然而,调查结果显示,教师对"职业教育学"和"职业教育心理学"的学习情况也并不乐观,仅有35.8%的教师有系统地学习过这两门课程,而有20.7%的教师表示从未学过。总的来说,新教师教学岗位培训还没有达到理想状态。

2. 专业发生变化的新教师入职时接受岗位培训情况

总体而言，入职前有70.0%的中职教师参加过培训。但是仍存在不足，所学专业与所教专业不相符或者经常变化不定的教师，在入职前接受过培训的比例只有50.0%左右。所以，对入职前专业不符或经常变化不定的教师需要加强入职培训。

(三) 教学岗位培训对提高中职教师专业标准认知非常有益

到职校担任教学工作前没有进行教学岗位培训的教师，在对教师专业标准的认知上表示不了解的比例(21.4%)远高于受过教学岗位培训的教师(10.0%)。

(四) 任职前学历与任职后学历对比差异较大

调查结果显示，中职教师的任职后学历依次为高中占1.2%、中专占1.8%、大专占6.3%、本科占82.0%、研究生占8.3%、博士占0.1%，可见，大专以上学历已经成为中职教师的主体学历。对比中职教师任职前后的学历变化可以发现，任职前学历普遍以大专和本科为主，大专以上学历占90.8%，其中本科学历占67.6%；任职后学历明显呈现向上提升的态势，大专以上学历占96.7%，其中本科比例上升为82.0%，而研究生比例也从之前的1.6%上升到8.3%。这说明中职教师在入职后注重学历的提升。

(五) 聘任周期及人事关系隶属

聘任期限为3年的教师占65.6%，长期聘用的教师比例为25.5%。由行业(企业)管理的教师占比为12.05%，其余绝大多数教师由教育局或者学校管理。

二、中职教师管理及培训情况

(一) 中职教师任职满意度的调查

1. 中职教师总体满意情况

对中职教师任职满意度进行测量。统计分析中将“很不满意”、“不太满意”、“一般”、“比较满意”、“满意”五个等级，分别赋值1、2、3、4、5。其中，表示满意和比较满意的教师比例为55.6%，满意度均值为3.67(一般值为3)。另外，在询问如果有其他选择是否还愿意做中职教师时(即离职意向)，仅有28.1%的教师表示仍会选择做中职教师，有40.0%的教师表示不会。整体来说，中职教师对目前工作的满意度并不高。

2. 中职教师总体满意度与部分影响因素

中职教师普遍认为与其他类别教师在社会地位和福利待遇方面存在较大差异，分别有63.5%和65.0%的教师表示在这两方面的满意度相对较低。并且，在专业发展状况的满意度询问中，表示满意和比较满意的教师仅占44.0%，满意程度不高。

在任职满意度与离职意向的关系方面，从满意度的均值来看，没有离职意向教师的工作满意度明显高于有离职意向的教师。对整体工作满意度与离职意向进行列联表检验，Pearson卡方值为175.261，P值小于0.05，表现显著，说明有无离职意向在整体工作满意度方面存在统计学意义上的明显差异。

经过教师离职意向与工作满意度的交叉分析发现，有离职意向教师的工作满意度的比例明显低于没有离职意向教师的。在没有离职意向的教师中，有85.5%的教师对工作满意或比较满意；而在有离职意向的教师中，仅有38.0%的教师对工作满意或比较满意，两者相差47.5个百分点。

从另一个角度来看，在对工作满意或比较满意的教师中，仍然存在20.9%和32.6%的教师有离职意向。这说明即使在认为工作满意的教师中，仍然有部分人存在离职意向。

(二) 学校对教师工作表现进行奖惩的效果调查

有62.8%的教师反映学校对教师工作表现的奖惩有统一标准，并且其中有69.2%的教师认为这些奖惩措施可以被严格执行。由此可见，目前学校对教师工作表现的奖惩实施效果良好。

(三) 中职教师工作中思想观念存在问题的调查

在中职教师思想观念方面，有41.3%的教师认为"职业倦怠"是最大问题，而"教育观念落后"、"缺少教育理想"以及"缺少对职教事业的忠诚"分别以18.7%、16.8%和15.9%的比例位于其后。

(四) 中职教师对考取职业资格证书的态度和认识的调查

在对考取职业资格证书的态度和认识上，有31.7%的教师认为考取职业资格证书的意义不大，而有50.3%的教师认为"很有必要，是对教师能力的认可"。

(五) 中职教师职业生涯规划与教师所处发展阶段的调查

在新任教师和胜任教师中，少于10.0%的教师不了解职业规划，大约44.0%的教师了解过但未作过规划。在优秀教师和专家教师中，大约有40.0%的教师表示了解职业规划并有明确规划。调查表明，教师所处发展阶段越成熟，了解职业规划并有明确规划的比例越高。

（六）中职教师教育培训现状、效果的调查

1. 中职教师每年参加县（区）级以上培训的次数与职称的关系

调查显示，大多数教师每年参加县（区）级以上培训的次数为1次（36.2%）或2—3次（24.2%），但也有相当一部分教师（34.6%）每年都没有参加培训。对不同职称的教师每年参加县（区）级以上培训的次数进行 Kendall' stau-b 计算，得到的相关系数值为0.091（$P=0.032<0.05$），说明这两者之间存在显著的正相关关系。由此推论，不同职称的教师每年参加县（区）级以上培训的次数存在差别，职称越高者获得培训的机会相对更多。

经过交叉表和复式柱状图的比较得出，每年获得4—5次以上培训机会的教师中，以中教一级职称和中教高级职称的教师为主。可见，教师参加培训的次数与教师职称的高低有关，职称越高的教师获得培训的机会相对越多。

2. 中职教师近三年参加专业培训及参加培训的累计时间情况

中职教师近三年来参加过专业培训的比例是79.4%，其中有43.1%的教师参加培训的时间超过1个月，有15.5%的教师近三年来参加培训的时间超过3个月。可见，作为教育管理部门和学校工作的日常事务之一，对在职教师的培训工作的开展已经取得了一定成效。但遗憾的是，在调查中仍有35.5%的教师反映学校没有明确的教师进修制度，所以，教育管理部门和学校在开展培训工作时，也不应忽视对教师进修制度的清晰制定，教师进修制度管理需要进一步加强。

3. 中职教师近三年参加培训的主要收获

在中职教师近三年参加培训的主要收获的调查中，调查结果见表5-1。其中，“提高了专业理论水平”、“提高了课堂教学能力”和“增强了师德素质”居前三位，分别为52.8%、52.4%和46.5%，比例相对较高，而“获得工种（专业）职业资格证书”及“提高了生产、服务、技术和管理工艺水平”这两方面收获的选择比例最少。

表5-1　中职教师近三年参加培训的收获情况

排序	近三年参加培训的主要收获	百分比
1	提高了专业理论水平	52.8%
2	提高了课堂教学能力	52.4%
3	增强了师德素质	46.5%
4	更新了教育教学理念	29.5%

续 表

排序	近三年参加培训的主要收获	百分比
5	提高了专业单项技能	25.6%
6	了解了外部教育教学改革信息	24.4%
7	提高了专业综合技能	24.1%
8	获得工种(专业)职业资格证书	12.3%
9	提高了生产、服务、技术和管理工艺水平	7.3%

4. 中职教师参加各种类型培训收效的比较

通过对中职教师参加不同类型培训收效的比较发现，有41.4%的教师认为“专业能力培训”是收效最为明显的一类培训，并且各个年龄阶段的教师都认为“专业能力培训”效果最明显；而对于“教学理论与方法培训”、“教育技术培训”和“其他”等，表示收效明显的教师比例最低。除此之外，不同年龄阶段的教师对不同类型培训的感受不同，对于“新课改培训”，中青年教师(31—35岁)表示收效明显的比例相对较高；对于“企业实践锻炼”，年轻教师(30岁以下)表示收效明显的比例较多。

5. 中职教师对培训的主观感受

调查中有一个选项是关于教师对培训的主观评价，除了“几乎不参加或没有机会参加”之外，分为三个等级：“帮助很大”、“有些帮助”和“几乎没有帮助”。

表示“有些帮助”和“帮助很大”的教师比例总和为90.7%。另外，统计分析中对“几乎没有帮助”、“有些帮助”和“帮助很大”分别赋值1、2、3，得到均值为2.23(有些帮助的分值为2)，可见培训效果获得了大多数教师的认可。

6. 中职教师喜欢的培训项目

本题就中职教师感兴趣的培训项目进行询问，“生产、服务、技术和管理一线工艺实践”、“现代职教观念讲座”以及“现代教学设计培训”成为较受欢迎的培训项目。其中，“生产、服务、技术和管理一线工艺实践”的受欢迎程度最高，有45.4%的教师选择了此项目。

7. 中职教师最需要的培训课程

从表5-2中可见，“教学策略与技能”、“最新教育教学理论”以及“师生互动的策略与方法”位列教师最需要的培训课程前三位。

表5-2 中职教师最需要的培训课程

排序	培训课程	百分比	排序	培训课程	百分比
1	教学策略与技能	60.4%	5	教育政策法规	19.1%
2	最新教育教学理论	42.5%	6	教育信息技术	19.1%
3	师生互动的策略与方法	40.1%	7	其他	3.5%
4	教育科学研究方法	25.0%			

8. 中职教师参加培训的主要原因与职称的关系

总体来说,"教学需要"和"自我充电"成为中职教师参加培训的两大主要原因,比例分别为39.6%和25.5%。而从具备不同职称的教师角度来说,职称较低教师选择参加培训是为了"职称晋升要求"的比例要远远超过职称相对较高教师对该项的选择比例。

9. 中职教师对待培训的态度

中职教师对培训表现出了较为积极的态度,绝大多数教师(78.2%)表示希望参加;而在态度较为消极的教师中,存在参加培训是为了"完成领导指派任务"的心理。

10. 中职教师培训的形式、内容和培训者

在对培训形式、培训内容和培训者进行调查时发现,多数教师指出培训形式单一,抱怨培训内容存在"理论太多,实践太少"的现象,并且指出培训者授课时"理论内容多,实践指导少"。可见,有相当一部分教师注重实践培训。

与此同时,当被问及对于政府规定职业学校教师到企业实践的制度的必要性时,有76.0%的教师认为很有必要,22.0%的教师认为需要根据具体专业分别对待,认为没有必要的教师比例仅为1.9%。从中也可以反映,如今中职教师对于实践能力的重视程度较高。

(七) 中职教师对"双师型"教师评判的调查

1. 对于是否属于"双师型"教师的自我评判

对于"双师型"教师的认定尚缺乏统一标准。根据调查,认为"双师型"是指"教师资格证+职业资格证"的教师人数占的比重最大(45.5%),部分教师(29.0%)认为"双师型"指的是"讲师+技术"。

2. 加强培养"双师型"教师的条件

在如何加强培养"双师型"教师的问题上,尽管对"双师型"教师的认定标准存在差异,但认为需要建设"双师型"教师培训基地和建立"双师型"教师资格认证制度的比例

较大，而选择以职称导向来评审“双师型”教师的比例最小。

3. 培养“双师型”教师的有效模式

对已经自我评判为“双师型”的教师来说，认为培养“双师型”教师的模式中最为有效的是产学研一体化模式(62.7%)；而自我评判为“非双师型”的教师选择基地依托培养模式的比例最大(58.3%)。但是从总体来看，“产学研一体化”、“基地依托培养”和“访问工程培养”都是大部分教师认为比较有效的培养模式。

三、中职教师职称与专业成长情况

(一) 中职教师教龄与成长阶段的调查

对中职教师教龄与专业发展阶段进行调查，检验不同教龄教师之间对自己专业水平的认可程度有何差异。结果显示，在教龄为3年以下的教师中，有72.6%的教师认为自己处于“新任教师发展阶段”。随着教龄的增加，自认为处于“新任教师发展阶段”的教师人数逐渐下降。在教龄为4年以上的教师中，自认为处于“胜任教师发展阶段”的教师人数所占比例最多。教龄为21年及以上的教师对自己专业水平的认可程度最高，15.3%的人认为自己是“专家教师”；其次是10—14年教龄的教师，比例为4.7%。

(二) 中职教师职称与促进自己成长主要动力的调查

调查发现，34.4%的教师觉得促进自己专业发展的主要动力为“更新知识，提高素质”；其次是“更高的收入”和“职务职称的提升”，分别占19.5%和17.9%。

职称为中教一级及以下的教师对“更新知识，提高素质”、“职务职称的提升”的动力需求比较明显。

(三) 中职教师职称与教师成长激励手段的调查

“提高经济待遇”是大部分教师希望得到的激励手段。除此之外，中教高级及以上的教师中，有24.68%的教师认为“严格的准入和淘汰机制”是激励教师成长的手段；而职称较低的教师则认为“提高社会地位”能激励教师成长。

(四) 中职教师教龄与职称相互关系的调查

通过对中职教师教龄与职称关系的分析发现，教师教龄增长与职称晋升之间密切相关。教龄不足3年的教师中，有52.8%的教师没有职称，38.2%的教师有中教二级职称；教龄在4—9年的教师中，有53.8%的教师已经拥有了中教二级职称，17.1%的教师拥有中教一级职称；教龄在10—14年的教师中，获得中教一级职称的教师比例大幅上升，达到了 51.2%，并且拥有中教高级及以上职称的教师比例也超过了 10.0%；教龄在 15—20 年的教师中，获得中教高级及以上职称的教师比例大幅增加，达到了 32.8%；在教龄超过 21 年的教师中，获得中教高级及以上职称的教师比例超过了 60.0%。

（五）中职教师科研情况的调查

有 25.38%的中职教师参加过省级课题，18.49%的教师参加过市级课题，26.44%的教师参加过校级课题，也有 29.68%的教师没有参与课题。没有参与课题的教师参加技能大赛、公开课的次数和发表论文数量为 0 的比例远远大于参与过课题的教师。在参与课题的教师中，参与的课题级别越高，则参加技能大赛、公开课的次数和发表论文数量越多。

（六）不同成长阶段抑制中职教师成长原因的调查

总体来说，中职教师认为抑制其发展的主要原因来自两方面："社会对中职教师职业还不是很重视"和"工作压力大、无暇顾及"，其所占比例分别为 37.4%和 35.1%。排在第三的是"学校缺乏对教师的培养"，占 14.9%。在成长的不同阶段，教师认为抑制发展的主要原因也不同。对胜任教师和优秀教师而言，"社会对中职教师职业还不是很重视"所占的比例最大，而对新任教师和专家教师而言，"工作压力大、无暇顾及"是抑制其发展的主要原因。

第三节　调查结果对中职教师政策价值取向内隐模型的现实变量修正

一、中职教师入职政策以编制为价值目标

中职教师入职政策倾向于首次就业的应届高校毕业生。编制是中职教师的生命线，调查结果表明，有 57.9%的高校应届毕业生通过学历证书、教师资格证书和报到证来取得具有教师编制的入职资格。有新教师谈道："我在上大学的时候只有简单的实习，目的是验证理论。今天给职校学生上课以实践为主，需要我亲自动手操作，给学生做示范，但我根本不会。"还有教师讲道："我每天下课到实训车间练习电焊，我是个女教师，都快 40 岁了，我不知道我在干什么。"①这类从校园一毕业就到学校工作的中职教师，缺乏企业经历和动手操作的实践经验，他们是否了解本工种（专业）的各种工具，设备的结构原理，以及文明生产、安全操作的规程，他们所掌握的本工种（专业）的

① 路宝利，辛彦怀，盛子强，范博. 论中职教师培养的课程转向[J]. 职业教育研究，2015(5)：40—44.

实际操作技能是否足够应对高中阶段的有效教学，值得深思。2013 年，教育部颁发《中等职业学校教师专业标准(试行)》，表明企业经历和实践经验并不是职校教师入职的必要充分条件。作为培养技术工人和技师的中职教师本身，实际上是在大学校园封闭办学模式下成长起来的。这说明中职教师入职政策的价值取向并没有把实际操作的技术技能作为入职的价值标准。而同在 2013 年，人力资源和社会保障部职业能力建设司颁发了《技工院校一体化教师标准(试行)》，要求三级教师需具备相关职业高级工以上职业资格，具有每两年两个月的企业实践经历。无论是教育部主导的学历证书体系，还是人社部主导的职业资格证书体系，都没有把入职前的企业实践经验纳入初次入职的考量之中。职业技术师范院校四年的本科学习分为两个部分，在全日制学习结束后，去企业或学校实习。这“使得在全日制学校教育环境下，职业教育学生很难沿着职业资格证书体系上升”。① 中职校要求教师考取职业资格证，这是“双师”的要求之一。职教界对“双师型”教师的概念并不统一，有中职教师认为是“讲师＋技术”，有教师认为是“教师资格证＋职业资格证”。对于是否属于“双师型”教师的自我评价，高达 45.5%的教师认为自己有教师资格证，也有职业资格证；另有 29.0%的教师认为自己属于“双师型”，因为自己属于“讲师＋技术”那种；也有 21.7%的教师认为自己是“企业经验＋教学能力”的“双师型”教师。证书取向的中职校教师政策，对于中职教师为提高动手操作能力所付出的时间精力并没有给予利益表达，表现出政策倾斜。为此，又有人提出“三师”，想办法增加对中职学生的就业经验指导。中职校“双师”政策价值取向在政策执行中的分歧使得一线教师觉得“政策打架”，这给中职教师实际动手能力的提高带来了难度，给有效教学带来了难度，也给中职教师管理带来了难度。

现有的中职教师入职政策价值取向是从“编制”着眼的，中职教师的“行为教学”特点并没有进入价值取向视野。能够为中职学生提供可供观察、模仿、默会行为和动作的教师是兼职教师，而他们主要来自企业和行业。教育部从 1986 年到 2017 年之间多次出台兼职教师政策。“编制”价值取向的管理思维无法阻挡编制之外的人员(包括跨国公司)通过技术技能对“编制”的渗入。这种对中职教育体制的渗入表现为，中国技术工人对国外技术的崇拜，技术市场主动出让。中国技术工人的水平处在“后来者劣势”的话语体系中，对自主技术的不自信影响了我国中等技术人才健康国民性的形成。

---

① 孙诚，等. 中国职业教育发展报告(2012)[M]. 北京：教育科学出版社，2013：230.

编制之外的兼职教师对中职校教学具有补充作用，当中职教师不能满足实践教学需求时，就可以通过聘用兼职教师的方式解决动手能力和实践操作技能问题，这就是兼职教师政策。所谓兼职，一般理解为教师编制以外的教学人员。教师编制来源于教育部，而那些企业培养的高级技术人才、能工巧匠则是来源于劳动部门或者人社部培养的技术人才。中国的兼职概念不是"part-time job"，而是指编制(organization)以外。2007年，教育部、财政部颁布了《中等职业学校紧缺专业特聘兼职教师资助项目实施办法》。2009年，地方教育局也颁布了兼职教师政策以解决办学急需，比如，上海市教育委员会、上海市财政局颁布《关于实施上海市中等职业学校特聘兼职教师资助工作的通知》。教育部培养的中职教师不能适应职业技术学校的发展需要，其中一个重要原因是编制将教师限定在某个框架内活动，比如在评职称范围内活动。把技术技能型人才视为兼职人员，而不是教学人员。教学人员的工作时间以学期为单位，通常一学期长达四个半月左右(16—18周)。兼职人员在企业里不但是骨干，而且掌握企业技术竞争的机密，加上行业收入差别，他们自己的岗位也不鼓励兼职教师个人以企业以外的、以公益性为主的中职教师身份去普及产品制作的关键技术。因此，编制价值取向带来中职教育发展的限制问题。

二、中职教师岗位管理政策以职称为政策价值标准

教师职称评定体系是职业教育教师管理的重要内容。对于培养中级技术技能人才的中职校来说，教师职称的任期评价考核、应聘与岗位聘用挂钩。先要充分考虑教师工作的专业性、实践性和开放性等特点，突出对教学培训、工作业绩、技能水平、行业企业实践经历等方面的要求，同时改变单纯就论文、学历、行业职称英语和计算机考试成绩进行评价的要求。

对于中职教师的岗位管理是在编制的基础上进行"职称管理"，而职称管理是以与普通高中教师相同的"论文发表数量"为价值标准的。对中职教师群体实施管理，是在编制的基础上，中职教师获得职称评定条件和专业发展空间。参加培训、演示公开课以及发表论文都是围绕职称评定进行的，而且职称越高，获得的培训机会越多。调查数据显示，有70%的中教一级教师和中教高级职称教师每年有4—6次参加县级以上培训的机会。而且当前的职称级别又与退休后的福利待遇紧密联系，职称几乎可以看作是教师的一项福利。在职称政策之下，中职教师只要发表足够的学术论文就可晋升职称，而动手实践能力高低与评定职称没有直接关系，因此教师对于到企业更新技术

技能没有充足的积极性。

中职学校教育担负着培养数以亿计高素质劳动者的重要任务，中职教师也应归属于实用型人才的行列，要求发表学术论文是为了专业能力提高。但是，把学术论文当作价值标准，就违背了中职教师的实际要求。把职称当作是参加培训的条件，职称越高，培训机会就越多，导致中职校整体实力不高。高职称教师的缺乏成为学校整体教学能力提高的短板，教师培训需要加长这些短板，而不是根据职称的高低决定参加培训的机会。

三、中职教师专业发展政策以学术研究为价值选择

企业动手实践能力没有成为教师岗位管理、评定职称政策的价值标准。这说明，按照现行的教师岗位管理体制，行业精英没有进入政策的视野。行业精英来自行业协会，是解决企业现场问题的技术人员，而中职教师是培养技术工人和技师的专业人员，他们的职称评定主要依靠所发表的学术文章和所编写的教材。行业协会没有成为中职教师价值标准的评价者之一，这从侧面表明校企长效合作难以建立是有原因的。而产教融合更是存在困难，究其原因，是政府、市场和行业协会的服务、分工不明确。政府与中职校之间是委托代理关系；企业服务于市场，市场需求是企业存活的条件；行业协会能够为会员企业提供政府和市场所不能提供的社会资源。行业协会所提供的这些社会资源是企业与政府互动所无法得到的。

行业精英的价值标准与中职校的价值标准不一致。造成这种不一致的原因如下：在中国，独立的行业协会没有成为政策的间接主体系统，无法将企业对技术技能人才的利益需求在政府的政策价值取向上表达出来。说明政府、企业、行业协会并未在中职教育的价值信念上达成一致，且存在分歧，缺乏整合，给中职教师带来专业发展上的困惑（见图 5-1）。

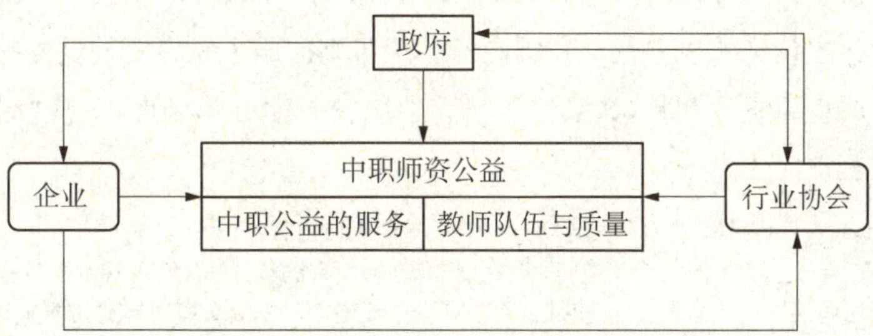

图 5-1　政府、企业、行业协会合作“资源整合”的模式

在我国政府从经济型向服务型转变的过程中，中职教师政策价值取向需要整合。应然的价值判断是在利益表达与整合后的共同价值目标下，以共同体进行决策。

因为“根据行动者的来源或归属，可以将政策共同体成员分为两种类型，即官方政策行动者和非官方政策行动者（也可以称为政策参与者）”。[①] 所以，与政府形成委托代理关系的中职校、与市场形成依存关系的企业以及指导会员企业参与国际竞争的行业协会，一起形成了政策共同体。作为共同体，应该形成共同的价值目标，宏观上“政府—市场—第三部门（行业协会）”的价值目标是通过中观上“中职校—企业—行业”的价值取向来达成一致的。在经济全球化的大数据时代，中国制造的产品竞争力要通过“政府—市场—行业协会”的价值标准达成一致来实现，而“中国制造一半靠产品一半靠人品”，[②]提高产品的国际竞争力要通过“中职校教师—企业师傅—行业精英”的价值标准达成一致来实现。可见，政策决策层对于价值标准的正确选择将有利于形成正确的价值取向。

市场信息与政策决策之间也存在差异。完全市场规律并不与牛顿物理学体系中所揭示的客观世界的规律完全一致，这些规律似乎“不为尧存，不为桀亡”。人类需要通过自身的行为来了解这些规律，而人类行为也是市场的主体，人具有自由意志，这中间存在着价值困境。技术是市场竞争力的晴雨表，企业的核心技术是企业应对市场竞争力的能力，因此，通过市场来配置技术资源有其合理的一面，但完全市场经济也有市场失灵的一面。社会主义经济学派主张政府干预经济运行，通过施加政策影响来恢复市场均衡，而政策是由专家的“知识”达成的。因此，科学知识就成为政府垄断教育的主要抓手，中职教师的教学水平因在市场信息与政策决策之间纠结而难以处于平衡的状态。

本章依据调查研究得出主要结论：现有的中职教师入职政策价值取向是从“编制”着眼的。对于中职教师的岗位管理是在编制的基础上进行“职称管理”，而职称管理以与普通高中教师相同的“论文发表数量”为价值标准。对中职教师的职称晋升管理也是基于学术论文发表数量。我国政府从经济型向服务型转变的过程中，中职教师政策价值取向也应发生调整，如果仅从公立中职校封闭办学角度，关注“编制人”的学

---

① 赵德余. 公共政策：共同体、工具与过程[M]. 上海：上海人民出版社，2011：46.

② 作者注：2015 年全国人大政协会议期间，会议代表相互询问有没有打“飞的”去日本买马桶盖。恒洁卫浴董事长针对中国制造的产品发出如是感慨，而李克强总理则表示应提高中国制造的质量，至少给中国消费者省下飞机票的钱。

术发展，就会忽视已经存在的“编制内”和“编制外”教师管理的问题。随着教育部多次颁布兼职教师政策，期望通过“双师”来解决中职教育发展困境问题，说明“政府—市场—行业协会”的关系仍然没有理顺。“编制”思维无法阻挡编制之外的人员（包括跨国公司）通过技术技能对“编制”的渗入。这种对中职教育体制的“不顺畅”的渗入，影响了我国中等技术人才健康国民性的形成。这一点将在第六章加以讨论。

第六章 我国中职教师政策价值取向校准困难的归因

中职教师政策既要符合经济社会发展的价值目标，也要符合培养中等职业技术人才的现状。目前中职教育的发展困境主要表现在生源萎缩、缺乏吸引力等方面。中职教师进入中职教师岗位的目的，不是因为热爱这个专业，而主要是因为这个岗位在编制内。长期以来中职教师的入职观念偏执于“编制”价值取向，在一定程度上造成中等职业学校教师队伍中技能型教师普遍缺乏的问题。在当前中国制造规划出台和工业4.0时代背景下，中职教师队伍缺乏技能型教师直接影响中职教育的可持续发展，进而影响新常态下我国经济转型发展，影响我国跳过“中等收入陷阱”的尝试，也影响国家自主性的实现。因为我国缺少大量的中等技术技能工人、技师，致使中国制造业大而不强，所以我国制造业的自主创新能力缺乏人力资源。如果这个问题不解决，将难以实现中国装备制造业的“自主发展”。

解决上述问题的落脚点在于中职教师政策价值取向从“以人为本”转向“人人自主技术精进”，意味着须对我国现行中职教师政策实施调整。1995年，我国职业教育的“双师型”教师政策开始提出，“双师型”教师政策的提出是为了增加技能型教师，但那时我国社会处于计划经济向社会主义市场经济转轨期，“有序”的劳动力市场还未形成，中等职业技术教育作为一个与经济结合最为紧密的培养技术工人的教育类别，处在暂时“滑坡”的“无序”状态，这是一个必然要经历的阶段。在社会转型过程中，终有一个时间压力会阻止这种状态继续下去，这就是2013年教育部《中等职业学校教师专业标准(试行)》的颁布，将“双师”界定为中等职业教师标准。2014年6月全国职业教育工作会议召开前，习近平总书记对职业教育工作的批示是“劳动光荣”、“创造伟大”、“让每个人都有人生出彩的机会”，释放了中等职业教育教师政策价值取向调整的必要信号。

第一节 价值目标的两元分歧

如前文对中职教师政策价值取向内隐模型的分析，价值取向受到价值目标、价值标准和价值选择三个变量之间的互动影响而发生变化。价值目标的分歧和漂移给价值取向的确认带来一定困难。而价值目标的分歧常常表现在两元或多元分歧、转换和趋向一致的过程中。本节从管理学的角度，从"二"和分割线"S"开始，对中职教师政策价值目标呈两元状态的形成原因进行分析。

一、职教教师标准的技术取向与科学取向

在中职教育中关于技术发明和科学发现的排序问题直接影响了中职教师政策价值取向的确认。科学与技术、民主与自主的排序表达了在政策决策中的价值选择。

S是英文单词Science(科学)的首字母。T是英文单词Technology(技术)的首字母，也是two的首字母。two的中文意思是"二"、"两"、"双"、"贰"等，这些汉字都表示"2"的意思，但在管理学上各有不同的意义，同时又各自表现出矛盾双方的价值观念。

"二"在管理学上的意义反映在价值排序上。认知语言学家莱考夫(G. Lakoff)认为"最近最重要，最前影响最大"。中国古代哲学讲究"阴阳二元和谐"，中国有两千多年的封建"官民二元结构"历史，我国当代社会有"城乡二元结构"。词语的排序反映了价值主体的社会影响力，古来有官逼民反，没有"民逼官反"，更没有"民官二元结构"。当代中国有"城乡二元结构"，但没人提"乡城二元结构"。而"两"是一个事物对立的双方，"两败俱伤"，"两手抓，两手都要硬"，在价值选择中有"两难选择"。"双"指的是不可缺少的另一半，比如，一双眼睛，一双鞋；冬日的手套，失掉一只就是少了一双。在宏观经济管理中有"双轨制"经济学、"价格双轨制"。德国职业教育管理的特点是"双元制"。是谁主导了价值排序？政策实践表明，拥有话语权的价值主体拥有对价值选择的排序权利。因此，本书认为，two更多地表示了价值取向的排序问题。根据本书第三章对中职教师政策价值取向的扎根理论研究，可以发现，这些价值目标集中在：现代与传统、公益与私益、技师与教师、技术技能与科学知识、企业与学校、就业与升学、编制与兼职、入职入编与退出退休等方面。

早在1918年，陈独秀先生在《新青年》创刊号上就提出，"德先生"和"赛先生"可以解救中国人摆脱亡国的命运，"德先生"就是民主(Democracy)，而"赛先生"就是科学

(Science)。那个时代缺乏具有技术素养的社会阶层发出的声音,因此没有中国人提出“泰先生”,这个“泰先生”是“Technology”。“科学”的真正含义对于每个中国人的理解来说大不相同。近代汉语当中指称科学技术的词是“格致”,但是,新文化运动前后,汉语吸收日语中“科学”的译法而代替了“格致”。明治维新时期,希望全盘西化的日本,翻译了大量的英文书籍。早年中国缺少翻译人才,中国的学生经由日本才学习到西方的科学民主思想。留学日本的中国留学生们将日本人对 science 的翻译借用到汉语当中便是“科学”。而“科学”的实指是什么呢?当时中国人的普遍理解是,凡是一切好的、正确的、先进的,甚至西式的,都称为科学。比如,“你这种方法不科学”,意指“这种方法不好”。因此,与科学相对的就是落后的、传统的。在这些义项里,科学根本就没有它应有的意义——可被观察和测算,可以被证伪。再以民国时的《科学》杂志为例,“《科学》并不以文体变革为己任,反而走在了中国近现代语体文变革的最前列——最先采用横排书写方式和西式的标点”。① 这本杂志改变了千年来中国古籍的竖排版方式,采用了西方人的习惯做法,使得横排版方式被认为是“科学”的。民国 1922 年新学制(壬戌学制)建立后,职教教师政策价值取向围绕“读书做官”,与科举考试的作用相比,没有发生根本变化,所谓传授“科学”就是传授书本知识。科学与技术并没有形成二元共生的和谐状态,而是形成了两元静止对立的状态;在不同的历史时期甚至出现科学替代技术的状态,因为人们提到科技,首先想到的就是科学,技术在其后甚至被隐形。实际上,科与技处在一个首尾相连的稳定结构中,类似于表示中国阴阳五行的太极鱼,它所表示的意思是“一”,这个“一”表达的是中国传统哲学中的“道”,是一个价值共同体。科学发现与技术发明两者之间用一条 S 分割线相联,在正确的时间点,两者相互转化。因此,在价值排序上二元相谐,价值等同(见图 6-1)。

图 6-1　科学发现与技术发明二元融合图

二、晚清实业教育价值目标分歧导致公益与私益难定的价值取向困境

政策决策的目标决定了政策是方便决策主体管理还是有利于职教教师对社会作贡献。清政府职业教育教师政策采用的是工具价值取向,其实业教育价值目标分歧不

① 刘敏. 民国时期《科学》杂志研究[D]. 呼和浩特: 内蒙古师范大学,2013: 26.

仅表现为价值取向的合理性缺失，也表现为体制缺陷带来的信息不对称。新出现的绅商阶层也代表着私益，使得中等职业教育的公益性与私益性难以区分，教师政策价值取向难以适应当时实业发展的需求。

政府的某一项政策、措施在实施过程中变形、失灵，最终走向政策本意的反面，是由政策价值取向的不合理造成的，这种不合理性表现为民众对政府一系列政策的不信任。晚清政府尽管已经努力创建新经济法规，改良旧法规，以使西方模式与当时中国景况相适应。然而，晚清政府的社会管理技术手段落后于国家经济发展形势的需要，难以对国家建设进行有效管理。比如，1898 年发行的"昭信股票"及其操作失信，严重打击了社会中下层人民对政府的信心，而社会的中下层是中等职业技术学校生源的供应主体。当时，官吏与商人因素交汇，逐渐改变了商人阶级的构成和社会地位。1900 年以后，清政府建立了"促进工商业办事机构的全国性网络，允许建立商业学堂和技术工厂，鼓励商界头面人物按照指定的统一规则组织商会。中央的政策希望这些机构能够一竿子直通到地方社会，并以此作为反对地方权威控制的砝码"。[①] 把工商业教育留给私人去办，此种情形之下，实业家兴办商业技术学堂，那么教师所代表的是实业家的私益，私益就会存在技术秘不外宣的必然性。1901 年，清政府两位官员黄中惠和黄慎之在北京建立工艺局，其主要项目是为缺乏技艺的年轻工人建立技工学堂，使他们能够向手艺人和工匠学习，并付给名义上的工资。1904 年起，晚清政府开始重视职业技术教育，商部创办了高等实业学堂和工艺学堂。但由于本国缺少技术专业教师，学堂一半的教员引自日本，商部所提出的在内部办一所商业学堂的计划也无法实施。封建各个衙门所要求的与本部门利益相关的私益与一个工业化国家所要求的公益难以区分和选择。"随着工艺学堂的成功，北京衙门与工艺局的关系开始变得微妙，技工学堂一度被停办。1908 年底，有 15 所学堂在商部登记，其中大多数由江苏地方商会创办。"[②]"各省督抚经常是无力违反民众的要求，他们也受到自己的官员和下属的支配，这些个人的私利大概对决定执行或终止什么样的计划有极大的影响。不服从中央政府或象征性地服从中央的指示，与其说是地方官员不愿意，倒不如说是无力来执行"，[③]诸如各地保路风潮中，绅商阶层对政府执政能力产生的影响。民众力量的背后是新的社会阶层——绅商

① [美]陈锦江.清末现代企业与官商关系[M].王笛，张箭，译.北京：中国社会科学出版社，1997：206.
② [美]陈锦江.清末现代企业与官商关系[M].王笛，张箭，译.北京：中国社会科学出版社，1997：206.
③ [美]陈锦江.清末现代企业与官商关系[M].王笛，张箭，译.北京：中国社会科学出版社，1997：206.

阶层、民族资本家。

对于实业教师政策价值取向困境，晚清中央政权举办实业教育的能力不足是一个方面，但公益、私益界限不清，是其主要原因。政府作为政策决策主体，其价值目标不明确，官办实业学堂教员来自国外，缺少拥有中国自主技术的职业教育教师队伍。虽然作为私益的实业教育较为成功，但政府又无法要求其技术公开。在公益价值目标与私益价值目标的矛盾心态中，清政府竭力维持对技术进步的官方奖励，包括授予世职、实官、虚衔和颁奖额。尽管这些官方奖励在百日维新纲领中得到批准，日后却未得到实施的机会。1906 年，商部提出对技艺高超的工匠和有发明创造的技工给予授勋。例如，“能制造轮船、火车、汽车与外洋新式车船者，能造长桥在数十丈以上者，能出新法造机电者，奖一等商勋加二品顶戴”。然而，这些商勋奖励从一开始提出便被置之高阁。当时的北京衙门知道，由于建立了良好的技术教育制度，德国正在赶上英国。“并非所有东西都归国王所有”，这是所有欧洲政府思维的基石。西方人从私有财产出发，衍生出人权观念，这是西方价值的核心。而东方封建君主习惯于把领土上的一切据为己有，国就是家，家就是国。由于实业发展的需要，晚清出现的绅商阶层，出于自己企业所需而创办的实业学堂具有私人属性，这是清政府无法得到的资源。1905 年以后，中国各地的保路风潮使得全国上下反对铁路“国有”，所谓“国有”就是清政府私有。社会结构发生的变化使得晚清政府无法接受这个“清政府的归清政府，绅商的归绅商”的事实。另外，由农业国向工业国发展，发展工业基本需要四个条件：资金、技术、原材料、经营管理。然而清政府发展工业，需要倚重国外势力来凑足四个条件：缺少资金就举借国外资本；缺少技术就招募洋匠；缺原材料就以国外进口；至于经营管理，则为封建衙门式体制，难以与近代工业生产协调。

晚清政府体制上存在缺陷，政府内部不同部门职能混淆，行政部门内部体制不完备。1903 年，光绪谕令设立商部，管理政府的实业学校，比如接管工艺局的技工学堂，规范民办的实业学堂；1905 年，学部（教育部的前身）成立，对学堂和学校也有管理的责任和义务。中央集权的封建国家，皇帝个人代表国家，各级管理衙门是国家的委托代理，其他所有机构均为代理者，双方信息高度不对称，代理人之间诸事隔膜，政策主体多元，各有各的价值取向，价值取向困境使得实业教育的价值目标产生分歧。

第二节　价值取向变量模型中价值标准和价值选择分歧

一、价值标准和价值选择分歧导致价值取向难以校准

价值标准和价值选择分歧源于政策主体对特定历史时期的市场、社会及国家(际)三者关系的理解不一致。由于所代表的利益相关者不同，政府、企业和社会存在着因价值取向冲突而难以校准及互相认同的困境。

公共政策主体是如何做出决策的？排除主体或许存在盲目自信，或许对政策环境的认知存在偏差等因素，“公共政策是政策主体一种能动的思维活动，是政策主体依据一定的价值标准对公共政策备选方案进行选择的过程”。[①] 而制定公共政策所依据的价值标准是由一系列外部信息组成的标准，是话语权持有者已经厘定完备的一套规则，参与游戏的各方都必须服从这套规则。如果我们接受了某套价值标准，就意味着我们必须模仿价值标准制定者的价值选择。“我们”是指当时的国家或社会，在话语霸权视域内，或许“政府”已经成为“他”(其他利益集团等)的影子，或者被成为报时者，而非造钟人。“被成为”即反映了价值选择，只不过这是被动的价值选择。

在自上而下的强人政治时代，某套价值标准容易被接受和推行。但是，在特定时空条件下，由于政策决策主体部门之间条块分隔，部门之间的价值标准和价值选择时有分歧，价值取向难以被对方认同。因此决策层所接受的充满外部信息的价值标准，并不一定被内部各利益者全盘接受。于是出现了价值标准和价值选择分歧导致的价值取向困境。这就是政策决策主体所不愿意看到的政策推行过程中的政策变异、走形，最终偏离政策本意而走向政策的反面。决策层不得不反思，造成这种价值取向困境的动力是否来自一个统一的民族国家的公共利益。

一般来说，当决策主体单一时，政策决策的理想模式是价值标准和价值选择趋向一致，可是，这一理想的政策决策模式在近代中国由于民主意识的觉醒，已经无法畅通，而且利益相关者反复博弈，在特定历史时期也难以妥协形成一致的信念。从集权走向分权，并与外部世界存在千丝万缕的联系，致使民国时期政治碎片化。而在一个统一民族国家的形成过程中，民国师范学校起到了一定的作用，这种作用表现为：接受了民主思想教育的师范毕业生从城市回到乡村后，面对凋敝的乡村和麻木的乡民所

---

① 许淑萍.公共政策伦理评价标准的演进及当代探究[J].上海行政学院学报，2012(4)：27—38.

产生的对现实生活的不满，从而在广袤农村积攒了对民国政府独裁不满的政治情绪和政治力量。继1914年民国政府"教育部官制"确立后，1915年《教育要旨》颁布。在《教育要旨》中，袁世凯出于集权的需要，倡导爱国、尚武、崇实、法孔孟、重自治、戒贪争、戒躁进。然而到1916年，"中央政权已经无力推行统一的国家建设政策，因此并无一个有权威的中央政权从上面监督教育领域的运作，各省区和各县的教育人员形成一个分散的全国性网络来替代已经瘫痪的中央教育部门的职责和功能，他们以学校和地方教育会为依托，以其专业化的职责和对国家责任的认同在底层维持正常的教学秩序，进行灌输国民意识的基本教育"。① 1919年，教育部通令对中等学校加强生计教育，即自然科学和工艺技术教育课程。1922年，大总统令"壬戌学制"出台，奠定了现今学制的基本模板。1927年，南京政府成立，颁布《学校施行党化教育办法草案》。1928年，废除党化教育，改成三民主义教育。1929年，国民政府公布《中华民国教育宗旨及其实施方针》，明确"根据三民主义，以充实人民生活，扶植社会生存，发展国计民生，延续民族生命为目的；务期民族独立，民权普遍，民生发展，以促进世界大同"。② 在职业教育方面，黄炎培作为地方政府的教育官员，于1917年在上海发起成立中华职业教育社。正是这样一些教育学会(在1918—1926年职业教育机构数达到1 695个，远高于其他教育类别的数量)，在碎片化的政治空间，远离中央政权的经济中心，维持着发展民族企业所必需的职业技术教育。1927年，陶行知远离民国教育政策的影响，在南京创办晓庄师范学校。在"除文盲，做新民"的时代强音下，教育界人士经过当地政府许可，发起平民教育，先后成立了一些平民教育促进会等政府教育体制之外的教育组织，用扫除文盲等办法启发民智。平民教育不但在城市，而且在农村也开设了试验区。例如，中华职业教育社创办徐公桥试验区。这些在民国政府教育体制之外的教育机构的价值取向与政府的教师政策价值取向不同的原因，在于两者基于不同的价值目标。

1931年，国民政府颁布《师范学校规程》，实现国民政府"国家统一教育，教育支持政治统一的思路"。③ 国民政府实行两级师范，到高中学校工作的高等师范生由中央政府拨款的国立高师培养。国立高师设立在大城市，城市出生的社会精英家庭或富商

① 丛小平. 师范学校与中国的现代化：民族国家的形成与社会转型 1897—1937[M]. 北京：商务印书馆，2014：94.

② 转引自孙敬松. 中国百年教育研究制度审视[D]. 长沙：湖南大学，2009：48.

③ 丛小平. 师范学校与中国的现代化：民族国家的形成与社会转型 1897—1937[M]. 北京：商务印书馆，2014：101.

家庭的子女可以就读。城市高中学校设立普通科及农、工、商、家事、师范等职业科。而中等师范和乡村师范留给地方政府兴办，由于中等师范由地方政府拨款，免费为学生提供食宿，因此吸引了数以万计的乡村贫寒青年来就读。这些来自社会中下层家庭的师范生成为日后变革中国的重要力量。进步人士与国民政府的中职教师政策价值取向存在偏差，陶行知等民主人士的教育政策价值取向是反对洋化教育和封建教育，而国民政府的极端做法是剪灭异己，例如，1930年，蒋介石政府关闭了陶行知的晓庄师范学校。两种价值标准和价值选择的存在，使得价值取向陷于困境。对于政策执行，基层教学人员往往不知所措。

二、价值标准和价值选择分歧造成民国政治版图的变化

从《奏定学堂章程》到《职业学校规程》，中国职业教育教师政策经过对仿日学制、仿德学制和仿美学制的融合，对怎样培养出本国生产力所需的职业教育教师有了四十多年(1903—1947年)的政策实践。然而，在这些年里，职业教育教师政策同时面对国民政府、苏区临时中央政府、陕甘宁边区政府等政治势力的影响，各方的价值标准和价值选择分歧造成了民国政治版图的变化。

国民政府希望通过统一的教育，达到国家统一的价值目标。当时政府希望通过城市的高等教育来培养社会精英作为社会的管理者，而对地方和乡村的控制则希望发展地方师范学校来实现。但是，由于政策利益相关者的价值标准和价值选择的分歧，这一政策也走向了它本意的反面。“对于多数有抱负的乡村青年来说，入学考试是他们唯一可以攀登上层社会的阶梯；对于乡村师范学校来说，通过竞争激烈的入学考试，招收到的绝对是乡村青少年中的佼佼者。地方师范学校从本地招生，毕业生回当地教书。然而，当他们返回自己的村庄，面对日益凋敝的村庄，看到乡亲们的生活日益困苦时，他们会产生强烈的不满，产生变革社会的要求。”[①]根据当时一批留学欧美的归国民主人士的主张，中国农民受欺凌、受压迫的生活状况及麻木的精神状态需要改变，因此师范毕业生便进入了乡村教育改造的日常教学活动中。

中国共产党在1927年秋收起义后，实行农村包围城市策略。20世纪30年代，那些积累了挫折感和对民国政府现实不满的乡村知识青年渴求某种力量引导他们改变

① 从小平. 师范学校与中国的现代化：民族国家的形成与社会转型 1897—1937[M]. 北京：商务印书馆，2014：264.

境遇，在地方师范学校里，他们遇到了“他们”，进入城市、成为社会管理者的引路人——中国共产党。1931年，苏区临时中央政府成立，颁布了25条苏维埃教育法规，为满足苏区职业教育教师需要，采取了“内援外引”的办法。1938年，晋察冀边区确立的文化教育基本原则包括：造就专门技术人才，建立抗战时期各种事业；提高一般民众的文化水准，并增进他们的健康。[①] 从那时起，共产党的教育政策开始关注“人的教育”，《晋察冀边区政府民国二十九年工作方案》指出，“教育者与被教育者都离不开现实，我们和山沟小道的老百姓讲坐电车的风味没有用处”。因此，离开了民主运动、经济建设与民生改善，要想改变民众的意识是不可能的，教育工作中对复杂的“人”的教育、“物”的教育、“事”的教育及其中的相互联系，了解与执行得非常不够。根据短板原理，一个社会动态平衡发展的决定力量在于那块最短的板，乡村人口的民智没有得到启发，文盲率高，更重要的是他们思想僵化，缺乏民主意识和自主能力，使得可持续的社会发展陷入缺少技术人才资源的窘境。建立一个民主公平的社会的价值标准，需要一大批师范毕业生给农村人口扫盲，提高乡民的政治素质。在城市政治斗争中力量悬殊的共产党恰恰看到了这一重要的政治力量。又因设备加繁，求全为难；技术精要，得师为难。从民国20年起，要求县立部学逐步改为职业学校或乡村师范学校。师范学校成为共产党人活动的主要场所，师范学校教师则成为政治力量的播种者。中国共产党通过师范学校培养教师，启发民智，改造乡村，在广大乡村积攒了政治力量。总之，民国时期中职教师政策价值标准和价值选择之间的分歧，在一定程度上促成了当时政治版图的变化。

三、中职教师政策面对西方科技与自主技术价值标准的两难排序

中职教师政策要面对一个价值标准的优先排序问题。人们曾经认为，无论是西方科技还是自主技术，只要它们能够“使中国实现富国强兵的地位——这是现代中国民族主义的核心，人们就会追逐它们”。[②] 民国时期的经济结构由于英、美、日的出口政策，而陷入一种结构性的失衡。在第一产业领域，日本为限制中国工业的发展，于1918年前后，在中国建立了发电厂、钢铁冶炼厂并开挖煤矿。在第二产业领域，从1920年至1932年，为防止中国实现进口替代，日本加强轻工产品对中

---

① 转引自王谦，等. 晋察冀边区教育资料选编：教育方针政策分册（上）[M]. 石家庄：河北教育出版社，1990：39.

② 郑永年. 技术赋权：中国的互联网、国家与社会[M]. 邱道隆，译. 北京：东方出版社，2014：3.

国的输入，限制重化工资源向中国出口，同时因汪精卫等人的亲日政策，使得民国失去发展重化工和国防军事技术的能力。[①] 民国经济结构选择了发展面粉和纺织日用商品以实现进口替代。这一时期，民族工商业在轻工业方面获得了良好的发展，在抵制日货、国货救国的过程中，中职教师政策受政府安排，并没有在军事技术方面取得更大的自主技术进步。1937 年，国内抗日战争全面爆发后，国产的军事武器严重匮乏，缺乏赢得战争所必须的战斗机和重型枪炮，国民党军队便以进口德国或美国装备来解决战争之需。

共产党方面，抗日战争时期新四军积极研制自主技术生产军事装备，培养了吴运铎等一批兵工专家。新中国成立之初，我国开始抗美援朝，由于斯大林并不真心为中国提供军事装备，在技术管理方面，便出现了“两参一改三结合”（干部参加劳动，工人参加管理，技术员、干部工人共同对照苏联提供的图纸，生产出朝鲜战场急需的冲锋枪）。技术教育在中国的发展很不平衡，一方面，有钱学森等一批高精尖科技人才在研制“两弹一星”；另一方面，有大跃进时期“大炼钢铁”的土法炼钢。从农业国家向工业国家迈进的过程中，拥有中等职业技术的人才在中国仍然呈稀缺状态，发展自主技术意味着首先要引进吸收国外的技术，再对国内技术进行提升。随着社会经济发展，中职教育要适应国民经济结构，就必须直面这个价值标准的排序问题。

第三节　政策对策

2008 年以后，中国经济发展进入新常态，我国经济社会跳过“中等收入陷阱”需要借助一个跳板，就是把资源置换式的经济发展方式转换为依靠技术优势实现经济结构的转型发展。这个跳板需要依靠自主技术进步，使转型发展或许可以在未来的国际竞争中实现中国的“国家自主性”，在经济增速放缓的现状下低耗能、低排放地集约发展。这种发展方式所需的技术储备和技术积累是否完成，产业工人队伍的技术技能储备是否齐全，技师、工程师队伍是否成长起来，成为中等职业技术教育必须面对的问题，中职教师政策的价值取向也需要从经济取向转变为自主技术精进取向。

---

① [日]久保亨.走向自立之路：两次世界大战之间中国的关税政策和经济发展[M].王小嘉，译.北京：中国社会科学出版社，2004：45.

一、价值标准与价值选择的S线统合：技术技能与学历学位

我国经济发展进入新常态后，经济社会发展对中职教师的要求是：既有工程师的技术技能，又具备理论教学的学历学位。2013年《中等职业学校教师专业标准（试行）》颁布，明确提出"双师"的价值标准。那么如何在短时间内解决中职校"双师型"教师的队伍结构问题及数量缺口问题？

一个强国除了有足够的工业人口进行重工业、重化工和国防工业的生产以外，还需要完备发达的轻工业体系来满足人民群众的日常生活。随着工业生产的分工不断细化，需要一个为生产一线服务的第三产业，这就需要大量的有技术素养的人口来支撑。有技术素养的人口就是中等职业技术教育所供给的技术技能型人才。技术技能型人才形成人口规模，加上资本和技术，以及全要素生产率，是产生一个强国所要具备的四个条件。在短时间内培养出数量众多的中级技术人才，需要现有中职专业教师全部成为"双师型"教师。中国是一个具备全要素生产率和人口优势的国家，但是，这个人口优势并不表现在技术素养方面。城市中技工技师数量匮乏，而进城农民工的数量大约为2.6亿，这部分人的文化程度并不高，将这部分人口转化为技术优势人口的重任就落在中职教育上。但是，中等职业技术教育教师队伍本身"双师型"教师数量不足，20世纪80年代后期，中职教师入职的要求仍以学历学位为价值标准。中职教师政策价值标准和价值选择必须要对技术技能与学历学位进行价值排序，在不同时期，排序不同。全球化对中国企业产生了巨大影响，要求企业产品增强竞争力，中职校教师"黑板上开机器"的教学方式必须改变为在车床旁作示范。于是，技术技能作为价值标准的优先排序的难题是：有技术技能操作能力的技师或工程师到中职校兼职，并不能完全胜任教学工作。这种情形之下的价值选择是：加强教师队伍的岗位管理，引导教师终身学习培训，成为"双师型"教师。中职教师政策的价值取向应该是把技术技能与学历学位置于一个连续统一体之中，使两者成为首尾相连、互相推动的稳定结构，两者之间汇合边界呈现S型曲线（见图6-2）。

图6-2 技术技能与学历学位二元融合分割线

二、价值标准的调整：以事实和价值来判断价值标准

"中华民族复兴"是全社会的价值目标。中职教师政策既要符合全社会的价值目

标，也要符合自身实际。目前，中职教育的发展困境主要表现为生源萎缩、缺乏吸引力。许多中职教师进入中职教师岗位的目的，不是因为热爱中职教育，而是因为这个岗位在体制内有一个编制。这种"编制"价值取向，在时代发展中暴露出来的问题，直接影响中职教育的可持续发展。在现行政策中，"中等职业人才的工资级别、晋升途径和社会保障等还不完善"。① 另外，造成中职教育发展困境的原因还在于政出多门：教育部出台教师政策，教师属于事业单位编制；人社部（原国家劳动部）也出台教师政策。人事管理的双轨制暴露出来的问题，直接反映在中职教师政策方面。中职教师脱胎于普通教育教师，学术类型教师的教学工作强调以接受间接知识为目的的学科体系的教育模式，强调知识的理论性。而"一体化"教师和"理实一体"教师的教学工作属于"行为教学"，通过对教师动作、行为的观察、模仿、默会来实现教学目标。现有政策对普教教师和职教教师的职称评定方式相同，"没有知识的指引和产权制度的存在，经济必将衰退"。② 对中职教师而言，除了论文撰写以外，另一个职称晋升渠道应该是技术"产权"的激励，对他们岗位的管理应该是"因为你创造了一种新的专门技术，不是因为你知道了专家们知道的东西，而是因为你知道了专家们想不到的东西"。中国社会在转型期出现了政府体制机制创新的问题，目前，中国存在着事业单位人事管理与企业人力资源管理并存的两元结构，"两"是个序数词，后面也许有三、四、五等。在找到适合中国国情的第 N 种方法前，企业技术进步正日新月异。姜大源认为，"在新时期，由于知识半衰期加快，在高新技术产业，经验知识显得更为重要；再从人才结构来看，从劳动密集型的'金字塔'结构到技术密集型的'橄榄型'结构，以及其过渡阶段的'葱头型'结构，需求量最大的始终是直接创造社会财富的中等职业人才"。③ 一边是经济发展需要大量的中等职业人才，即技术工人、技师缺乏；一边是中职校生源不足。为了解决这样一个由于技术人才管理的两元结构造成的政策价值取向冲突的政策困境，教育部在 2013 年颁布了《中等职业学校教师专业标准（试行）》，强调专业课教师和实习指导教师要具有企业单位工作经历或实践经验，并达到一定的职业技能水平。来自企业的经验和企业的技术进步对于实训教师之所以重要，是因为作为与中职教师相对应的企

---

① 英子. 从中德比较的角度看职业教育的发展——访国家教育部职教中心所所长助理姜大源[J]. 职教通讯，2002(5)：11—13.

② [美]乔治·吉尔德. 知识与权力[M]. 蒋宗强，译. 北京：中信出版集团，2015：199.

③ 英子. 从中德比较的角度看职业教育的发展——访国家教育部职教中心所所长助理姜大源[J]. 职教通讯，2002(5)：11—13.

业人士是技术员或工程师，实训教师不但要会干工人（技师）的活，也要精通技术员领域的新技术动向，更重要的是改变中国发展本国经济时对国外技术有所依赖的现状。寻求自主技术到技术输出，是中职教育在培养技术人才过程中培育健康国民性的重要问题。

三、价值目标的调整：从"以人为本"到"人人自主技术精进"

中职教师政策价值取向由晚清的"工具"取向，发展到新中国成立至1978年的"政治"取向，到改革开放后从"政治"取向发展到"经济"取向，再从"经济"取向过渡到"以人为本"取向。"以人为本"的价值取向应是以人的全面发展为本，这是一个可以套用到社会生活各个方面的价值取向。康德说过，人是目的，不是手段。在这里，"以人为本"主要是以"编制的人"为本。可是，把非编制的人当"人"是一个艰难的过程。把人当"人"意味着消除人和"人"之间的不平等，实现人与"人"之间的相互尊重，即人"人"平等，即"以人人为本"。以"人人"的什么为本，应该是以"人人"自主技术技能的与时俱进为本。"科教兴国"发展战略提出后，政府对待科学与技术的态度从尊重知识、尊重人才到尊重劳动、尊重创造。正因为有了尊重劳动与尊重创造的转变，才有了对"李斌"和"包起帆"式的从生产一线发展起来的技术革新者和技术创造者的政策认同。这种政策认同引发了对中职学校本位的"封闭办学"的思考，这种思考又引发了对中职教师政策价值取向的思考。

所谓"学校本位"的办学，即中职教师政策范围限定在公立中职教师的"进——管——退"政策上，表明公立中职学校与应聘教师之间的聘用合同是有效的。但是，实际的情况是，教委掌握人事权，中职学校并没有人事编制权。校长手里没有编制，而日常教学又必须维持，因此所聘请来的教师是编外教师。如果解决不了他们的编制问题，那么这些编外教师的日后专业发展空间就会受到限制，且无法解决进一步管理中的职称问题。

某省的一所职业学校在全国职业院校技能大赛中发现了一个冠军选手，拥有该校所缺专业的技术水平，学校需要这位冠军进校任教，而这位冠军也有意向进入该校任教，但是双方的理想都无法实现。现实中就出现这样一个矛盾：一方面现有的中职教师无法适应该专业新技术的更新需求，中职校缺少该专业需要的技术技能人才；另一方面，由于编制的限制，需要的人才无法进校工作。出现这种中职教师政策困境的原因，便是中职教师政策价值取向的问题。"以人为本"是以人的"什么"为本。如果是以人的编制为本，那么没有编制就不能被称为“人”。这里的公式就是：编制＝人。

全国职业院校技能大赛的冠军选手是我国参加“技术技能的奥林匹克”——世界技能大赛的候选人，但这样的“运动员”却无法获得“教练员”的资格。因为“编制”取向的中职教师政策与现实中中职学校教育需求存在距离，所以只能衍生出“编外教师”群体。“以人人为本”的价值追求是基于“人人自主技术精进”参与全球化产品质量的技术竞争。技术技能的不断提高，有利于在产业政策方面减少使用“低技术技能”的高污染、高耗能企业对中国未来生态环境的破坏，从而增强我国产业的可持续发展能力，有助于提高全体国民的整体利益。这里的公式是：自主创新技术技能＝人。

另一方面，“以人人为本”的中职教师政策价值取向所体现的不单是教育结果平等，而且表现为对人的尊重和对人人归属感的问题解决。马斯洛的需求层次理论认为，人类有五种需求，每一层次需求被满足后，新的需求又会出现，而人类的社会需求包括归属感、友谊和爱。比如，在长期的封建社会中，中国人追求“正宗与嫡系”的民族心理就是一种归属感的诉求。哪怕落草为寇，内心依然盼着朝廷招安的宋江，这是一个追求归属感的生动例子。中职教师群体对归属感的确认表现为：树立正确人才观，培育和践行社会主义核心价值观，弘扬劳动光荣、技能宝贵、创造伟大的时代风尚，营造人人皆可成才、人人尽展其才的良好环境，努力让每个人都有人生出彩的机会。①

在大数据时代，中国转型发展的过程中，职业教育与培训资源很多，除了公立学校的封闭办学以外，跨国企业比政府的公立学校更为积极地提供职业教育培训。例如，日本的丰田公司拓展海外培训项目，在中国东部，如江苏、上海等地，将丰田汽车维修培训的授权项目引入中职学校体系。中职汽修专业的教师考取丰田的二级证书，取得在中国传授丰田汽车一级维修技术教师资格。丰田公司的培训项目共分五级，企业非常欢迎中国公立职业学校的教师前去丰田公司培训。学生们学习了丰田汽修的一级课程，并且在教师指导下考取一级证书，毕业后可以去丰田在中国的4S店工作，解决了就业问题。而对日本丰田公司来说，一方面解决了汽车在中国本土化的售后服务工作的劳动力来源问题，另一方面通过中国政府公立职业学校渗透丰田公司的品牌价值。品牌价值处在全球产业链价值“微笑曲线”的顶端，而制造业代工处和售后服务则在“微笑曲线”的低端。这里就暴露了一个职业教育管理上的溢出效应：没有归属感的技术群体进入跨国公司，为跨国企业进行技术精进。结果，国外品牌不断侵蚀中国

① 作者注：见2014年6月24日习近平在全国职业教育工作会议上对职业教育所作的指示。

市场，例如，从德国进口汽车，中国游客去日本买马桶盖。“外货输入种种地赢，国货种种地亏。”[①]中国技术工人归属感的缺乏，在一定程度上使得洋品牌更有竞争力，最终导致中国民众整体利益受损，并且可能会使政府较难提升提供保障国家经济安全的公共产品的能力，这正是中国技术“后来者劣势”的重要原因。

与鸦片战争以来，中国不同时期的政府以“‘民族技术主义’的方式影响中国的各代政治精英，从而推动他们利用科学技术来建设民族国家”[②]的论调相反，或者说，在实现追求中华民族伟大复兴中国梦的征途上，有许多外民族借由“技术渗透”影响中国梦的实现，进而使得我们猛然警醒。中国与其他各国技术技能的博弈，其实是政府执政能力在职业技术教育方面的一道考题。中国自主核心技术人才应该成为中国职业教育产品的目录。如果中职教育政策“以人人为本”的价值取向问题没有解决，就没有解决因政府对 15 岁左右的青少年进行分流而产生的中职毕业生的社会流动问题，也就没有解决中职教育产品与普通教育产品之间的平等问题。中国技术精英想建立以高新技术为支撑的民主主义国家，在信息技术全球化这把双刃剑下，应该通过对中职教师政策价值取向进行调整，让“每个人都有人生出彩的机会，”从而消解事实和价值之间的对立。“对现有的所谓激励机制和体制有所改进、有所调整，造成一个三百六十行，行行让人安心，待得住并且好好干的价值多元局面，而不是大家一窝蜂地都奔向精英教育，给钱再多也没人去。”[③]让中职优秀毕业生看见技术技能价值被认可的希望，解决“棋盘的另一半”的问题，则是调整中职教师政策价值取向以实现社会平等和稳定的一个重要手段。

---

① 作者注：黄炎培语。

② 郑永年. 技术赋权：中国的互联网、国家与社会[M]. 邱道隆，译. 北京：东方出版社，2014：4.

③ 潘维，玛雅. 聚焦当代中国价值观[M]. 北京：生活・读书・新知三联书店，2008：60.

第七章　中职教师政策价值取向的“人人自主技术精进”的应然转向

中职教师政策价值取向的“人人自主技术精进”的转向是一个体现教育机会公平的转向，如何使中职学生在高中阶段学到真正的技术技能，需要一个公平的教师政策体系来提高教师们精进技术的热情。这种源于体制机制创新的政策体系，需要职业教育与学术教育在教师政策决策中得到公平的对待；此外，也需要政策之间互不扞格。

第一节　中职教师政策价值取向转向的理性思考

一、中职教师政策决策为谁转向

关于中职教师政策价值取向的理性思考：是“以人为本”还是“以人人为本”？确认中职教师政策的价值取向是比较复杂的工作，它既需要事实层面的考察，也需要价值层面的分析，更需要规范层面的保障，只有如此，政策在自身理论与职业教育实践中所起的“枢纽”作用才能有所体现。百多年来，我国政府组织形式发生过变化，政府的自我认知在加强，政府政策对其所作用的对象世界的认知不断发展，并对中职教师政策的决策方式产生影响。一般而言，政策的出台方式有两种：一是自上而下的相对集权的方式；二是自下而上的依照各方政策决策主体利益协调的方式。

目前，自上而下的中职教师政策制定的路径依赖开始有松动的迹象，政策的新价值目标尚在形成之中，构成价值取向的新的价值标准不断变化并时而模糊不清，价值选择难以确定，中职教师政策的价值取向和价值选择正处在事实、应然的两难摇摆中。

中等职业教育随着社会经济发展方式的变化而改变。最近的一个半世纪，我国社会正经历着从农业国向借助商品交换实现产品价值的工业国的变迁，相应地，我国职业教育也要从后工业社会向新技术、新能源、新材料依托计算机网络的方向发展。某些工种的技能技艺，比如车工、钳工、铇工、铣工将有可能逐渐被3D打印技术所取代。而当前又面临第四次工业革命，基于大数据资源的共享经济，生产流水线上的技术工人的工作机会正受到机器人的挑战。AI是否能够完全取代技术工人，令中等职业教育界困惑不已。相应地，中职教师政策价值取向也正在发生变迁，而价值取向的变化起因于网络技术创新造成的政策决策主体趋向多元、政策决策价值选择的多元以及决策主体的多次博弈，根源是中央集权与地方分权。

回溯以往，在事实层面，对中职教师群体而言，晚清政府实行封建集权统治，采用“臣民观”确认中职教师政策的价值取向，把“夷”、“洋人”之技视为工具使用，其结果是使清政府的中职教师政策走向反面。

民国时期存在新旧权力意识的交集，对中职教师群体在“臣民观”和“公民观”之间纠结。虽然经历从“民主”到“复辟”，但最终仍走向了以“民主”为基调的统治方式。在发展成为一个工业国家的过程中，中职教师政策价值取向表现为对工具和经济的并重。民国时期，中央政府把城市精英教育控制在手中，把以大众教育为代表的职业教育放权给地方政府和民族企业家以及民间教育机构。在这个放权过程中，由于利益相关者多元，中职教师政策的价值取向始终处在困境中。当时，国外工业生产领域技术的进步发展，以及1913年以福特汽车公司开发大规模生产流水线为标志的对技术工人的新要求，并没有引起我国中央政府对职业学校教师政策的调整，从而为适应工业发展进行通盘考虑。因为在那个时代的中国，民主人士刚刚推翻了满清的封建统治，各方政治势力在政治舞台“你方唱罢我登场”，缺乏一个有利于促进中国工业及国防技术发展的稳定的职业教育教师政策决策大环境。

新中国成立后，对中职教师群体进行重新管理，使用了“阶级观”的价值标准，以工人阶级作为先进生产力的代表，目的是为人民服务。但中职教师群体不属于工人阶级，共产党在教育方针上也就有“教育为无产阶级政治服务”的价值目标。决策层遵循自上而下的、由政府主导的中职教师政策制定路径，尤其是党的知识分子政策，几乎成为中职教师政策变化的主要动力。

改革开放后，我国经济快速增长，社会快速变化的价值观影响着对中职教师队伍的管理方式，也影响着中职教师政策决策利益相关者的价值取向。政策决策层需要对自身作出正确认知，党的十六届三中全会提出“以人为本”的执政理念，促使公共价值管理中的“管理”走向“治理”。“研究国家治理体系的价值目标，就是…… 正确处理国家、政府、市场、社会之间的关系，使……治理行为得到正确行使的价值追求的总方向和总标的。”[①]以上诸多利益相关者，都与国民经济运行的结果（无论是GDP还是GNP）直接相关，因此，本书将其归到“国”与“民”的和谐互动之中，而对中职教师政策价值取向与中职教师群体价值取向一致和分歧的讨论，则上升到“国”与“民”共同归属的“国家”层面，以体现国家治理体系的价值目标。

二、中职教师政策决策转向中的“人人”

在国际竞争中，中国制造的产品所代表的国家实力及其在世界政治格局中的“国家自主性”，需要通过具有健康国民性的技术工人在生产实践中来表达，中职教育的价值目标是培养那些可以实践“自主技术”的国民，而中职教师政策价值取向在价值目标和价值标准所处宏观环境不断变化的情境之下，必然要发生转向。党的十九大提出，当前我国社会的主要矛盾是人民日益增长的美好生活需要与不平衡不充分的发展之间的矛盾，人人的多样化需求也需要被政策满足。

在价值层面，根据马斯洛的需求层次理论，自我实现是人类最高的价值需求，而在需求的较低层次，所有行为人都有归属感的诉求。未来中国制造业转型升级需要大批的技工技师，在“技工技师荒”的当前状况下，“民”对于“国”的归属需求也处在变化之中。当年东德的技术工人翻越柏林墙，去西德寻求自我价值的实现，是因为民生问题得不到改善。而在中国服务型政府建设十多年来，围绕保障和改善民生的价值目标，我国的行政决策模式逐步从政府单一主体决策转换为多主体决策，所以，“以民为本”成为政府转型期我国行政决策的新特征。[②] 那么，关注中等职业教育中“人的全面发展”的价值目标，培养“自主技术精进”的健康国民，则需要决策层在制度规范层面倾听民意，构建符合利益相关者的制度规范。如果规范层面缺乏保障，就会出现以下的事实，用一个反面教材来说明。中国的北大或清华很多毕业生把出国留学看作是美好的未来，因为那样，他们就可以在国外工作或定居。相反，作者根据多次考察德国职业教育的经历，发现德国的年轻人即使在国境之外找工作，也偏好隶属德国的跨国公司，可见他们对自己的祖国有着较强归属感。德国职业教育设计了“职业英才促进计划”，每年对在全德范围内挑选出来的3千名职业人才给予每人3千欧元的特别资助，这种资

① 高小平.论我国国家治理体系的价值目标[J].行政管理改革，2014(12)：71—74.

② 刘小康.从政府决策到公共决策：我国行政决策模式的转换[J].新视野，2014(6)：56—59.

助机制培养了一大批适应德国经济需求的技术精湛的能工巧匠。这样的职业教育价值取向，是“德国制造”在全球化竞争中能够胜出的重要原因。中国近代以来接受了西方国家的科学、技术的输入，要从这些外来技术输入中独立出来，培养中职学生健康、可持续发展的国民性，培养其归属感，就需要调整中职教师政策的价值取向。

三、中职教师政策价值取向应然性的思考——从“以人为本”到“人人自主技术精进”

在中国近代社会，科学发现的地位之所以超过技术发明，其中一个重要原因是知识分子的遭遇。知识分子曾被称为社会的良心，他们影响或塑造公共态度或信念。“知识分子的活动能够对国家和文明形成极为严重的后果，事实上也已经形成了这样的后果。”①例如，陈独秀等新青年提出了“科学”与“民主”的口号，在器物文化层面，“科学”改变了中国的经济生产方式；在制度文化方面，“民主”改变了中国社会的政治结构。对“民主”的价值追求使后代中国人为之奋斗至今，而对“自主”的价值追求则迟至20世纪60年代。

通过考察历史上中职教师政策的价值取向，可以得出这样的结论：从晚清时期对洋人技师延聘的工具价值取向，到民国时期采用经济价值取向而忽视技术的自主独立性，使得中国人的国民性里积淀了“外国技术比中国技术好”的潜意识。从新中国成立至文革结束，工具价值取向和经济价值取向主要转化为“红专干部”的政治价值取向，这种政治价值取向对中职教师政策占绝对主导。1978年改革开放至今，又表现为经济的价值取向，然而在这个经济价值取向之下，行政干部与技术工人的贫富差距加大，难以体现“以人为本”的价值观。如果“以人为本”是中职教师政策价值取向，这种价值取向也是来自西方，从娘胎里就带来了“双重价值标准”。这便是“以什么人为本”的问题。党的十九大报告开篇也提出“为什么人”的问题。职教教师政策“为什么人”的问题需要在政策决策过程开始前首先明确。因为“什么人”是目的，如果“什么人”是工具便产生了一个双重标准。“英国工人为了争取到每日工作10小时的权利，曾经经历过30年艰苦的斗争。”②正是资本天然具有的逐利性，使得掌握了资本的人在追求财富的过程中，把货币资本当作目的，在生产过程中把技术劳动力市场的人当成了工具。中职教师政策在主导价值取向上的社会工具性的形成有以下两方面原因：第一，中职教

---

① [美]托马斯·索维尔. 知识分子与社会[M]. 张亚月，梁兴国，译. 北京：中信出版社，2013：xiii.

② [德]马克斯，[德]恩格斯. 马克思恩格斯全集(第2卷)[M]. 中央编译局，编译. 北京：人民出版社，1995：604.

师政策决策主体结构的缺失，需要明确价值取向采纳了“谁的价值标准”；第二，中职教师政策决策过程中对社会工具价值的依赖，在一定程度上损害了社会公正，限制了中职教师实际技术技能的自由发展的可能性，并导致中职教师群体行为功能的丧失。为此，就需要建构一条价值取向的应然路径，使中职教师政策回归正常运行轨道。应然价值取向的建构离不开对中职教师政策所处的时代背景与对国际产业链价值分工的考量。目前正处于全球化的大数据时代，人们可以通过网络聚焦民意，中职教师政策决策的利益相关者也有多种渠道发出自己的声音，这对政策价值取向的构成又增加了变量。

中职教师政策的应然价值取向的实现不会自动发生，它牵涉到诸多利益相关者在诸多不确定因素条件下彼此的博弈、妥协与斗争，比如国际经济环境影响，我国行业企业参与国际市场竞争的技术品质，我国技术工人和技师的整体水平及培养模式等。中职教师政策功能与作用的发挥，需要明确S分割线[①]就是一条价值取向调整线。根据政策决策所处的复杂、多变、不确定的系统环境，需要从决策主体的价值目标、决策过程遵循的价值标准以及代表中职教师政策利益协调的完全信息的全部选项这三个层面建构中职教师政策应然价值取向的实现机制。如果从“以人为本”到“以民为本”，再到“以人人为本”是合理价值取向的回归，从以“编制人”取向到“拥有独立自主技术的人”则是有效价值取向的回归。通过中职教师群体的工作目标——培养技术技能人才的健康国民性，培养大批量技术技能人才独立自主的技术创新意识，使得“理论成果转化成技术发明”和企业一线生产“分工产生技术发明”的两个技术创新来源形成闭环，才能在更大范围内实现依靠技术创新驱动来适应新常态下我国经济社会的持续发展。央企、国企、跨国企业及小微企业的技术创新如何驱动职教教师政策创新，以及职教教师政策如何提升我国技术劳动力资源的竞争力，关于这些具体细节的讨论将在第九章展开。

第二节　中职教师政策价值取向调整的价值冲突困境动因

一、中职教师政策价值取向调整前的价值冲突困境

在中职教师政策决策研究中，价值取向研究方法的不完善以及缺乏企业、社会、政

① 作者注：见本书第六章太极鱼中的S分割线(图6－2)，也称螺线。

府全球化的定位视角，使研究者们难以从根本上解释造成当今中职教师政策价值取向调整的价值冲突困境的动因。长期以来，我国的职业技术教育通过让渡中国市场换回国外先进技术，在转化吸收中学习国外技术，因而自主核心技术和人才都较缺乏。中国技术市场需要对中国市场可以让渡到何种程度、对中国自主技术创新有利的时间节点究竟在哪一刻以及中职教师群体发挥着怎样的作用等问题进行认真考虑。

作为公共政策变迁的一部分，在经济型政府向服务型政府转变的过程中，我国中职教师政策价值取向的调整牵涉到诸多利益相关者，例如，各种规模的公司（包括跨国公司），各种类型的企业，企业内部的研究所与技术人员，独立于政府且了解全球产业信息的行业协会，各种办学主体承办的中等专业学校、职业高中、技校，各相关部门（人社部、教育部、地方政府）等，这使得本书的研究论域处在诸多不确定因素和条件的共同制约下。要应对经济全球化的残酷市场竞争，中国必须培养出高质量的中等水平技术技能型人才。这类人才中有相当一部分来自中职教师的学校工作实践，一部分出自本土企业的师徒传帮带，还有一部分来自跨国企业的技术溢出。

二、职教教师政策价值取向调整中的价值冲突——校企合作困难

由于中职教育质量与国民经济各行各业的技术工人和技师的水平密切相关，教师的理论知识与动手操作技能水平需要远远高于企业“师傅”的，这就使得中职教师政策的价值标准与价值选择须跨越学校与企业、教育与市场、政府与行业的两元格局。利益主体不同，价值取向多元，而价值取向则是这两元格局的分割线。对这条分割线的界定，采用的是谁的价值标准，反映了中职教师政策对当下参与国际竞争的中国企业技术水平的认知，以及对中职教育价值目标体现在哪里的认知。公共技术管理上的科学发现与技术发明的分割线，是指推动产教融合、校企合作、师师（教师、技师）互动的技术方法。对于中职教育是“政府的教育”还是“中国技术工人的教育”，中职教师拥有的是中职学校的技术水平还是具有国际竞争力的企业的技术水平，中职教师技术水平代表的是行业精英还是企业师傅等问题，正是我国中职教师政策的价值困境。随着我国产业结构调整升级，国民经济运行进入了“新常态”，中国制造面临更加艰难的发展环境。我国中职教师政策是针对教育部门内部的人事管理，还是着眼于中职教育的产品——中级技术技能型人才在国际竞争中的比较优势，这一问题恰恰是价值标准与价值选择对于价值目标的锁定。而对于这种锁定，必有一把钥匙来打开它，这钥匙就是新常态下的“新”的中职教师政策价值取向。

中职教师政策中所涉及的中职教师群体主要是与中职教师权利及中职教师利益密切相关的政策客体。决策主体的价值取向将直接影响中职教师利益分配的公正性。一旦公正性缺失，就会进一步限制技术创新的最大化，由此就涉及要明确中职教师政策的价值取向问题。由于价值问题是政策科学的一个基础问题，价值取向问题又是价值的核心问题和政策最本质的规定性的体现，因此，对中职教师政策的价值取向问题进行研究具有核心意义，在一定程度上可以避免以往政策价值研究中对价值选择、价值标准的各执一端的论述，并在理论上试图纠正中职教师决策的偏差。如何形成合理的价值取向，需要设定一套框架来解释该价值取向为什么是合理的，而这个框架就是价值取向内隐模型。

第三节　职教教师政策决策与政策终结

一、职教教师政策价值取向变化与政策终结

中职教师政策外延较广，从层次上，既包括国家的宏观政策，也包括市县级的具体政策。根据职业教育的特点，在国家出台一项政策后，各省厅会推出相应的地方政策，市、区县也会结合本地区的职业教育实际制定相应的地方法规，同时各院校都需要制定一系列具体措施来落实。因此，中职教师政策的相关政策总量非常多，而本书限于研究视野及研究内容，仅选取部分国家层面政策作为案例进行分析研究，希冀为教师政策研究提供新的角度和方法。职业教育对社会经济的作用具有很强的地域性特点，为了职业教育功能的充分发挥，可以增加专门针对某地区的中职教师政策价值取向研究。但是，某个历史阶段的中职教师政策发生转向后，政策的价值取向变化会使得原有的教师政策不再适应新历史阶段的社会经济发展和教育教学的实际情况，那些不相适宜的教师政策会逐步退出历史舞台，即政策终结。价值取向的变化会对新政策进入下一个政策周期起到至关重要的作用，也将直接影响职教教师政策的决策水平。

二、技术迭代加速职教教师政策决策周期变化

本书采用了模型研究对中职教师政策价值取向变迁进行探究，是一个创新的价值论研究方法。通过建立价值取向内隐模型，解释了晚清时期、民国时期、新中国成立至今的中职教师政策的变化路径，也解释了政府作为价值主体在利益表达过程中价值取向变迁的动因。但是，随着经济型政府向服务型政府的转变，中职教师政策价值主体

的目标不断发生变化。党的十九大提出，我国现阶段的主要矛盾是人民日益增长的美好生活需要与不平衡不充分的发展之间的矛盾，由此，中国特色社会主义建设进入新的历史时期，富强、民主、自由、和谐、平等、爱岗、敬业等社会主义价值观逐渐成为新世纪每一个中国人的价值观。在中央政府的社会主义价值观下达至中国社会的每一个公民，民众所接受的价值取向渐趋一致的情况下，职教教师政策决策势必发生变化。本书所提出的“人人自主技术精进”这一价值取向能否进入我国政府职教教师政策决策的视野，则需要时间来证明。时间是不间断前行的射线轴，每个国家的职业教育政策都在这条射线轴上推进，技术迭代加速着政策决策行为的变化。在大数据资源的挖掘和计算机的深度学习能力不断加快、我国技术劳动力人群亟须参与国际竞争以及AI机器人对工人岗位的潜在威胁日益明朗等情况下，我国职教教师政策能否促进广大教师们的技术精进，精进到机器无法取代的程度，对中职教师政策决策来说，是一个值得深思的问题。

三、中职教师政策终结与更新的外在必然性

尽管本书提出了价值取向内隐模型的一些研究假设，但是关于时间压力、不完全信息等不确定性因素对中职教师政策价值取向的变化未作深入分析。特别是，当经济发展的新业态、新模式发生变化时，政策决策主体也随之改变，或增加，或减少。当职业教育政策决策不得不走出政策“换汤不换药”的怪圈时，我国劳动人力资源素质在与德国、日本、韩国等国家的技术工人素质相比较中才能拥有足够的竞争力，我国才能从依靠消耗资源换取经济发展和生产即污染的制造业代工等模式转向智能制造，建立中国智慧工厂的目标才能够实现。职教教师政策价值取向也势必随之发生变化，而价值取向一旦发生变化，职教教师政策决策行为也将发生变化，即人类技术精进的外力将导致某些职教教师政策终结。

第八章　职教教师政策决策过程中的复杂人主体与价值取向

第一节　职教教师政策决策的一般过程

一、职教教师政策的相关领域

我国职业教育所培养的劳动技术人力不但要在国内行业企业内竞争，而且要在国际技术劳动力就业市场上竞争。一般而言，公共管理是一种政策决策行为。公共管理领域涉及经济与企业管理、社会民生福祉以及社会生活的诸多方面。而在相对微观的职业教育领域，职教教师政策决策是一种选择行为。诺贝尔奖获得者、管理学家西蒙(H. A. Simon)有句名言："管理就是决策。"既然各个领域管理的核心都是决策，那么职教教师政策决策就是教育政策与产业政策协同发挥政策效益的结果。职教教师政策不但涉及教育领域的技术技能传播，而且涉及与产业升级和企业技术进步相关联的技术创新。科技部门与教育部门之间可能的创新融合，以及各类企业与职业院校的紧密合作，是职教教师素质提高的大环境。然而，在现实条件下的职教教师政策执行过程中，行业企业与职业教育教师的合作，可能并不真正有利于将最新技术传播至职业教育领域。例如，2016 年教育部、财政部颁布《关于实施职业院校教师素质提高计划(2017—2020 年)的意见》，该政策在执行过程中因跨国企业、中央企业、地方国有企业、民营企业等相关利益者的技术保护而受到阻碍。决策后的政策执行困难，意味着决策主体多元化趋势明显。职教教师政策决策需要一个由科技部、国家发改委、国资办、人社部等单位共同组成的决策支持系统，职教教师政策决策依据也显得更加复杂，包括博弈论、决策心理学、决策量化方法、决策评价、决策支持系统以及决策自动化等。本书在决策行为研究方面，仅从职教教师政策决策的变量，即决策心理学的时间压力与自主技术精进这两个方面对现有政策及影响政策的趋势作一些客观观察与分析。

二、职教教师政策决策的分类

总体来说，决策一般可以分为单目标决策和多目标决策。多目标决策需要针对多个指标的方案、计划以及政策设计思路进行价值判断。只有对各种因素进行综合考量，才能做出合理的决策，并使公众理解该决策行为具有一个合理的解释框架。职教教师政策决策涉及生产领域的企业技术进步、产品销售的市场竞争、教育领域的学科课程和培养培训、公共管理技术的精准到位等，属于多目标决策。

从公共管理学的角度来看，职业教育的目的关乎职业教育最终结果的价值取向，同时职业教育目的要解决的是“为什么人”的问题，也就是职业教育教师政策决策主体的价值取向问题。党的十九大报告提出“建设教育强国是中华民族伟大复兴的基础工程”，推进教育公平，“努力让每个孩子都能享有公平而有质量的教育。完善职业教育和培训体系，深化产教融合、校企合作”。因为职业教育的目的是为全体人民，这些利益相关者分散在不同社会阶层，甚至分布在跨国企业中，因此，职业教育教师政策决策就属于多目标决策。本章及其后章节所讨论的内容基于多目标决策。

在多目标决策框架下，我们仍然要从以下五个角度对决策行为进行分类。

（一）依据决策性质的重要性进行分类

依据决策性质的重要性进行分类，可以分为战略决策、策略决策和执行决策。其中战略决策是涉及某组织发展和生存的有关全局、长远利益的决策。提高职教教师素质，建立教育强国是民族复兴的伟大工程，因此，职教教师政策决策要符合国家经济社会发展的长远利益。策略决策是为实现战略决策所制定的目标而进行的决策。对于教育部门来说，职教教师政策有关决策方案的选择，是在我国教育战略决策的框架下进行的，属于策略决策。执行决策是根据策略决策的要求对执行方案进行选择，例如在职教教师培训范畴内，对于高职教师培养培训政策和中职教师培养培训政策的执行，执行到何种程度算是达到目标等。因此，根据对职教教师政策执行得顺利与否的预测来观察，中等职业教育教师政策决策也属于执行决策。

（二）按照决策的结构进行分类

按照决策的结构进行分类，可分为程序决策和非程序决策。程序决策有章可循，可多次重复，决策主体的创新积极性和可能性受到程序的限制，其优点是可以更好地管控。非程序决策一般无章可循，在特定情境之下，只能凭经验、直觉作出应变，一般是即时、瞬间的，是决策主体在承受巨大时间压力下的一次性的决策。职教教师政策决策在单一部门决策条件下一般不属于非程序决策，也就是说，中职教师政策决策不属于非程序决策，因而，职教教师政策在制度创新方面多年来呈现保守、不逾矩的局面。

根据培养技术技能人才的不同需求，职教教师政策决策所要解决问题的方式也有所不同，现在用表 8 - 1 给予说明。

表 8 - 1　问题解决场景下中职教师政策的决策方式

解决问题的方式	程序决策	非程序决策	政策决策举例
传统课堂教学	习惯/标准规程	直观判断，创造性地预测，发现人才	职业技术师范大学招生计划：《教育部关于进一步规范高等教育招生计划管理工作的意见》教发〔2016〕第 5 号（程序决策）
科学决策	运筹学，管理信息系统	培训决策主体，大数据人工智能	世界技能大赛教练确定名单：见人社部（人社厅函）〔2016〕第 462 号（程序决策）
现场解决当下的技术难题	等待程序的下一步	在技术精进中验证直觉试验，破坏性试验	企业内部的研发及培训：格力空调的研发部门有 400 个实验室，“格力，掌握核心科技”（非程序决策）

（三）按定量或定性进行分类

按照定量或定性进行分类，可以分为定量决策和定性决策。当描述决策对象的指标都可以量化时，用定量决策，否则只能用定性决策。当前总的趋势是把决策问题定量化。在职教教师政策决策中，决策对象是教师和负载于教师的理论教学与实践操作一体化的教学能力。随着工作现场操作技术的不断迭代，教师的操作技术水平也需要不断精进，因此，职教教师政策决策可以采取定量与定性相结合的决策方法。

（四）按照决策过程的连续性进行分类

按照决策过程的连续性进行分类，可分为单项决策和序贯决策。整个决策过程只做一次决策就得到结果即为单项决策，而由一系列决策组成整个决策过程则属于序贯决策。在现实产品技术竞争市场中，管理活动是由一系列决策组成的，但在这一系列决策中，只在关键环节做决策，可以把关键环节的决策分别看作是单项决策。职教教师政策决策受政府各行政部门、教育部、行业企业、技术进步、国内国外专利权保护、技术劳动力人力资源竞争力等诸多因素影响，因此，职教教师政策决策在某些情况下，往往被看作是教育部门的单项决策。

(五) 按照决策环境进行分类

按照决策环境进行分类,可以分为确定性条件下的决策、不确定性条件下的决策和风险决策。确定性条件下的决策是指决策环境是完全确定的,做出的选择结果是确定的。不确定条件下的决策是指决策主体对决策环境处在不完全信息条件下,决策所发生的概率是可以预测的。而风险决策是指决策主体对将出现结果的概率一无所知,不能做出预测,只凭决策主体当时的认知水平进行主观判断。

三、职教教师政策决策的方法

本书不使用“政策制定者”一词作为职教教师政策的最终决定者,因为该词在一定程度上体现了自上而下的政策路径依赖倾向,也会误导读者将职业教育不兴旺的责任完全归结到教育部这一单个部门;本书也不使用“决策者”一词,以避免将影响我国职教教师技术精进的体制外因素加以排除,这些体制外影响因素不但来自国内的民营企业,也来自跨国企业这些国际分工价值链的设计者。因此,本书使用的是政策决策主体。因为主体间性的存在,可以使得我们考察我国职业教育教师政策在哪些诉求上受国际规则限制,增大决策信息量。本书使用政策决策主体一词,是希望职教教师政策各利益相关主体的诉求得到回应,体现更大范围的民主并符合中国技术劳动力人口的长远利益。这里先假定我们已经有了已知的确定决策主体,在第九章会再重点讨论一下政策决策的潜在主体是哪些。

针对已有确定决策主体(已知的单一主体或已知的多主体)的决策,总体说来一般有两种方法,这取决于决策主体的选择:第一种是面向结果的决策方法;第二种是面向过程的决策方法。这里先介绍政策决策方法,后文将详细论证职教教师政策主体的复杂性。

决策主体选择面向结果的决策方法,是基于这样一种心理倾向:决策主体能确定地预见决策结果。其核心是对决策结果的正确预测,单目标决策和多目标决策都属于这一类型。面向结果的决策方法的程序如图 8-1 所示:

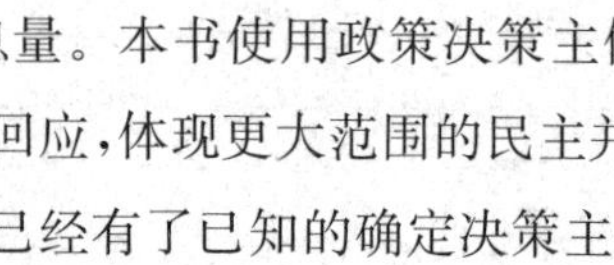

图 8-1 面向结果的决策方法的程序

图 8-1 表明：即便是单一决策，也遵循首选优先级原则。公共决策一定不是决策主体灵机一动做出的。任何决策，在一定时间压力下都具有成本。

决策主体选择面向过程的决策方法，是基于这样的心理倾向：如果决策主体知道了决策过程，并且掌握了能够控制的环节，就能够正确地推算出决策结果。在这一决策方法中，决策主体倾向于过程管控。面向过程的决策方法有三个互相依赖的阶段，如图 8-2 所示。

预决策 ⇨ 决策 ⇨ 决策后

图 8-2　面向过程的决策方法的程序

预决策阶段：在时间压力下，需要决策的问题摆在决策主体面前，决策主体立刻有 ABCD 等多个选项，同时决策主体需要平衡各利益相关者。如果没有一个最理想的决策方案，那么在政策执行过程中就会出现决策主体两只手按一百个跳蚤、无比繁忙的局面；因此，最好是能找到一个平衡各方利益的方案。沿着这个思路扩大线索，就需要无限接近完全信息，由此信息搜索成本增加，但是决策主体仍然处于客观和无偏好的状态。随着信息数据的增加，决策主体逐渐变得有主观倾向和偏好，在预决策阶段顺利的情况下，可以进行局部决策试点。

决策阶段：分为两个环节——分析决策和最终决策。分析决策包括对决策主体的处境进行方向性的调整，比如用排除法来排除劣解，甚至重新考虑曾放弃的方案，增加或取消一些价值评价标准，如前文第四章中的价值标准。或者，在合并一些备选方案后，减少变量数目或者方案选项数目。决策主体按照主观偏好重新对现有各方案进行价值评估，保留少数方案以备在时间冲击点临近时做出最终决策。

决策后阶段：最终的决策已经发布，各利益相关者的反馈意见纷至沓来。此时决策主体倾向于解释和强调已选方案的合理性、合法性和优势所在以及符合社会心理的约定俗成，并倾向于寻找更多的信息来证明自己所做决策的正确性。决策主体更愿意听取相同意见，不愿意听取不同意见。并且，决策后阶段是对决策结果执行情况的观察阶段，要对政策决策执行情况进行深度了解。决策后阶段不但是政策决策的继续，而且是政策终结的观察阶段。

我国职教教师政策决策主体，不但在政策决策时出台政策，也在政策执行时观察职教教师政策的执行效果，为政策终结作准备，避免政策执行遗留下历史问题。决策后阶段往往也是下次政策决策的参与决策阶段。每一项政策都有各种利益相关者，一且要终结政策，可能会出现既得利益者坚决维护该政策的情况，造成政策终结困难。

四、职教教师政策决策模型的构成因素

任何政策决策问题可能由以下因素构成决策模型，职教教师政策决策也不例外。

决策主体：主要任务是决策拍板。决策主体可以是个人、委员会或者某一个组织，一般指业务部门的领导或者一个领导班子。职教教师政策决策涉及培养积累技术劳动力资源的企业，也涉及指导职教学生参与国际技术劳动力竞争。比如，我国的技术劳动力素质要与德国技术工人、日本工匠及韩国技师的技术技能相比，能够占据国际国内市场的产品是出自他们之手；即便是在机器人操作方面，我国中等职业技术教育所培养的人才也必须学懂、弄通、做实，会操作进口机器人，知晓进口技术在本土产业上的终结时间点。又如，在世界技能大赛上，教练员和专家的水平决定了我国青少年选手能否在体现世界技术水平的奥林匹克竞技场上争金夺银，教练员和专家级职教教师则是政策决策的对象（人社部公布了 2017 年世界技能大赛教练名单）。因此，职教教师政策决策主体不但是熟悉职业教育的专才，同时也应该是政策问题专家。

备选方案或者行动策略：一般由智库专家提供备选方案。智库专家为决策主体提供各种可行的方案，其中包括政策对象所处的环境、政策对象的接受心理反应、政策对象的自我评价、政策对象的社会评价（包括政策对象的属性）等因素，以便确定政策目的和政策目标。

政策目的：表明选择属性的方向，教师选择是听话的好还是有创新能力的好，这是客观存在的问题，也可以由政策决策主体选定。政策目标是指设定了具体参数值的目的，例如，教育部“十二五”期间在全国八十多家重点职教教师培训基地完成一万名职业教育骨干教师的国家级培训等具体政策。

价值标准或价值观：是一套衡量备选方案的评价标准，在具体政策决策时有单一政策价值标准和多个价值标准。社会价值观与价值取向的转变势必影响政策决策主体的主观感受。

外部事件：是存在于政策决策主体视域之外的、不为政策决策主体所控制的客观存在的将要发生的状态，有时表现为政策决策主体无法感知到的、外部所有将发生的事件。每一个事件的发生结果都将对现有政策造成非收益或损失状态。例如，随着我国劳动力成本的趋高，密集型制造产业正在从我国转移到劳动力价格更便宜的国家。我国密集型企业被迫从“中国制造”向“中国创造”转型，而职业教育正面临着 AI 时代

的到来，中职教育政策将面临流水线上中职毕业生何去何从的拷问。再比如，“德国的低技术、非研发企业如何借助创新，抵御了全球低劳动力成本优势的压力”，[①]这个案例对我国职业教育教师政策决策产生了影响，全国各地职教教师争相去德国接受培训。某些专业的教师接受德国职业教育教师培训之后，反而认为，德国的职教教师培训业并没有什么真正实质性的内容。如果真是如此，则意味着我国职教教师政策决策应该把注意力转移到内生性方面。

第二节　职教教师政策决策的复杂人主体

在全球经济一体化和高新技术创新的前提下，在某项决策行为做出之前存在多个隐形竞争的决策主体。面对这些隐形主体，政府如何成为唯一合法的决策主体，是一个值得思考的宏观战略决策问题。虽然这超出了本书作者的讨论框架，但是在某些局部领域，特别是在职教教师政策的决策领域，谁是我国职教教师政策的决策主体，或者谁是中等职业教育教师政策的决策主体，则是一个可以尝试讨论的问题。

一、谁掌握自主技术谁有权决策

职业教育在某些发展中国家出现了一些政府被利益集团俘获，即政策是为某些企业定制的问题，这也直接关系着谁拥有本国职教教师政策的决策权。我国教育部门是制定职业教育教师政策的主体，这是人们的普遍看法。在我国职业教育教师政策执行中，有时并不是职业教育教师队伍缺乏技术，而是存在“技术浪费”的情况。“技术浪费”的现象也存在于其他发展中国家，因为从现有的企业用工方式看，劳动力人才市场并不完全需要经过职业学校培训的技术人才。在“人力储备学说”的影响下，“这些（发展中）国家为了促进经济发展需要提前培养这类人才，但现有的经济不能利用和消化这些人才”。[②] 而“人力储备学说”来自于西方学者，发展中国家的劳动力市场所需要的本地人才情况，并不能被西方学者所提前预设。在现实生活中，世界各国根据本国职业学校的课程设置，能否找到那些成为政府教育部门认可的职业教育教师，这对于政府举办的职业学校而言是个难题，即正规的“职校难以找到既受过良好教育、又具有

---

① ［德］奥利弗·索姆，［德］伊娃·柯娜尔. 德国制造业创新之谜［M］. 工业 4.0 研究院，译. 北京：人民邮电出版社，2016：1.

② 石伟平. 比较职业技术教育［M］. 上海：华东师范大学出版社 . 2001：241.

丰富职业经验和能力的教师”。[①] 1991 年世界银行关于职业教育和培训的政策文件要求改变职业教育的办学模式，由原来的“学校本位的职业教育”变为“企业本位的职业培训”。[②] 如此一来，企业的师傅便有可能成为学校本位职业教育的教师。而世界银行体现的是发达国家的利益。发达国家提倡的企业本位的职业培训，并不是民生工程，而是对企业利益的投资。

除了政府是职教教师政策决策主体之外，行业协会(即第三部门)、代表着先进技术和高效率的跨国公司是否都可以成为我国职业教育教师政策决策的间接主体呢?首先，跨国公司不应该成为我国职教教师政策的决策主体。其次，要看当今的生产领域是否依靠技术的进步而提高了生产效率。如果对这个问题的回答是肯定的，那么就是说，机器这种货币资本的另一形式，在经济领域发挥着巨大的作用。是机器与人的结合提高了生产效率，机器设备越先进，越需要一些可以操作更先进机器设备的技术人员。短期内这些先进的机器设备来自跨国企业，而非来自职业学校，即职业学校不产生自主技术。但是，职业学校的教师队伍却被要求善于操作不断更新的机器设备，以便于向学生传播这些技术。因为一方面，职业教育具有职业性，职校毕业生的出路最终要指向技术劳动力市场;另一方面，作者认为职业教育是技术定位而不是学术定位的教育类别，而技术同货币一样是全球流动的，只要存在贸易，就会存在不同行业之间的技术交换，从而使得掌握不同技术的人，通过交换技术技能获得自己所需要的价值。

虽然技术的终极目标指向人的存在和人的命运价值，但是亚当·斯密的“经济人”假设认为，所有人都有为自己寻求利益最大化的可能性，“经济人”决策行为不受情感控制以追求绝对理性，实现利益最大化。跨国公司作为有限理性经济人，首要考虑的是降低生产成本并且保护本企业的技术以获利。因此，跨国集团不是我国职教教师政策的决策主体。

作为中国职业教育的第一所学校，福建马尾船政学堂的教师政策决策主体是晚清政府，当时的“为了什么人”的教师政策由单一政策主体制定。1867 年，晚清政府决定聘请法国的技工、匠首担任学堂教师;1884 年，中法两国马江海战开打，中国以失败告终。在学堂建校之初，所有技术都来源于法国技师，因此马江海战开始之前，法军已经

---

① 石伟平. 比较职业技术教育[M]. 上海：华东师范大学出版社 . 2001：249.

② 石伟平. 比较职业技术教育[M]. 上海：华东师范大学出版社 . 2001：251.

很清楚中国的技术装备情况。中国舰队的军舰大都采用立式蒸汽机，机器在水线之上没有护甲，容易被对方炮弹击中；装备的火炮又基本上是前膛炮，威力、射速也都不敌法国军舰装备的后膛炮。更为不利的是，法国舰队还装备了当时的新式军用技术——鱼雷和机关枪。由于法国人掌握更先进的技术，因此无论是海战时还是在战后的谈判桌上，主动权都在法国方面。

二、谁可以施加时间压力谁有权决策

在整个决策过程中，无论是预决策阶段、决策阶段，还是决策后阶段，获得时间资源是判断某一个决策效用大小的评价标准。

技术精进需要时间。摩尔定律在现实生活中的影响很大，众所周知，我们的日常生活已经进入大数据时代，计算机处理系统的关键组成要素——处理器速度，包括存储容量和下载速度，一直呈指数增长。电子信息技术发展周期遵循摩尔定律，其中集成电路密度 18—24 个月翻倍；根据吉尔特定律，网络宽带速度 6 个月翻倍。可是在产业升级的思路下，装备制造业的技术迭代周期与信息技术迭代速度相比要慢很多。我国职业教育教师技术水平如何面对处理信息技术和装备制造这两个领域的发展周期差别？这看似是一个装备制造业企业未来发展所必须面对的问题，与职教教师培养培训没有直接关系。但是事实上，中职教师去企业实践的现场就会遇到这样的问题。案例如下：

> 对于一般工业集成电路，半导体生产厂家仅保证供货十年。国内某大企业在 20 世纪 90 年代初，引进德国自动络筒机 AC238 进行国产化，进入第五年时，其中采用的 CPU 芯片已不再供货，即使按照合同完全实现 AC238 国产化，其实也无法再用于生产了。由于 AC238 的国产化在进行到 20% 的时候已经夭折，所以无法生产的这个后果没有出现。另外，如果没有对软件做过消化，也就意味着引进技术的核心完全丧失。当初与德国谈判此项目时中方并没有这方面的意识，完全不知道五年之后 CPU 芯片有什么变化。还有很多在合作中发生的当初无法解释的奇怪问题，现在（决策后阶段）深究后，发现原因在于双方已成为事实上的竞争对手而不再是纯粹的合作关系，但是中方（我们的技术人员）当时（在决策中）还浑然不知。我国在引进技术方面失败的案例不在少数，这提示今后在引进项目时（预决策阶段）一定要警惕。

拥有时间资源或者能善用时间资源，都会为预决策或决策后阶段的决策主体赢得更多的主动权。教育产品产出时间长，职校毕业生需要经过三年左右的时间学习，其毕业就职后，在校所学的技术技能也是之前行业企业所处的发展水平。因此，职教教师的技术水平只有比行业发展的水平高，培养出的职校毕业生才能够满足当期企业的人才需求。2016 年 6 月 12 日，我国北斗导航卫星升空成功，这个事件离国际电信联盟(ITU)规定的结束时间仅仅提前了四个小时，我国北斗卫星定位导航总算搭上了国际认证的最后一班车。赢得时间，就赢得了下一轮预决策阶段的决策主动权。

第三节　职教教师政策决策主体与行业协会

一、职教教师政策决策的着眼点与产业、行业企业

我国职教教师政策“优先支持战略性新兴产业、现代农业、先进制造业、现代服务业及扶贫重点产业等紧缺领域教师培训”。在这些产业中，包括国有企业绝对控制的七大战略行业：国防、电力电网、石油化工、电信、煤炭、民航、航运。国资委宣布(2006 年 12 月)在这些绝对控制的行业中，中等职业学校开设的专业须有所涉及，例如在 2014 年教育部颁布的中等职业学校专业分类中就有 15 个以上的专业与这些行业对接；同时国家保持对基础性、支柱性产业领域的较强控制，这些产业包括机械、汽车、信息技术、建筑、钢铁、冶金和化工等，都必须实行国有制。而且，这些产业都包括在教育部颁布的职业学校专业分类中。因此，中高职教师接续培养所达到的技术技能的积累只有发生在这些行业企业的工作现场，才能得到技术技能的精进。

党的十八大以来，我国对外开放进一步加强全球化市场的产品竞争。理顺产业和行业企业与职业学校之间的技术转移关系，是职业教育强调产教融合、校企合作的第一步。在某些特定的时间压力下，我国职教教师政策决策主体会主动理顺“中职校—企业—行业”三者的关系。三者代表着不同的利益群体，三方利益格局松动的缝隙无法在某一国的政策内部自发产生，政策反而受到外界因素的影响。特别是十八大以来，我国社会进入了三元结构，即由主导市场经济的产业、提供服务的政府以及由众多企业组成的行业协会构成了我国的三元社会。习近平总书记在党的十九大报告中提出，“完善政府、工会、企业共同参与的协商协调机制，构建和谐劳动关系”，“完善职业教育和培训体系，深化产教融合，校企合作”。行业协会是协调企业与政府关系的枢纽，我国行业协会如何协调跨国公司与政府的关系，无疑将面临挑战。

产业是经济类别，是介于宏观经济和微观经济之间的中观经济。宏观经济是国民经济总量，诸如国民生产总值和国内生产总值，而微观经济则指企业和家庭等个体经济行为。产业在宏观上受国内外政治、市场供需变化和自然环境等的影响。主导产业选择的因素有政治因素，但更多取决于市场因素、科技水平和劳动力情况。科学技术的创新和应用成为产业发展的约束力。产业发展动因在于生产要素数量的增加和生产效率的提高。其中生产效率提高与职业教育教师政策的关联度较高。因为劳动力素质、劳动工具革新和科学技术创新不仅与教育部门有直接联系，而且与科技部门有直接联系。而技术创新、供求关系及社会心理，也是产业发展周期的影响因素。产业发展一般经历四个时期：形成期、成长期、成熟期和衰退期。不同的产业发展时期，对政策的依赖程度有所不同。

产业的形成期：新兴产业的形成期，即幼小期，需要政策保护。随着新技术、新发明的试生产，产业的生产规模小，开机浪费成本高，技术不成熟并需要测试，产品还没有形成产、供、销的完整体系，这一阶段需要政策给予扶持。提倡产教融合，政策的着眼点是在政策体制机制的创新、科技部政策与教育部政策的协同上，从而产生政策合力。

产业的成长期：改革开放四十年来，许多跨国企业通过授权和认证，在中国实行本地化经营战略，获得了源源不断的中国劳动技术人力资源。例如，中国汽车产业与日本汽车产业相比，可能日产汽车更受消费者青睐，而日本车企4S店依赖中国本土中职毕业生为其车企服务。丰田汽车授权四级工、五级工证书颁发资格给上海某一中职学校。在“双师”、“双证”政策引导下，中职教师同样也被要求考出职业资格证书，而拥有国外职业资格证书也是“双师”的体现。教师考出丰田四级工证书，才有资格传授学生五级工技术，这相当于跨国企业借助我国职教教师政策培养了企业所需的技术劳动力。我国的“双师”职教教师政策在执行过程中出现这种问题，主要原因是我国教育政策和产业政策之间缺乏协同配合，造成外国车企对我国市场的大量占有，并在一定程度上对国产汽车企业造成了挤压。

产业的成熟期：指产业内部的产品进入量产阶段。此时，产品已经进入成熟的销售渠道，市场容量也已接近饱和，具有多方面竞争力的产品供给能够基本满足不同层次消费者的需求。在成熟期到来之前，我国汽车产业曾经实行过以市场换技术的政策，而通过合资、合作、消化吸收整车技术来提高国产汽车的竞争力则需要时间和过程，同时，来势凶猛又无法预测的国外汽车技术受到国内消费者的青睐，这种对国外汽车产品的消费者偏好造成中国国产汽车产业有可能等不到成熟期。因此，中职教师政策价值取向的着眼点应是引导教师群体关注国外核心技术，并在破解国外新技术的过程中促进教师群体的专业发展，同时培养拥有自主核心技术的中职毕业生服务于民族产业，从而更好地拓展国际国内两个市场。

产业的衰退期：产业衰退期的时长大概相当于形成期、成长期和成熟期的总时长。市场萎缩，产能过剩，供过于求。这时，一国政府必须出台对衰退期产业进行挽救的政策：一是对其进行核心技术改造升级，通过增加技术含量来刺激新的消费需求；二是进行产业转移。例如，随着全球产业结构调整，属于劳动密集型的服装产业，其重心已经转移到工资水平更低的发展中国家。一旦先进国家有能力进行产业升级，就会把陈旧技术转移到不发达国家。

行业协会是社会组织，是行业企业技术水平信息的来源，也是协调企业与政府关系的中间环节。行业，如机械行业、金融行业、餐饮行业、移动互联网行业，一般是按其提供的同类服务，或生产的同类产品，或相同的工艺过程划分的经济活动类别。行业的发展由低到高，从自然资源掠夺性开采到输出低技术人才，从输出自然资源到输出工业产品及具有知识产权或专利产权的高技术人才。根据我国行业划分，从 A 所代表的农林牧副渔到 T 所代表的国际组织，也解释了行业本身所处的发展阶段和在国民经济中的地位，以及经济全球化过程中，我国产业的国际分工和所处价值链中的位置。其中，政策人员和行业协会的分析影响行业发展的各种因素，或者预测行业的未来发展趋势，并为政府和各组织机构提供政策决策依据和投资依据。行业协会在行业发展的技术引领中发挥着中介作用。

企业是产业的具体部门，每一个企业是某一产业的具体部门。职业学校，尤其是公立职业学校或全国重点中等职业学校，代表了政府的利益。职业学校教师是公职人员，公职人员的利益不受企业利益的直接影响。这说明职业学校教师政策与产业政策可能存在扞格，造成教师精进技术、积累技能的动力不足。

二、德国手工业行业协会与政府的教师政策决策主体

德国社会尊重劳动生产规律，尊重技艺。德国被认为是职业教育最先进的国家，德国手工业行业协会（简称 HWK）的政策决策权受到德国政府的尊重。12 世纪以来，HWK 在职业教育教师认定方面发挥着政府无法取代的作用。德国手工业行业协会影响了政府的职教教师政策决策，而且有权举办职业教育。例如，根据德国金属行业

职业培训的规定(1987 年 1 月 15 日),下列经培训的职业资格获国家承认:工业机械师、工具机械师、切削机械师、结构机械师、设备机械师、汽车机械师。培训期限为三年半,就读按州法规定,实行学校职业基础教育年。根据职业教育法第二十九条第一款规定,可将该年算作职业培训第一年,培训生在第二培训年开始去企业参加培训,企业里的培训按照法规规定进行。职业学校在第一培训年中传授的是涉及整个行业的基础教育及职业培训的结构和目标。德国行业协会与州政府的职业教育政策是互相配合,而不是互相抵牾的,这就是德国职业教育在教师政策方面的双元制。此外,手工业行业协会也相应规定了职业教育教师的来源。

三、我国行业协会在职教教师政策中发挥的作用

行业分析是劳动力市场分析的一部分,它提供了各种职业需求,为确立职业教育目标提供基准。“行业分析要充分注意纵横向的变化因素。如:1. 职业技术人才的类型差。2. 企业的未来发展。在现代科技冲击下,产品周期偏短,开发新产品速度加快,行业和对从业人员的要求随之变化。故应超前地分析变化趋势,合理地包含由发展变化带来的新职业要求。3. 地区及企业自身特色。不同地区的经济基础、文化历史传统、教育状况不同,对从业人员的要求也不同。企业规模大小、产品品位批量的不同,对同类同级从业人员的要求也会不同。”①然而,这种行业分析是我国政府深度介入职业教育的一种设计手段,而不是来自体制外的行业企业自发生成的结果。只有在更广泛的范围内,由生产同类型产品或提供同类型服务的企业自发自愿地组成行业协会,才能够提供本行业的最新专业信息咨询服务,也才能具备协调各政府与各企业关系的能力。但现实的情况是,我国的行业协会由多头管理,包括民政部门登记、政府有关部门主管业务以及行业协会促进部门(社会服务局)管理。“这种制度安排首先是出于满足政府部门的管理需要和规避相关风险的需要而设置的,并不是以促进行业协会的发展为目标,不仅影响了体制内生成的行业协会向独立自主地位的转变,也影响了民间自发成立的行业协会的行政合法性的取得,因而造成了行业协会发展滞后,组织能力建设不完善,甚至阻碍行业发展等问题。”②从经济学的市场均衡概念出发,我国行业协会不能提供本行业发展的完全信息,难以使职业教育教师政策决策主动适应区域经

---

① 黄克孝. 职业和技术教育课程概论[M]. 上海:华东师范大学出版社,2001:31.

② 张冉. 行业协会能力建设[M]. 上海:上海交通大学出版社,2013:42.

济对技术劳动力素质提升的需求，难以应对产业升级的新趋势、新情况。国际区域经济的市场均衡要求我国产业内出现强大的行业协会，即使弱小的行业协会也有能力影响职教教师政策决策。在这种情况下，独立的行业协会作为第三部门在专业领域的能力需强大到具有全球影响力，才能引起各国政府对本国职业教育教师政策的调整。

政府提供的公共产品具有不排他性。教育也是公共部门，政府所提供的义务教育明显具有不排他性。那么，职业教育提供的教育产品是否具有纯公益性？企业的技术专利有助于本企业降低成本，增加利润，占有市场份额，以实现企业的生存权利。校企合作、产教融合的职教政策导向要求作为公共部门工作人员的教师去各企业实习，继而将在企业所学的技术技能作为公共产品转移给职校学生，但经常遭遇与企业合作困难的局面——企业不愿意合作。当教育部门无法提供社会公众所需的公共产品时，理论上需要有第三部门提供，而政府可以通过权力转移和政府购买功能的方式提供维持社会稳定与和谐的公共产品。在更大范围内，各种国际组织也影响各政府之间的合作，而各国行业协会参与行业标准制定的话语权要取决于其代表全球水平的专业能力。第三部门社会组织作为非政府组织具有非营利、公益的性质，其对政策决策所产生的影响，也呈现为不同的约束力。

我国职业教育怎样实现十九大报告所提出的“促进国际产能合作，形成面向全球的贸易、投融资、生产、服务网络，加快培育国际经济合作和竞争新优势”的目标，在于全球视野下我国职教教师政策价值取向的调整如何进行。可将基于生产、就业和技能的投入—产出潜力模型用于分析职教教师在技术技能传播方面存在的可能改进之处。

第九章　创新集群与我国职教教师政策决策趋势

在经济全球化背景下，技术劳动力市场不仅存在高技术，同时也存在着低技术。一般认为，高技术会带来高回报，低技术只能产生低回报。高、低技术的差别源于各国高等教育质量的不同。“二次世界大战以后，随着各国经济发展程度和生产力总体发展水平之间差异的明显加剧，世界各国参与国际分工的形式发生了很大的变化。发达资本主义国家凭借其自身较高的生产力水平和科学技术水平，在国际分工中主要从事那些污染轻、用料少、技术精的资本技术集约型产业，而把那些污染重、用料多、技术含量低的劳动密集型产业转移到欠发达国家。其重要原因就在于这些资本技术集约型产业所创造的国际价值量远远高于后者，使前者在与后者的国际贸易中能够获得更多的国际利润，这就刺激了新型国际分工和国际产业结构的形成。”①中国改革开放后，在国际贸易分工中，曾付出了大量的技术专利成本。因此，在下一个四十年的接续发展过程中，应该终止国外专利继续围剿国内企业的局面。随着人工智能时代的逐步来临，以大数据信息为基础资源的国际经济合作和竞争格局将发生深刻变化，这种高新技术格局要求决策主体在职教教师政策决策过程中掌握科学决策方法，提高决策水平，以及对高新技术发展趋势作出准确判断。精准锚定政策目标，才能增强我国技术劳动力的国际竞争力，才能使我国经济发展把握并利用国际国内两种市场、两种资源所带来的风险与机会。通过架构合理的职教教师政策，建立自主技术精进机制，使得职教教师政策最终能够体现中国社会主义新时代的价值观。

我国的基本国情决定了中等职业教育教师政策应该最接近行业、企业和生产一线的实际情况，应该直接面对加大技术转化、咨询应用、人才培育和商业孵化中的具体问

① 张永辉. 马克思国际价值理论视角下的中美贸易研究[D]. 苏州：苏州大学，2013：40.

题，从而扩大职教教师政策效益，打通产、学、研、用、金融的全链条，并通过良好的制度安排，力图在国际产业分工中以非密集型研发技术与高新技术实现较高的技术回报。本章主要阐述在我国经济中长期发展和转型过程中，美国、德国与我国的职教教师政策决策相互间可能存在的影响及我国职教教师政策决策趋势。

第一节　美国职教教师政策决策管窥

一、政企关系对美国职教教师政策决策的影响

美国学者约翰·斯坦纳(J. F. Steiner)提出全球视野理论来解释美国企业、政府与社会关系发展的全球布局。理解美国企业、政府与社会组织之间的关系是美国职教教师政策决策主体所依据的参考因素。在美国，企业、政府和社会组织之间的关系可以用利益相关者模式来解释，美国各州职教教师政策受制于美国经济的总体政策。虽然美国职教教师政策出自联邦政府及各州政府，但是，这类政策与企业的生存动向关系密切。企业是利益集团的代表之一，美国总统的选举产生是政府受制于利益集团的典型例子。而类似于美国劳工联合会—产业工会联合会(简称“劳联—产联”)这样的社会组织，与跨国公司一样，都在争取对美国政策的影响力。例如，“跨国公司美国科氏工业集团多年来巨款捐助智库、政治团体和高校，主要是为了使自己反政府、反税收和反气候变化的政策能让社会普遍接受，进而保护和扩展他们的企业和个人财富”。①过去的一百多年，在美国资本主义发展过程中，强势的美国企业就是采取这样的方式俘获政府或与政府合谋，从而不断增加本企业的私利。

在全球化背景下，人们对于跨国公司竭泽而渔般地攫取他国资源的行为感到忧虑。美国的许多跨国企业在境外的销售额、资产与员工数量都大于母国，跨国公司为自己创造财富的同时，也损害了公司所驻在国的多样性价值观存在的合理性。“每个政府都会发现，其经济政策与社会福利的好坏是由国际市场来判断的。”②来势凶猛且不可预测的技术变化不断打破各国政府在国内建立起来的就业平衡与原有生态平衡。“政府主要通过管制来促使企业行使其社会责任，(美国)政府支持企业社会责任的动

① 寿水. 美国政坛背后的“金手”[J]. 环球，2017(25)：78.

② [美]约翰·斯坦纳，[美]乔治·斯坦纳. 企业、政府与社会[M]. 诸大建，许艳芳，吴怡，等，译. 北京：人民邮电出版社，2015：译者序.

机之一在于提升企业在全球的竞争力。”[①]美国政府首要的任务是保护本国的就业率，为此，一方面美国加强职业教育教师水平，也即加强社区学院教师水平，以提高本国技术劳动力人口在全球的竞争力；另一方面美国企业通过创新产业集群来提升劳动力人口的技术水平，诸如硅谷工厂和加州葡萄酒产业集群。对于职业教育教师而言，美国各州政府在职业教育教师政策方面，不仅重视促使拥有学位学历的本科毕业生获取教师资格证，也更加重视开辟其他通道，使有多年现场工作经验的技术技能人才获得职业教育教师资格证书。

“早在1917年，美国《史密斯—休斯法案》第二条规定，联邦政府要与各州合作，提供农业、工业、商业和家政等方面科目的教师训练，并对职业教育教师训练机构提供补助。其中第五条规定，职业教育教师训练技术在州职业教育委员会队伍督促下实施，职业学校（科目）的教师、督学和校长应当达到州职业教育委员会所规定的最低要求。”[②]1963年，詹姆斯·柯纳（James Koerner）曾提出给予地方委员会在雇佣教师以及颁发教师资格证书方面完全的自由。1985年，“新泽西州率先在美国实行选择性教师认证，经过近30年的实践，新泽西州选择性教师认证不仅得到了公众的认可与法律的支持，而且其实施成效显著”。[③] 该职教教师资格认证办法，尊重工作经验，开辟了一条将企业现场的技术技能带入学校进行传播的渠道。1987年，美国成立全美教师资格审定委员会；1999年召开全美教师质量大学校长高峰会议，在此会议上发布《美国教育部2002—2007年战略计划》，提出以下改革策略：“支持从军人到教师和转到教学行业一类的项目，通过为人们提供从其他渠道获取教师资格证书的途径，鼓励创新性的教师补偿和问责制度。”[④]这些职业教育教师资格证的案例，皆说明从工作现场获得的知识增量与从书本获得的知识同样重要。

二、利益集团对美国职教教师政策决策的影响

美国企业家认为，企业实现可持续发展的管理秘诀是价值共享，企业管理不但要将视野从股东扩展至员工、消费者、供应链等直接利益相关者，并且有必要扩展到政府

---

① [美]约翰·斯坦纳，[美]乔治·斯坦纳. 企业、政府与社会[M]. 诸大建，许艳芳，吴怡，等，译. 北京：人民邮电出版社，2015：127.

② 吴遵民. 教育政策国际比较[M]. 上海：上海教育出版社，2009：35.

③ 黄文平，孙翠香. 美国选择性职教教师认证：条件及程序——以美国新泽西州为例[J]. 职教论坛，2015(4)：85—90.

④ 吴遵民. 教育政策国际比较[M]. 上海：上海教育出版社，2009：52.

和当地社区这类第二层的利益相关者。

美国总统特朗普提出"让制造业重返美国"，并不是让低端制造业重返美国，而是要为高端制造业建设良好的基础。例如，为交通、电力行业提供更新的工人技术技能、巨大的市场空间以及诱人的政府投资鼓励政策和服务。再如，鼓励发展以信息技术为资源的智能制造汽车零部件业、造船业、造核潜艇业和航空制造业。这些制造业所需要的工人不但要具有大学文凭，而且要具有高级技术技能，从而把危险、污染、机械重复的低端工作转移给工业机器人或转移到劳动力成本低的国家或地区。互联网数据作为资源进入工业生产领域后，利益相关者之间的信息更加透明了。企业依靠不断更新的技术获得利益还是不足以支撑其基业长青，要通过利益集团影响美国职教教师政策决策，"利益集团通过集会、国会听证会、发布报告和信息等渠道来获得接近政策决策主体的途径，他们都试图利用多种渠道来影响政策选择"。[①] 这些利益集团包括老牌的商业集团、农业集团和劳工集团等。劳工集团的主要代表是劳联—产联，代表工人的利益，在全美有接近100个工会，拥有数千万代表。冷战期间劳工集团与美国政府论调一致，不仅敌视共产主义，也敌视苏联，而且在国际劳工权益保护问题上宣扬人权并指责中国。劳工集团在政治上拥有较强的政治影响力，例如，2004年支持民主党候选人约翰·克里竞选总统。然而在经济全球化之后，它的兴趣从长期自由贸易主义转移到保护主义立场。在劳联—产联的影响下，相当一部分美国人认为，制造业的迁移是由于中国及其他发展中国家工人的低工资造成的。虽然在奥巴马总统执政甚至更早时，各州政府就已经拿出政策，挽留制造业岗位并阻止其转移至成本更低的国家。例如，2003年，在密歇根州中人口达800万的小城市格林维尔，其中有300万人在这座城市最大的雇主伊莱克斯旗下的一个冰箱厂上班。在这家冰箱厂即将迁往工资水平更低的墨西哥华瑞滋市(每小时1.57美元人工成本)[②]的消息传出后，当地州长、市长、社区学院的院长和全美汽车联合会联合给出了最优惠的政策进行挽留，然而，冰箱厂最终还是迁往了墨西哥。类似劳联—产联这样的利益集团，在企业迁移的事件上与政府是利益共同体。另外，他们也游说政府利用社区学院给予失业人员或有职业转型想法的人提供免费培训。在全球化背景下，美国为创造更良好的就业环境所采取的措施

---

① 周琪.美国外交决策过程[M].北京：中国社会科学出版社，2011：266.

② 作者注：*Technology Review* 杂志2012年2月号的主题是"美国制造业振兴"，其中数据显示，2010年，美国制造业工人的工资水平为22.3美元/小时，而中国制造业工人的工资水平为2美元/小时，约是美国的9%。

就是针对教育方面的“争创一流”计划，政府先后投入了43.5亿美元，有48个州参与这项旨在促进学生成绩提高、从根本上提高中学生素质的计划。各州政府负责社区教育学院教师的免费培养、培训和聘用。美国政府能够采取有利于职业教育教师队伍的倾斜政策也源于美国社会、企业与政府之间存在着利益相关性。

三、基于网络的美国创新政策生态系统与职教教师政策潜在主体

每年，全球的银行家、商界精英、政府高官和其他思想界精英都聚集在瑞士达沃斯小镇召开会议。2008年金融危机发生后不久，来自各国的精英们聚集在达沃斯，一方面庆祝自由金融市场的全球化；另一方面，由于政府规模的缩减，他们难以解开市场失灵的困惑，最终他们达成的共识之一是：“成功是伟大的男人和女人的成果，而失败则归咎于体制。”[①]这促使精英们思考体制失败的原因是什么，体制创新呼之欲出。国际经济合作与发展组织(简称OECD)所定义的国家创新体系是指政府公共部门与私人部门之间的组织结构网络，这些介于政府和企业之间的部门活动和相互作用能够决定一个国家扩散知识和传播技术的能力，并影响着该国的创新绩效。“企业、政府、教育家和工人之间需要建立一种新的关系，形成一个21世纪的创新生态系统。”[②]这个系统的组成部分之一是科学和人才，包括发明家、创新改革家、企业家和熟练的劳动力，这就是美国职业教育双元制的社会背景。富豪精英阶层的教育与普通大众的职业教育迥然不同。对于实体经济而言，劳动力技术水平的提高需要社区学院教师教学水平的提升，而这样的提升来自于州政府对职教教师的不间断培训。信息技术的广泛应用，给美国经济模式带来新的变化和创新服务，与此同时，那些来自印度与中国的信息技术人员在互联网和物联网方面取得的成就给美国带来了一定程度的挑战。2017年12月，特朗普政府废除了“网络中立”规定，为此遭到82%美国人的反对。[③] 因为这项政府规则的废除，意味着移动上网不再是公共事业，而且政府要对私人移动上网进行收费。美国联邦通信委员会(政府部门)2015年通过“网络中立”规定时，曾被视为奥巴马时代的一项里程碑式的举措。“网络中立”规定曾经为以面向乡村消费者为主的小型网络提供商的创新创业提供了来自政府的政策支撑。但是私人移动上网收费是

---

① [加]琳达·麦奎格，[加]尼尔·布鲁克斯. 顶层社会：被超级富豪操控的世界[M]. 倪云松，译. 北京：东方出版社，2016：5.

② 赵中建，王志强. 欧洲国家创新政策热点问题研究[M]. 上海：华东师范大学出版社，2013：153.

③ 特朗普推翻“网络中立”规定[N]. 新民晚报，2017-12-15.

网络服务提供商尤其是大公司的胜利，是大公司与政府在互联网收费方面的合谋，不利于政府打击违背消费者利益的互联网提供商，也不利于所有使用互联网和物联网的其他国家和小企业的创新。

在此之前，美国哈佛商学院迈克尔·波特(Michael E. Porter)教授提出了产业集群概念：某国之所以能够在某个产业实现全球优势，是因为该国形成了产业集群，即国家竞争优势。国家竞争优势的取得是综合因素作用的结果，包括"对消费者需求的精确把握，一批受过教育的熟练工人，产业内的竞争压力和一群相互联系、相互支持的供应商"。[①] 受过教育的熟练工人来自于社区学院。可以把社区学院视为集群内非营利组织的专业技术中介服务机构，类似的专业服务部门负责提供信息、教育培训和研发产品。以俄亥俄州的职业教育为例，非营利组织 BioEnterprise 组织该州克利夫兰市凯霍加社区学院为产业集群提供所需要的课程，包括计算机控制、医疗设备操作等。在俄亥俄州，产业集群所需要的技术工人全部由社区学院培养。

美国职教教师水平的提高不仅得益于州政府提供的教师培训，而且也得到来自工作现场的技术技能人才对社区教师技术操作的补充指导。这样，企业技术技能人员到社区学院参与教学和培训，企业管理者和现场技术工人保持对技术技能的不断更新以提高产品的全球竞争力。如此就达成了三方力量共同作用于技术技能积累和产品不断创新的良性格局。

第二节　德国职业教育对我国职教教师政策的影响

从中国第一所职业学校建立至今，中国的职业教育教师政策经历了多次政权更迭。同时，这一百多年间，德国也相继经历了第一次世界大战、魏玛共和国、纳粹统治、第二次世界大战以及东德西德分而治之等历史阶段。即便如此，动荡中的德国职业教育仍然对我国职教教师政策产生了某些影响。德国职教教师政策决策主体双元，奉行的是"社会市场经济"体制。手工业行业协会解决了行业间的恶性竞争，同时也促进了企业对技术技能的积累、研发，以及通过企业的师傅资格机制完整地实现技术技能的代际转移。德国职业教育的及时立法，保障了职业教育教师水平的提高，为德国培养

① [美]约翰·斯坦纳，[美]乔治·斯坦纳. 企业、政府与社会[M]. 诸大建，许艳芳，吴怡，等，译. 北京：人民邮电出版社，2015：352.

了高素质的技术工人，使德国制造成为享誉全球的名片。

一、德国职业教育政策决策主体双元

德国拥有上百年连续不断的双元制职业教育模式。19 世纪末 20 世纪初，政府通过手工业行业协会立法，初步奠定了职业教育的框架，手工业行业协会进修学校逐步发展为职业学校。德国于 1953 年颁布《职业教育草案》，1969 年颁布《职业教育法》，1981 年颁布《职业教育促进法》等，一系列的立法确保了校企合作、工学结合落到实处。2005 年 4 月，德国又颁布实施了新的《职业教育法》，这属于联邦政府颁布的基本法，规定国家举办的职业学校与私人企业合作开展职业教育，将大学培养的职业教育教师资格与企业师傅教学资格协调管理。德国巴伐利亚州职业教育法第四十六条关于师傅考试的目的中规定："师傅考试必须在本法律条款附件甲中所列的企业中进行。通过师傅考试应当确认，被考人是否有能力独立经营一个手工业企业并且规范地培养学徒；被考人尤其应当注意体现在自己的手工业行业内是否能出色地完成经常性的工作；是否具备必要的专业知识，以及必要的企业经济知识、商业知识、法律知识和职业教育知识。"①从职教教师政策的角度来看，通过德国联邦考试，再向各州政府申请获得教师资格证书的教师为一元，而通过企业师傅资格考试的企业教师为另一元，这是教师来源的两个方向，从中我们可以看出德国职教教师政策决策主体的双元。

通过观察德国职业教育立法，我们发现德国职业教育政策决策主体双元，不但联邦政府立法，各州享有文化自主权，也可以立法，这些法律法规都属于政府的职教教师政策，其中《职业教育法》是基本法。企业教师获得的师傅资格是根据州手工业行业协会法律获得。此外，德国《职业教育法》"由联邦教育与研究部协调联邦经济与劳动部共同制定并经联邦议会批准后实施"。② 1989 年两德统一后，原东德的职业教育教师必须通过一系列的考试，才能取得与原西德职业教育教师同样的资格。手工业行业协会作为代表产业经济水平的专业社会组织，也对职业教育水平的提高起到了不可或缺的作用。职业教育注重的是现场解决工作问题的技术技能积累问题，企业师傅的这种技术技能被法律所保护，也即企业人员经考试认定后，具有师傅带徒弟的合法资格。

德国职业教育与产业界所形成的互相补充的双元制是德国职业教育就业导向成

---

① 德国及巴伐利亚州职业教育法规选编[M]. 职业技术教育中心研究所，杭州大学德汉翻译和信息中心，译. 杭州：杭州大学出版社，1992：60.

② 姜大源. 当代世界职业教育发展趋势研究[M]. 北京：电子工业出版社，2012：303.

功的主要原因。谈起德国的职业学校，我们不能忽视的是德国的公司结构为职业教育发展提供了稳定的就业环境。公司中既有企业精英也有普通工人，企业精英在经营活动中无法忽视德国工人的影响力。“德国的收入不平等在工业国家中属于最低水平”[①]，其原因不仅在于企业精英肯让利于企业工人，也不仅是因为德国工人所拥有的技术是重要的谈判砝码，更重要的是因为基于劳工法，“德国工人比世界其他地方的工人对其工作场所乃至整个企业发生的一切往往具有更大的影响。这些劳动法适用于任何在德国经营的企业，无论该企业属于德国、美国、日本还是俄罗斯”。[②] 德国的“劳资协同经营法案”是劳资共决的基础。企业师傅有了法律的支撑，就有了在工作场所实现精进技术、持续积累的稳定环境。行业协会所授予的“企业师傅资格”则可以保障职业教育学徒能学到最先进的技术、最灵巧的技能。

不考虑德国劳动力市场的运作机制，就无法理解德国职业教育政策决策主体的双元。企业为年轻人提供学徒位置，企业师傅为学徒提供现场指导，这种用工制度实现了二战之后德国的快速重建。尽管在德国只有少数精英能够接受高等教育，然而，教育上的不平等并没有造成社会流动停止；相反，优秀的学徒最终也可以走上高级管理者的位置。一个具有代表性的人物就是1995—2005年担任奔驰集团总裁的约尔根·施伦普。施伦普就是在奔驰集团内部从做机械工程学徒开始，逐步成长为企业管理精英的。职业教育政策决策主体多元化是劳动力市场机制作用的结果。随着全球化的加速，企业能够提供学习位置的数量越来越少，也逐渐出现了一些不受用工合同保护的“小工”。这种劳动力市场“二元化”的加剧，将随着移民数量的增加给德国社会带来不稳定因素。

二、德国行业协会对我国职教教师政策决策的影响

德国职业教育成功的原因之一，是具有独特的职业教育体系建构方法。“通过专业机构的建立来发展和传播这种现代职业教育与培训模式，例如，德国技术教育委员会(DATSCH)、职业教育工作组(AFB)以及德国技术就业研究所(DINTA)，它们的继

① [美]哈罗德·R·克博. 社会分层与不平等：历史、比较、全球视角下的阶级冲突[M]. 蒋超，等，译. 上海：上海人民出版社，2012：583.

② [美]哈罗德·R·克博. 社会分层与不平等：历史、比较、全球视角下的阶级冲突[M]. 蒋超，等，译. 上海：上海人民出版社，2012：583.

任机构在某些情况下一直延续到今天。”[①]除这些机构以外，德国手工业行业协会在职业教育教师方面也承担了技术精进的教学功能。

德国行业协会对职业教育的影响巨大，并且可以依据法律来建立职业教育委员会。根据德国《职业教育法》第四十三条关于职业教育委员会建立的规定，“手工业行业协会建立一个职业教育委员会，委员会中包括六名独立经营的手工业者、六名雇员和六名职业学校的教员。教员有顾问性投票权”。[②] 独立于德国教育部，手工业行业协会和工会拥有强大的力量，不但提供培养企业所需要教师的机制，而且行业协会维护学徒在企业内部晋升的机制，并将企业所需要的管理者从学徒开始培养。此外，“德国行业组织在结构上与其他大多数国家的同行业组织有很大不同，德国行业组织承担了更加广泛的责任，存在于每一个行业，它们特别负责社会关系与工会之间对劳工合同的协商，专门负责企业内部合作的组织来解决更加技术层面的问题”。[③] 德国手工业行业协会对就业所发挥的作用是我国行业协会所无法比拟的。

我国行业协会的发展正处在十字路口，目前还不能发挥类似德国手工业行业协会那样的巨大作用。但是，通过其信息功能、联络功能，可以作为专业的非营利组织在创新集群中发挥作用，同时行业协会可以吸收职业院校的教师作为会员，在创新集群中发挥沟通和引导教育培训的作用。再或者，作为第三方来引介职业院校教师到企业跟岗实践。目前，企业的市场竞争需求使得职业学校与企业之间的合作难以展开。例如，跨国公司在中国占据着大份额的市场，但职业学校与跨国公司缺乏合作的基础，产教融合也在一定程度上难以展开。在政府与市场关系难以协调的状况下，则需要第三方的社会组织来调节。如果我国没有自己强大的行业协会组织，那么代表着跨国企业利益的国际组织进驻中国的动机就会非常强烈。“改革开放以来，虽然单位制、人民公社制度的安排逐步改变，社会的自主性不断萌生，各种社会组织不断发育。但是国家直接调节社会利益关系以促成结果公正的制度安排仍未得到根本性变化。随着我国社会结构的不断分化和利益结构的复杂化，单纯依靠国

① ［英］琳达·克拉克，［英］克里斯托弗·温奇. 职业教育：国际策略、发展与制度［M］. 翟海魂，译. 北京：外语教学与研究出版社，2011：59.

② 德国及巴伐利亚州职业教育法规选编［M］. 职业技术教育中心研究所，杭州大学德汉翻译和信息中心，译. 杭州：杭州大学出版社，1992：58.

③ ［法］纪尧姆·杜瓦尔. 德国模式为什么看起来更成功［M］. 杨凌艺，译. 北京：人民邮电出版社，2016：23.

家的力量来调节社会关系以促成公正的做法不仅成本巨大，而且还在客观上造成许多社会矛盾被直接引导到国家身上。”[①]因此，我国行业协会还处在有待加强的建设期。

中国改革开放后，跨国企业带着技术来到中国，聘用中国工人。中国工人附属于跨国企业的技术和机器，一旦离开这些先进的技术和机器，便不再有制造高新产品的机会。跨国企业依靠先进技术所生产的产品打开中国市场，虽然客观上也可能把中国工人培养成具备培训学徒能力的师傅，但这种技术很难进入职业教育学校。中国国企里的师傅，只是培养已经进入体制的新工人，对于职业学校里的学生，则不具有承担师傅带徒弟的义务。我国职教教师政策决策的难点就在于学校与企业的合作困难。中国工会组织的作用，也并没有在跨国企业中显现出来。

三、德国创新政策与我国职教教师政策潜在主体

德国在对全国所有的经济部门进行分类的基础上，确定了17个高技术部门，这体现在德国“2006—2009年高技术发展战略”中。在德国职业教育中发挥了最有效作用的学徒制，面对信息技术和互联网的迅猛发展也需要进行现代学徒制的进化。手工业行业协会框架下的现代学徒制已经敏锐地注意到政府的新动向，德国联邦政府对知识和研发的投资“大部分集中在只为一小部分德国工作人口提供的产业”上，[②]这小部分人口将集中研发技术密集型产业，例如，航空航天制造业、数据处理产业、电子和光学设备制造业以及知识密集型服务产业。德国工业4.0的一个核心、两个重点和三大集成就是倾向于对高新技术投资，因为从事高新技术工作的人口数量少，所需要的社会福利总量对政府有利。

人工智能(AI)不但给德国带来影响，而且也将对我国职业教育产生潜在影响。不远的将来，AI将有可能全程控制工业化生产车间“神经末梢”的设计，计算机决策支持系统(DSS)在对决策进行分析时，已经能预测出将要出现的政策问题，因而机器人可能被用来替我们做出某些政策决策。计算机决策是基于相关因素做出决策，而人类目前习惯于因果决策，因果关系最集中体现于管理技术中。图9-1解释了人类依据因

---

① 黄晓春，张东苏. 十字路口的中国社会组织：政策选择与发展路径[M]. 上海：上海人民出版社，2015：130.

② [德]奥利弗·索姆，[德]伊娃·柯娜尔. 德国制造业创新之谜[M]. 工业4.0研究院，译. 北京：人民邮电出版社，2016：238.

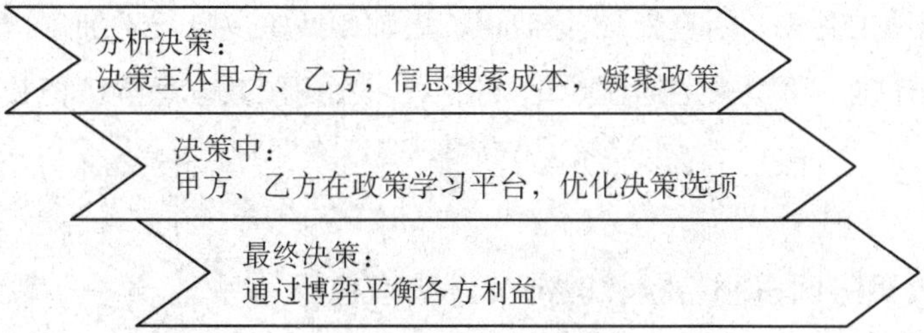

图 9-1　依据因果关系进行决策

果关系进行决策的原则。

德国制造的优势不但来自于高技术——智能制造产业，同时也来自于管理技术以及非技术创新的非研发密集型产业的组织结构的变革，例如，手工业行业协会规定具有师傅资格的教师对学徒在工作现场操作进行规范和指导。2005 年，OECD 在《奥斯陆手册：创新数据的采集和解释指南(第 3 版)》中，重新对创新做了分类，在原有技术取向创新和流程创新的基础上又引入了营销创新和组织创新。[①] 由此人们对创新的定义发生了改变，创新不再是大学、实验室、政府研究机构、企业研发中心等部门的“专有权利”；随着互联网的兴起与信息通信技术的发展，只要拥有新的观念和技术，任何人可以在任何地方从事创新，甚至在自己家里，而这也被称为“创新 2.0 模式”。在这种趋势下，“创新的资源和过程得到了重新配置，创新与各种政策领域之间的边界也被重塑”。[②] 仔细分析，这就是所谓的欧洲第三代创新政策，政府的角色是要重新组合全球的信息资源，通过“创新 2.0 模式”和早已形成的信息通信技术(ICT)产业的设备技术，从本土企业之外“快速攫取全球科技发展的成果与机会”。[③] 中国不同区域将信息通信技术融入传统产业的深度、广度不同，导致我国区域之间融合型信息经济发展水平的差异。中国目前正在寻找能在崛起的信息经济中促进并平衡区域创新发展的政策工具。

德国工业 4.0 的创新政策，对曾经具有优势的学徒制提出了新的挑战。我国职教教师政策能否在中国智能制造中演化出现代学徒制，进而实现中国创造，这需要我们在职教教师政策的预决策阶段做足功课。中国制造相关规划的提出，在一定程

① 经济合作与发展组织，欧盟统计署. 奥斯陆手册：创新数据的采集和解释指南(第 3 版)[M]. 高昌林，译. 北京：科学技术文献出版社.

② 赵中建，王志强. 欧洲国家创新政策热点问题研究[M]. 上海：华东师范大学出版社，2013：15.

③ 赵中建，王志强. 欧洲国家创新政策热点问题研究[M]. 上海：华东师范大学出版社，2013：16.

度上对接德国工业 4.0 的趋势，也给我国职教教师政策决策层增加了应对潜在决策主体的技术难度。将决策主体显性化，将有利于我国职教教师队伍把技术传播给本国学生。

第三节　政策协调机制与职教教师政策决策趋势

一、国家创新政策与职教教师政策协同的现实趋势

技术人力资本对我国未来经济发展将起到至关重要的作用，进入 21 世纪以来，在改进职业教育质量方面，国家陆续出台旨在提高职业教育教师水平的教师培养培训政策。为了缩小区域经济发展不平衡带来的收入差距，国家实施了一系列减贫扶贫政策。协同教育部、财政部，国家发改委也对中等职业教育学生实施学费直补到个人的补助政策。然而，“社会政策和经济政策既可以实现互补，也可能发生冲突，应该预先认识和考虑这些协同作用或相互摩擦，其目标是让社会项目最大限度地发挥对经济的积极影响”。[①] 在经济发展方面，国家提倡产教融合的创新集群政策，科技部与教育部关于职业教育教师政策还需要进行组织创新、体制机制创新，以发挥协同创新作用。

OECD 国家在 20 世纪 90 年代提出创新集群的框架。创新集群概念最初由美籍奥地利经济学家熊彼特(J. A. Schumpeter)在 1912 年提出，熊彼特认为技术创新及其扩散促使具有产业关联性的各部门的众多企业形成集群。后来哈佛大学商学院著名教授波特对这一概念进一步阐发，主要目的是将产业集群提升为创新集群，集合政府、大学、企业以及一些研究机构来共同开发创新。早在 1909 年，德国经济学家韦伯(M. Weber)就认为，集群中的聚集性体现了科技与经济在产业层次中的高度融合。经验表明，当经济发展到一定阶段，人力资源和物产资源需要经过重组、整合才能产生新的经济动能。20 世纪 90 年代前后至 21 世纪初年，美国、德国分别建立了自己的产业集群。目前，全球产业集群的价值分工已经初步形成。进入 21 世纪，自主创新也已成为我国创新集群发展、改变价值链地位的首要手段。OECD 联合我国科技部对国内的创新政策进行了系统的研究，他们发现了一些问题并提出解决问题的方案，但当时所提出的解决方案并不能代表中国全体社会阶层的利益。中国作为发展中国家，国情复

---

① 林重庚，[美]迈克尔·斯宾塞. 中国经济中长期发展和转型：国际视角的思考与建设[M]. 余江，等，译. 北京：中信出版社，2011：76.

杂，区域基础资源不同，经济发展不平衡，我国政府已经为全体劳动者（包括在华跨国企业员工和农民工）提供了兜底性的社会保障。OECD框架下的创新集群功能会随着时间和产业结构发生转移，而劳动力人口的养老、医疗等社会问题将留给中国政府独自解决。OECD国家的政府换届将带来政策变化；OECD国家的大学如常春藤盟校，经常得到跨国公司的企业精英的资助，其创新理念在某些程度上并不独立于跨国企业。而中国的优质大学是公立大学，依靠的是整个国家的纳税人之力。中国顶尖大学的本科生人才属于国家培养，而不是私人培养；职教教师政策在我国主要作用于公立大学毕业生。进入21世纪后，国内外的创新研究将创新主体集中在政府、大学和大学外的研究机构，这属于国家创新系统范式。没有创新能力的教师，则培养不出有创新能力的人才。对于符合中国国情的政策研究还有待于进一步深入，譬如与技术转移机构及专业集群相关的职教教师政策还没有进入国家创新政策体系。

我国的创新集群建设活动目前也正在开展中。2011年7月，我国科技部发布《创新型产业集群建设工程实施方案》，并批复了31个省市的41个产业集群入围科技部火炬高技术产业开发中心的“创新型产业集群试点（培育）”。2014年9月，在瑞士日内瓦夏季达沃斯世界经济论坛上，李克强总理明确提出我国的创新特色是“大众创业，万众创新”。然而，因为国情与经济发展的程度不同，我国创新集群的产生不同于美国和德国创新集群的形成路径。我国创新集群能否实现政府的政策设计，需要考虑如何保护我国产业的最大利益和我国劳动力资源的长远利益。创新集群有益于引导传统产业的技术升级改造，引导低技术向高技术升级；产业集群内的中小企业，更需要与拥有自主创新能力的龙头企业集聚。以苏州高新技术产业开发区为例，它是我国首批向亚太经济合作组织（简称APEC）成员国开放的园区，一些联合办学的国际学校入驻园区，伴随这些国际学校一同入驻园区的是其母国的教育理念。理念的差异将隔绝中国技术人员与外籍人员，形成“二元制”的技术人才市场，此“二元制”的直接后果是高新技术随外籍人士迁移，而难以留在中国本土。

21世纪初，中国高技术产品的出口仍然主要靠外资企业生产。“无线电和通信设备出口，中国高技术产品出口主要来自于外资企业，过去十年中外商独资企业在中国高技术产品出口的份额显著增加，而合资企业，特别是国有企业则出现了显著下降。”①2017年，党的十九大报告指出，中国开放的大门不会关闭，只会越开越大。这个

① OECD中国创新政策研究报告[M].薛澜，柳卸林，穆荣平，等，译.北京：科学出版社，2011：8.

政策信号表明，跨国公司在华的包括信息技术、电子设备、生物技术和药物、化工、汽车等领域的创新研发在未来仍然具有良好的环境。产业集群发展中的最大问题是集群创新能力不足，原因是跨国企业本身也处在一个更高端的集群中。跨国公司将非核心技术外包给中国企业，利用我国知识技术洼地，吸引某些企业接受其生产合同；与此同时，跨国公司的知识与技能得以在我国产业集群内传播和溢出、扩散。当这些技术技能被我国企业消化吸收后，就会出现一个真空期。这个时间戳应该被我国职教教师政策及时捕捉，如果这个真空期没有我国本土的集群创新能力补充进去，我国产业集群就会随着跨国公司的市场转移而出现被动局面。未来十年，全球范围内高技能人才的缺乏将一年比一年明显，争夺技术劳动力创新能力将成为全球各国关注的问题。

近几年德国创新的特点是依靠低技术、非研发创新来塑造传统企业的持续竞争力，这需要依托工业行业协会的强大作用。著名的弗劳恩霍夫协会为德国制造业输送了大量的制造业技术与知识，提升了德国制造业在国际市场上的竞争力。我国的职教教师政策也应该与国家创新政策相协同，鼓励职教教师在对已有国外技术的传播与扩散、消化与吸收的基础上，及时进行自主创新，实现人人自主技术精进，用这样的手段强化集群的创新能力，推进产业集群健康升级。

二、众多价值标准与职教教师政策创新

进入 21 世纪后，世界各国为应对经济全球化带来的经济、社会和环境方面的挑战，纷纷出台创新政策，以应对来势凶猛的技术迭代、人口老龄化和全球环境污染问题，同时也为了应对因价值标准多元而产生的政策选择困境。我国政府处在政策供给侧，如何提供公共政策以回应政策需求方的诉求，摆在我国政策决策主体面前的首要问题是要考虑我国中西部发展存在的差异，以及区域经济特征明显的不同。如果需要在原有 OECD 框架下，保持原有发展方式不变，则需要将劳动密集型产业向中国西部转移，对东部地区进行产业升级，并且在跨国公司外迁之前，快速更新我国劳动力的知识与技能结构，帮助本国经济保持可持续发展的动力。

改革开放四十年来，来自国外的各类跨国公司在我国沿海开放城市得到了发展，也带动了我国经济的发展。但同时，这些跨国公司也提出了涉及我国政策方面的问题：中国培养的工程师令他们不放心。OECD 对中国创新政策的研究发现，中国本土培养的工程师素质并不高，而这些工程师大多来自全国范围的本科大学和高等职业技术学院。造成这类问题的原因或许是我国职教教师政策决策还没有找到某些政策工

具来支持职教教师队伍首先在企业里获得足够的训练和操作经验。中国的创新体系由科技人员组成，拥有技术技能或接受过职业培训的人员也应该是创新系统的组成部分。在市场导向型的创新体系中，企业应该是创新体系的主角。如前文所述，我国的七大战略行业和一些基础性、支柱性的产业由国有企业控制。这些行业企业的技术应该首选自主创新。在对外开放进一步加大的宏观背景下，跨国企业在华的技术研发与国有企业的技术创新形成了竞争。例如，在我国技术人力资源的有效利用方面，我国国有企业的高铁技术已经实现出口，截至 2017 年，中国北车牵引电传动系统和网络控制系统由最初的引进转而实现了完全自主生产。正如某企业董事长所说，智能装备宁可慢也要实现自主创新。

创新集群的技术溢出应该被职教教师政策决策主体敏锐地捕捉到。高新技术来自工作现场，自主创新、技术创新是经济增长和扩大就业的法宝之一。如本书第六章所述，技术发明和科学发现发生在不同的场域，技术发明出自工作现场，而科学发现出自大学的国家实验室。技术发明和科学发现中的 S 线代表的是两者相互转化所需要的兼具技术技能和学历学位的少数群体，这就是职教教师队伍。职教教师群体不是工程师队伍，他们懂得技术教学的传授方法，应该是创新主体之一，而创新主体也可能成为政策的未来主体。

职教教师政策的“人人自主技术精进”价值取向表明，职教教师能力创新顺应了产业升级对教育的需求，应该成为国家创新体系的重要组成部分。职教教师在服务集群内企业的同时，也在提高自身学习能力。集群内企业成员的技术学习能力提升需要有第三方引导，以培育其企业竞争合作意识。职教教师作为第三方，是对技术能力创新、技术积累提高的有力补充。可以成立由职教教师组成的专业机构来帮助集群内企业成员联合开发技术，解决共性问题，加大企业人员的培训，通过与职业教育形成战略联盟以共享创新资源和传播创新成果。因为我国职业教育教师政策中有跟岗学习、校企合作的导向，这就对企业产生技术开放的需求，并且可以经由职教教师进行企业技术传播与技术转移。强调产教融合的政策是我国教育部与科技部的政策组合拳，职教教师政策的供给侧思考也应该以技术自主创新为抓手。

三、职教教师政策引入国家创新政策体系的趋势

第一，可能性。近几年，创新研究都将创新主体集中在政府、企业、大学和大学外的研究机构，这属于 OECD 框架下的国家创新系统范式，但该体系不包括职业院校。

因为中国的职业院校多数属于公立，公立院校具有非营利性质，而国外企业技术创新的动力来源在于赢利。实际上，职教教师政策与创新集群有着千丝万缕的联系，从我国建国初期工业技术依靠苏联提供，到借由社会主义国家东德来获取资本主义国家西德的技术，再到21世纪分享经济的到来，我们终于放下对其他国家高科技来源的幻想，深刻认识到强国的技术求不来，也买不来。一方面，我国经济发展在一定程度上缺乏自主创新技术，往往通过支付专利费用来满足现实生产需要。从长远来看，支付国外技术专利费的做法留下了被外国技术围剿我国战略行业的潜在危险。另一方面，我国还缺乏一套创新体制机制来释放职教教师队伍的技术转化能力，缺乏横向的跨界融合的创新政策。例如，2011年科技部颁布《创新型产业集群建设工程实施方案》，希望"吸引大学院所等进驻设立研发中心或技术转移机构，加强公共技术服务和科技金融服务等平台建设，形成科技型企业快速成长和集群化发展的环境"。我国职教教师政策下的教师队伍在接受国家培养培训的同时也可以为国家提供公共技术服务。可以将我国职教教师政策引入国家创新政策，利用创新集群内的技术溢出和知识溢出来提高职教教师校企合作的效率，从而达成如下可能：(1)教育部与科技部政策的协同创新，将提高政策供给侧的供给效率，满足需求侧的政策需求；(2)有利于落实产教融合；(3)有利于培养健康的国民心态；(4)集群中企业合作失灵借由第三方协调。由职教教师组成的第三方专业部门，有利于政府与市场双方的技术协调。企业的技术成果具有专属性，根据企业创新成果的不确定性，企业有保护所属技术的诉求。

我国产品的全球竞争力与技术进步联系紧密，这与我国技术劳动就业率息息相关。职教教师政策的创新供给与适时终结，对我国职业教育创新发展有着重要的意义，政府的每项职教教师政策都会被加盖上时间戳而为后继者所评论。时间戳意味着对技术技能积累和传播机遇的准确把握。从政策出台到其产生政策效益需要时间来培育，考虑到这个因素，政策决策主体需要在全球视野下选准时机。临时培养急需的技术技能人才，显然来不及。到2017年，我国经济增长已经从高速增长模式切换到高质量增长模式，以降低我国经济对低技术、劳动力资源密集型企业的依赖。我国也正在着手建立"以企业为主体的创新系统"这一高绩效系统。经济高质量增长，意味着与原有经济发展方式适应的某些低效的职教教师政策需要被终结或修正。

第二，可能的借鉴：技术转移部门与技术技能传播。各国保护本土企业所采取的办法不同。美国的思路是先设立自己的标准,然后让他国承认这个标准,于是产生技术转移部门,由技术转移部门向外扩散。美国联邦政府鼓励区域创新集群的政策有2010年《美国竞争力再授权法案》及据此修订的2012年《国家先进制造战略规划》,“要求美国商务部启动一个区域创新计划,包括一个区域创新集群、科学和研究园”,[①]探索建立跨部门的发展指导机构。联邦政府的资金投入到一定程度后,就必须成立有专职人员负责的技术转移办公室,负责实验室的研究和成果的商业转换。例如,美国思科(Cisco)企业针对其产品的网络规划和网络支持推出了工程教师格认证计划(Cisco Career Certification Program,简称CCCP),要求其在各国的代理机构拥有这样的工程师,以提高对用户的服务质量,从而建立了思科产品网络工程师的资格认证体系。要求各国的代理机构拥有CCCP工程师的做法是将美国的技术标准渗透到代理国的产业部门。智能制造在我国战略行业中的升级,应该有赖于中国自己培养的工程师用自主核心技术来完成。我国工业以信息为基础资源,如果要实现竞争时不失共识,开放中亦有监管,则需要相应的教育部的职教教师政策与科技部政策相融合进入高新技术创新产业开发区,以确保自主技术转移到职业教育中,培养出大批具有健康技术素养的国民。因此,本书再次提出“人人自主技术精进”的观点。无独有偶,瑞典为了保存自主核心技术,也提出过类似的观点。瑞典工业与贸易部及教育与科学部共同制定了“创新瑞典”战略,“主要内容有四点:(1)创新知识基础;(2)创新贸易与产业;(3)创新公共投资;(4)创新人民。创新人民是指在全社会大力培育创新精神,推动创新型企业的涌现,充分发掘和利用每个人的潜能并使其全面地利用知识和技能”。[②]如前面第七章所述,本书认为中国职教教师政策价值取向应为“人人自主技术精进”,只有教师的价值取向定位在人人,自主创新才会具有社会基础和民意基础。

第三,时间价值与职教教师配套的政策协调机制。跨界融合是政策创新的一种方式。科技部的创新集群政策与教育部的职教教师政策需要在各自的时间窗口对接,以形成配套的政策协调机制。

创新集群在初创阶段需要良好的政策环境,政府的教育与培训政策对集群的发展具有重要作用,良好的政策环境能吸引人才聚集到知识密集的创新园区,而人才使用和人才培养存在着时间差。当创新集群急需到岗的技术人才时,职业院校根据创新集

---

① 李昕.美国联邦政府鼓励区域创新集群的政策分析[J].全球科技经济瞭望,2017(7):21—27.

② 赵中建,王志强.欧洲国家创新政策热点问题研究[M].上海:华东师范大学出版社,2013:221.

群需求培养出技术劳动力则还需要 2 至 4 年的时间。配合国家“十三五”规划，教育部、财政部对职教教师队伍进行五年一周期的全员培训，职教教师需要完成去企业实践的任务。根据教育部和财政部 2016 年发布的《关于实施职业院校教师素质提高计划(2017—2020 年)》，职教教师有“面向装备制造、高新技术……遴选优质院校建立创新平台”的任务，也有完成“校企人员双向合作，促进产教融合”的任务，还有“完成为期 4 周的企业实践”的任务。职教教师队伍有技术、有理论，但缺乏一个体制机制来促进其作用发挥。“创新集群的主体通常都是知识密集型企业以及当地的大学和研究机构，因此，会很容易出现知识转移和知识溢出的现象，而大学和研究机构也在企业的技术进步和员工培训中起着持续的影响作用。”①职教教师在新知识的吸收和现场技术技能操作的默会方面训练有素，可以更好地完成战略新兴产业和高新技术产业等国家急需特需专业技术技能的积累和创新。创新集群吸引职教教师进驻集群内的专业组织，可以实现从低技术到高技术的协同创新。

我国职教教师政策价值取向调整的困境来源于利益相关者的价值取向冲突。一方面，职教教师拥有较强的吸收国外先进技术的能力；另一方面，职教教师政策要确保培养出高质量的职业院校毕业生，使其拥有“人人自主技术精进”的健康国民性。因为各种价值冲突的存在，每一次政策价值取向的调整都必须顺应技术革命所带来的价值标准、价值选择的变化，否则将错过技术发展和健康国民培育的最佳时间点。可以说，自主创新技术是我们国家经济发展的命脉。从第一所职业教育学校创办至今，中国职教教师水平也是中国工业技术的水文表。没有强大的自主精进技术和众多的技术劳动力资源，我们就处在全球社会分层视野下的底端。产业价值链上不平等的事实告诉职教教师政策研究者和决策主体，适时建立政策创新融合的体制机制，及时将职教教师政策“人人自主技术精进”的价值取向引入国家创新政策体系，将成为职教教师政策决策的一个趋势。政策决策瞄准政策跨界融合、协同发展的时间戳，将有利于中国经济在全球范围内竞争力的提升。

① 赵中建，王志强. 欧洲国家创新政策热点问题研究[M]. 上海：华东师范大学出版社，2013：109.

参考文献

一、中文著作

1. 白钢，史卫民. 中国公共政策分析（2007卷）[M]. 北京：中国社会科学出版社，2007.
2. 白晓明，柳国梁，等. 基础教育教师发展：政策与制度[M]. 杭州：浙江大学出版社，2011.
3. 操太圣，卢乃桂. 伙伴协作与教师赋权：教师专业发展新视角[M]. 北京：教育科学出版社，2007.
4. 陈庆云. 公共政策分析[M]. 北京：北京大学出版社，2006.
5. 陈如平. 教育管理理论运动[M]. 北京：教育科学出版社，2012.
6. 陈向明. 质的研究方法与社会科学研究[M]. 北京：教育科学出版社，2000.
7. 陈孝彬，高洪源. 教育管理学（第三版）[M]. 北京：北京师范大学出版社，2008.
8. 陈尧. 当代中国政府体制[M]. 上海：上海交通大学出版社，2005.
9. 陈玉琨. 一流学校的建设：陈玉琨教育讲演录[M]. 上海：华东师范大学出版社，2008.
10. 陈周旺，汪仕凯. 工人政治[M]. 上海：复旦大学出版社，2013.
11. 持万HR俱乐部. 人力资源管理词典[M]. 北京：中国法制出版社，2012.
12. 褚宏启. 中国教育管理评论（第5卷）[M]. 北京：教育科学出版社，2008.
13. 丛小平. 师范学校与中国的现代化：民族国家的形成与社会转型1897—1937[M]. 北京：商务印书馆，2014.
14. 邓安庆. 正义伦理与价值秩序：古典实践哲学的思路[M]. 上海：复旦大学出版社，2013.
15. 丁钢. 中国中小学教师专业发展状况调查与政策分析报告[M]. 上海：华东师范大学出版社，2010.
16. 董仁忠. "大职教观"视野中的职业教育制度变革研究[M]. 长沙：湖南教育出版社，2012.
17. 杜晓利. 教师政策[M]. 上海：上海教育出版社，2012.
18. 范国瑞. 教育政策观察（第3辑）[M]. 上海：华东师范大学出版社，2012.
19. 方福前. 公共选择理论：政治的经济学[M]，北京：中国人民大学出版社，2000.
20. 冯大鸣. 美、英、澳教育管理前沿图景[M]. 北京：教育科学出版社，2004.
21. 冯平. 现代西方价值哲学经典：经验主义路向[M]. 北京：北京师范大学出版社，2009.
22. 冯平. 现代西方价值哲学经典：心灵主义路向[M]. 北京：北京师范大学出版社，2009.
23. 冯平. 现代西方价值哲学经典：语言分析路向[M]. 北京：北京师范大学出版社，2009.
24. 高鹏程. 政治利益分析[M]. 北京：社会科学文献出版社，2009.

25. 顾建光,王树文. 公共政策分析概论[M]. 上海：上海人民出版社,2007.
26. 顾建平. 汉字通[M]. 上海：东方出版中心,2014.
27. 郭朝红. 影响教师政策的中介组织[M]. 天津：天津教育出版社,2006.
28. 郭扬. 职教名家谈职教[M]. 上海：华东师范大学出版社,2013.
29. 国家教委职业技术教育司,国家教委政策法规司.《中华人民共和国职业教育法》释义[M]. 北京：红旗出版社,1996.
30. 韩东屏. 人是元价值：人本价值哲学[M]. 武汉：华中科技大学出版社,2013.
31. 何东昌. 中华人民共和国教育史[M]. 海口：海南出版社，2007.
32. 胡汝银. 低效率经济学：集权体制理论的重新思考[M]. 上海：格致出版社,上海三联书店,上海人民出版社,2014.
33. 华经. 德鲁克思想精粹[M]. 北京：经济管理出版社,2012.
34. 黄克孝. 职业和技术教育课程概论[M]. 上海：华东师范大学出版社,2001.
35. 黄晓春，张东苏. 十字路口的中国社会组织:政策选择与发展路径 [M]. 上海:上海人民出版社,2015.
36. 黄尧. 21 世纪初中国职业教育宏观政策研究[M]. 北京：高等教育出版社,2006.
37. 黄尧. 经济转型期我国职业教育宏观政策研究[M]. 北京：外语教学与研究出版社,2012.
38. 黄佐钘. 机构投资者行为及政策引导研究：以证券投资基金为例的实证研究[M]. 上海：上海财经大学出版社,2012.
39. 姜大源. 当代世界职业教育发展趋势研究[M]. 北京：电子工业出版社,2012.
40. 姜大源,吴全全. 当代德国职业教育主流教学思想研究：理论、实践与创新[M]. 北京：清华大学出版社,2007.
41. 教育部政策研究与法制建设司. 现行教育法规与政策选编[M]. 北京：教育科学出版社,2002.
42. 教育部职业教育与成人教育司. 职业教育综合改革研究分卷[M]. 北京：高等教育出版社,2002.
43. 康晓光,冯利. 中国第三部门观察报告(2014)[M]. 北京：社会科学文献出版社,2014.
44. 柯学民,李颖,刘帅. 360 度评估实操手册[M]. 北京：人民邮电出版社,2012.
45. 劳凯声. 变革社会中的教育权与受教育权：教育法学基本问题研究[M]. 北京：教育科学出版社,2003.
46. 李蔺田. 中国职业技术教育史[M]. 北京：高等教育出版社,1994.
47. 李新功. 欧盟职业培训政策与实践[M]. 北京：中国经济出版社,2005.
48. 李延平. 职业教育公平问题研究[M]. 北京：教育科学出版社,2009.
49. 李由. 中国转型期公共政策过程研究[M]. 北京：北京师范大学出版社,2008.
50. 联合国教科文组织国际教育局. 教育展望・教师政策：一个比较分析的框架[M]. 上海：华东师范大学出版社,2011.
51. 梁晓声. 中国社会各阶层分析[M]. 北京：文化艺术出版社,2011.
52. 梁忠义,金含芬. 七国职业技术教育[M]. 长春：吉林教育出版社,1990.
53. 林琳文. 后社会主义中国[M]. 台北：生智事业文化有限公司. 1997.
54. 林蕴晖. 国史札记：史论篇[M]. 上海：东方出版中心,2009.
55. 刘复兴,劳凯声. 教育政策的价值分析[M]. 北京：教育科学出版社,2003.

57. 刘晓苏. 事业单位人事制度改革研究[M]. 上海：上海交通大学出版社，2011.
58. 卢乃桂，操太圣. 中国教师的专业发展与变迁[M]. 北京：教育科学出版社，2009.
59. 罗廷光. 教育行政(上下册)[M]. 福州：福建教育出版社，2008.
60. 马骥雄. 战后美国教育研究[M]. 南昌：江西教育出版社，1991.
61. 马早明，肖昌鑫，等. 台湾高等技职教育政策研究[M]. 桂林：广西师范大学出版社，2010.
62. 米靖. 中国职业教育史研究[M]. 上海：上海教育出版社，2009.
63. 宁骚. 公共政策学[M]. 北京：高等教育出版社，2003.
64. 潘懋元. 理论自觉与实践建构：高等教育的历史、现实与未来[M]. 北京：北京师范大学出版社，2014.
65. 潘乃谷，马戎. 社区研究与社会发展:纪念费孝通教授学术活动 60 周年文集[M]. 天津：天津人民出版社，1996.
66. 潘维，玛雅. 聚焦当代中国价值观[M]. 北京：生活·读书·新知三联书店，2008.
67. 彭剑锋. 人力资源管理概论[M]. 上海：复旦大学出版社，2003.
68. 祁型雨. 利益表达与整合：教育政策的决策模式研究[M]. 北京：人民出版社，2006.
69. 钱民辉. 职业教育与社会发展研究[M]. 哈尔滨：黑龙江教育出版社，1999.
70. 钱再见. 现代公共政策学[M]. 南京：南京师范大学出版社，2007.
71. 邱毅. 邱毅开讲新管理学[M]. 北京：中国友谊出版公司，2012.
72. 权衡，等. 收入分配与社会公平[M]. 上海：上海人民出版社，2014.
73. 饶见维. 教师专业发展——理论与实务[M]. 台北：五南图书出版公司，1996.
74. 阮青. 价值哲学[M]. 北京：中共中央党校出版社，2004.
75. 若真，庶毅. 最新中小学教师政策问答[M]. 北京：新华出版社，1994.
76. 单天伦. 当代美国社会科学[M]. 北京：社会科学文献出版社，1993.
77. 盛洪. 分工与交易——一个一般理论及其对中国非专业化问题的应用分析[M]. 上海：上海三联书店，上海人民出版社，1994.
78. 石伟平. 比较职业技术教育[M]. 上海：华东师范大学出版社，2001.
79. 石伟平. 时代特征与职业教育创新[M]. 上海：上海教育出版社，2006.
80. 世界银行东亚和太平洋地区减贫与经济管理局. 中国：深化事业单位改革，改善公共服务提供[M]. 北京：中信出版社，2005.
81. 宋锦洲. 公共政策：概念、模型与应用[M]. 上海：东华大学出版社，2005.
82. 孙诚，等. 中国职业教育发展报告(2012)[M]. 北京：教育科学出版社，2013.
83. 孙绵涛. 教育政策论——具有中国特色的社会主义教育政策研究[M]. 武汉：华中师范大学出版社，2002.
84. 孙绵涛，等. 教育政策分析——理论与实务[M]. 重庆：重庆大学出版社，2011.
85. 孙培青，杜成宪. 中国教育史[M]. 上海：华东师范大学出版社，2009.
86. 陶长琪. 决策理论与方法[M]. 北京：中国人民大学出版社，2010.
87. 陶秋燕. 高等技术与职业教育的专业和课程——以澳大利亚为个案的研究[M]. 北京：科学出版社，2004.
88. 滕大春. 外国教育通史(第二卷)[M]. 济南：山东教育出版社，1989.
89. 田正平. 中国教育史研究(近代分卷)[M]. 上海：华东师范大学出版社，2009.
90. 王川. 西方近代职业教育史稿[M]. 广州：广东教育出版社，2011.

91. 王海峰. 干部国家——一种支撑和维系中国党建国家权力结构及其运行的制度[M]. 上海：复旦大学出版社，2012.
92. 王谦，等. 晋察冀边区教育资料选编：教育方针政策分册(上)[M]. 石家庄：河北教育出版社，1990.
93. 王为东. 中国近代职业教育法制[M]. 北京：法律出版社，2007.
94. 王学川. 历史价值论[M]. 杭州：浙江大学出版社，2014.
95. 王延章，郭崇慧，叶鑫. 管理决策方法：问题、模型与决策[M]. 北京：清华大学出版社，2010.
96. 王玉樑. 21世纪价值哲学：从自发到自觉[M]. 北京：人民出版社，2006.
97. 王玉樑. 从理论价值哲学到实践价值哲学[M]. 北京：人民出版社，2013.
98. 闻有信，杨金梅. 职业教育史[M]. 海口：海南出版社，2000.
99. 吴合文. 高等教育政策工具分析[M]. 北京师范大学出版社，2011.
100. 吴继宸，高建军. 职业技术教育政策法规：1989—1992[M]北京：北京师范大学出版社，1993.
101. 吴雪萍. 基础与应用：高等职业教育政策研究[M]. 杭州：浙江教育出版社，2007.
102. 吴玉伦. 清末实业教育制度变迁[M]. 北京：教育科学出版社，2009.
103. 吴玉琦. 中国职业教育史[M]. 长春：吉林教育出版社，1991.
104. 吴志华，刘晓苏. 公共部门人力资源管理[M]. 上海：复旦大学出版社，2007.
105. 吴遵民. 教育政策国际比较[M]. 上海：上海教育出版社，2009.
106. 武德昆，曲绍卫. 中国教育经济评论(2011)[M]. 北京：教育科学出版社，2012.
107. 习近平. 之江新语[M]. 杭州：浙江人民出版社，2007.
108. 夏保华. 发明哲学思想史论[M]. 北京：人民出版社，2014.
109. 谢长法. 中国职业教育史[M]. 太原：山西教育出版社，2011.
110. 徐国庆. 职业教育原理[M]. 上海：上海教育出版社，2007.
111. 徐家良. 行业协会组织治理[M]. 上海：上海交通大学出版社，2014.
112. 薛刚凌. 行政体制改革研究[M]. 北京：北京大学出版社，2006.
113. 杨春学. 经济人与社会秩序分析[M]. 上海：上海三联书店，1998.
114. 杨金土，罗宏述. 部分国家和地区职业技术教育法规选编[M]. 北京：法律出版社，1990.
115. 杨克瑞，谢作诗. 教育经济学新论[M]. 北京：人民出版社，2007.
116. 杨伟国，唐鑛. 人事管理经济学[M]. 上海：复旦大学出版社，2012.
117. 杨颖秀. 教育政策法规专题[M]. 长春：东北师范大学出版社，2001.
118. 游正林. 社会统计学——对问卷调查数据的统计分析[M]. 北京：社会科学文献出版社，2010.
119. 俞可平. 治理与善治[M]. 北京：社会科学文献出版社，2000.
120. 袁贵仁. 价值观的理论与实践——价值观若干问题的思考[M]. 北京：北京师范大学出版社，2013.
121. 曾晓东. 中小学教师管理的制度分析[M]. 北京：北京师范大学出版社，2004.
122. 张芳全. 教育政策导论[M]. 台北：五南图书出版公司，2001.
123. 张家祥，钱景舫. 职业技术教育学[M]. 上海：华东师范大学出版社，2001.
124. 张乐天. 教育政策法规的理论与实践(第二版)[M]. 上海：华东师范大学出版社，2009.

125. 张良. 公共管理学[M]. 上海：华东理工大学出版社，2001.
126. 张冉. 行业协会能力建设[M]. 上海：上海交通大学出版社，2013.
127. 张世贤. 西方经济思想史[M]. 北京：经济管理出版社，2009.
128. 赵馥洁. 中国传统哲学价值论[M]. 北京：人民出版社，2009.
129. 赵德余. 公共政策：共同体、工具与过程[M]. 上海：上海人民出版社，2011.
130. 赵涛. 绩效考核与量化管理全方案[M]. 上海：立信会计出版社，2010.
131. 赵映诚. 公共政策价值取向研究：经济型政府向服务型政府的转变[M]. 北京：现代教育出版社，2008.
132. 赵中建，王志强. 欧洲国家创新政策热点问题研究[M]. 上海：华东师范大学出版社，2013.
133. 郑杭生. 社会学概论新修[M]. 北京：中国人民大学出版社，2003.
134. 郅庭瑾. 教育管理伦理研究[M]. 北京：商务印书馆，2008.
135. 中国大百科全书总编辑委员会《政治学》编辑委员会. 中国大百科全书：政治学[M]. 北京：中国大百科全书出版社，1992.
136. 中华人民共和国教育部. 共和国教育 50 年(1949—1999)[M]. 北京：北京师范大学出版社，1999.
137. 周琪. 美国外交决策过程[M]. 北京：中国社会科学出版社，2011.
138. 朱葆伟，赵建军，高亮华. 技术的哲学追问：北京技术哲学论坛文萃[M]. 北京：中国社会科学出版社，2012.
139. 朱志宏. 公共政策[M]. 台北：三民书局，1995.
140. 祝怀新. 封闭与开放：教师教育政策研究[M]. 杭州：浙江教育出版社，2007.

二、译著

1. [英]K·金. 教育大百科全书：职业技术教育[M]. 张斌贤，等，译. 重庆：西南师范大学出版社，2011.
2. OECD 中国创新政策研究报告[M]. 薛澜，柳卸林，穆荣平，等，译. 北京：科学出版社，2011.
3. [英]W·D·拉蒙特. 价值判断[M]. 马俊峰，王建国，王晓升，译. 北京：中国人民大学出版社，1992.
4. [德]奥利弗·索姆，[德]伊娃·柯娜尔. 德国制造业创新之谜[M]. 工业 4.0 研究院，译. 北京：人民邮电出版社，2016.
5. [美]巴林顿·摩尔. 民主和专制的社会起源[M]. 拓夫，等，译. 北京：华夏出版社，1987.
6. [巴西]保罗·弗莱雷. 被压迫者教育学(30 周年纪念版修订版)[M]. 顾建新，赵友华，何曙荣，译. 上海：华东师范大学出版社，2014.
7. [美]彼得·戴蒙德，汉努·瓦蒂艾宁. 行为经济学及其应用[M]. 贺京同，等，译. 北京：中国人民大学出版社，2010.
8. [美]伯顿·克拉克. 高等教育新论——多学科的研究[M]. 王承绪，等，译. 杭州：浙江教育出版社，2001.
9. [英]查尔斯·辛格，E·J·霍姆亚德，A·R·霍尔. 技术史[M]. 王前，孙希忠，译. 上海：上海科技教育出版社，2004.
10. [美]陈锦江. 清末现代企业与官商关系[M]. 王笛，张箭，译. 北京：中国社会科学出版社，1997.

11. [美]丹尼尔·A·雷恩,阿瑟·G·贝德安. 管理思想史[M]. 孙健敏,黄小勇,李原,译. 北京:中国人民大学出版社,2012.
12. 德国及巴伐利亚州职业教育法规选编[M]. 职业技术教育中心研究所,杭州大学德汉翻译和信息中心,译. 杭州:杭州大学出版社,1992.
13. [德]菲利普·葛洛曼,[德]菲利克斯·劳耐尔. 国际视野下的职业教育师资培养[M]. 石伟平,译. 北京:外语教学与研究出版社,2011.
14. [美]弗雷德·E·弗尔德瓦里. 公共物品与私人社区——社会服务的市场供给[M]. 郑秉文,译. 北京:经济管理出版社,2011.
15. [英]弗里德里希·奥古斯特·哈耶克. 通往奴役之路[M]. 王明毅,冯兴元,等,译. 北京:中国社会科学出版社,1997.
16. [美]格莱夫斯. 中世教育史[M]. 吴康,译. 上海:华东师范大学出版社,2005.
17. [希腊]格雷戈里·P·普拉斯塔克斯. 管理决策:理论与实践[M]. 李辉,译. 北京:清华大学出版社,2009.
18. [美]葛里格·尼思. 解读德国人[M]. 张晓楠,译. 北京:中国水利水电出版社,2004.
19. [德]哈贝马斯. 公共领域的结构转型[M]. 曹卫东,等,译. 上海:学林出版社,1999.
20. [美]哈罗德·R·克博. 社会分层与不平等:历史、比较、全球视角下的阶级冲突[M]. 蒋超,等,译. 上海:上海人民出版社,2012.
21. [美]海曼·P·明斯基. 稳定不稳定的经济:一种金融不稳定视角[M]. 石宝峰,张慧卉,译. 北京:清华大学出版社,2010.
22. [美]赫伯特·西蒙. 管理决策新科学[M]. 李柱流,汤俊澄,译. 北京:中国社会科学出版社,1982.
23. [美]赫伯特·西蒙. 管理行为:管理组织决策过程的研究[M]. 杨砺,韩春立,徐立,译. 北京:北京经济学院出版社,1988.
24. [美]亨利·基辛格. 论中国[M]. 胡利平,林华,杨韵琴,朱敬文,译. 北京:中信出版社,2012.
25. [法]纪尧姆·杜瓦尔. 德国模式为什么看起来更成功[M]. 杨凌艺,译. 北京:人民邮电出版社,2016.
26. 经济合作与发展组织,欧盟统计署. 奥斯陆手册:创新数据的采集和解释指南(第 3 版)[M]. 高昌林,译. 北京:科学技术文献出版社.
27. [日]久保亨. 走向自立之路:两次世界大战之间中国的关税政策和经济发展[M]. 王小嘉,译. 北京:中国社会科学出版社,2004.
28. [美]卡罗琳·M·霍克斯比. 学校选择的经济学分析[M]. 刘泽云,译. 北京:北京师范大学出版社,2008.
29. [加]凯瑟琳·麦克切尔,[加]文森特·莫斯可. 信息社会的知识劳工[M]. 曹晋,罗真,林曦,吴冬妮,译. 上海:上海译文出版社,2014.
30. [法]莱昂·狄骥. 公法的变迁/法律与国家[M]. 郑戈/冷静,译. 沈阳:辽海出版社,春风文艺出版社,1999.
31. [德]赖欣巴哈. 科学哲学的兴起[M]. 伯尼,译. 北京:商务印书馆,1983.
32. [美]理查德·桑内特. 公共人的衰落[M]. 李继宏,译. 上海:上海译文出版社,2014.
33. [加]琳达·麦奎格,[加]尼尔·布鲁克斯. 顶层社会:被超级富豪操控的世界[M]. 倪云松,译. 北京：东方出版社，2016.
34. [英]琳达·克拉克，[英]克里斯托弗·温奇. 职业教育：国际策略、发展与制度[M]. 翟海魂，译. 北京：外语教学与研究出版社，2011.
35. 林重庚，[美]迈克尔·斯宾塞. 中国经济中长期发展和转型：国际视角的思考与建设[M]. 余江，等，译. 北京：中信出版社，2011.
36. [法]卢梭. 社会契约论[M]. 何兆武，译. 北京：商务印书馆，1982.
37. [奥]路德维希·冯·米塞斯. 人类行为的经济学分析(上)[M]. 聂薇，裴艳丽，译. 广州：广东经济出版社，2010.
38. [奥]路德维希·冯·米塞斯. 人类行为的经济学分析(下)[M]. 聂薇，裴艳丽，译. 广州：广东经济出版社，2010.
39. [美]罗杰·J·沃恩，特里·E·巴斯. 科学决策方法：从社会科学研究到政策分析[M]. 沈宗麟，译. 重庆：重庆大学出版社，2006.
40. [美]罗纳德·哈里·科斯，王宁. 变革中国：市场经济的中国之路[M]. 徐尧，李哲民，译. 北京：中信出版社，2013.
41. [美]马克·鲁宾斯坦. 投资思想史[M]. 张俊生，曾亚敏，译. 北京：机械工业出版社，2009.
42. [德]马克思，[德]恩格斯. 马克思恩格斯全集（第2卷）[M]. 中央编译局，编译. 北京：人民出版社，1995.
43. [德]马克思，[德]恩格斯. 马克思恩格斯全集(第十九卷)[M]. 北京：人民出版社，2006.
44. [德]马克斯·韦伯. 经济与社会(上卷)[M]. 北京：商务印书馆，1997.
45. [法]迈克·伯乐，[法]弗雷迪·伯乐. 金矿 II：精益管理者的成长[M]. 周健，刘健，译. 北京：机械工业出版社，2010.
46. [英]迈克尔·波兰尼. 充分就业与自由贸易[M]. 张清津，译. 上海：复旦大学出版社，2011.
47. [美]曼瑟尔·奥尔森. 集体行动的逻辑[M]. 陈郁，郭宇峰，李崇新，译. 上海：上海三联书店，上海人民出版社，1995.
48. [日]内藤湖南. 日本历史与日本文化[M]. 刘克申，译. 北京：商务印书馆，2012.
49. [美]乔治·吉尔德. 知识与权力[M]. 蒋宗强，译. 北京：中信出版集团，2015.
50. [美]热拉尔·罗兰. 私有化：成功与失败[M]. 张宏胜，等，译. 北京：中国人民大学出版社，2011.
51. [荷兰]斯宾诺莎. 伦理学[M]. 贺麟，译. 北京：商务印书馆，2014.
52. [美]特里·L·库珀. 行政伦理学：实现行政责任的途径(第四版)[M]. 张秀琴，译. 北京：中国人民大学出版社，2001.
53. [法]托克维尔. 旧制度与大革命[M]. 于振海，译. 北京：中国友谊出版公司，2013.
54. [美]托马斯·弗里德曼. 世界是平的：21世纪简史[M]. 何帆，肖莹莹，郝正非，译. 长沙：湖南科学技术出版社，2013.
55. [美]托马斯·索维尔. 知识分子与社会[M]. 张亚月，梁兴国，译. 北京：中信出版社，2013.
56. [日]外山滋比古. 思考的整理术：这样思考，人生就不一样[M]. 王丹丹，译. 北京：北京科学技术出版社，2010.
57. [英]亚当·斯密. 道德情操论[M]. 蒋自强，钦北愚，朱钟隶，沈凯璋，译. 北京：商务印书馆，2011.
58. [德]尤尔根·哈贝马斯. 合法化危机[M]. 刘北成，曹卫东，译. 上海：上海人民出版社，

2000.
59. [美]约翰·康芒斯.制度经济学(珍藏本)[M].赵睿,译.北京:华夏出版社,2013.
60. [美]约翰·罗尔斯.正义论[M].何怀宏,等,译.北京:中国社会科学出版社,2009.
61. [英]约翰·洛克.政府论[M].刘丹,赵文道,译.长沙:湖南文艺出版社,2011.
62. [美]约翰·斯坦纳,[美]乔治·斯坦纳.企业、政府与社会[M].诸大建,许艳芳,吴怡,等,译.北京:人民邮电出版社,2015.
63. [美]詹姆斯·E·安德森.公共政策[M].唐亮,译.北京:华夏出版社,1990.
64. [美]詹姆斯·N·罗西瑙.没有政府的治理:世界政治中的秩序与变革[M].张胜军,刘小林,等,译.南昌:江西人民出版社,2001.
65. 郑永年.技术赋权:中国的互联网、国家与社会[M].邱道隆,译.北京:东方出版社,2014.
66. [日]佐佐木毅,[韩]金泰昌.科学技术与公共性[M].吴光辉,译.北京:人民出版社,2009.

三、期刊及学位论文

1. 包志荣.日本教师的人事考核评价制度[J].黑龙江教育学院学报,2008(1):54—56.
2. 曹晔,刘宏杰.我国中职师资队伍培养培训主要政策60年演变进程综述[J].职业技术教育,2010(25):18—24.
3. 陈冬梅,李国杰.基于政策视角的高职院校教师胜任力提升路径探析[J].广东轻工职业技术学院学报,2013(1):16—19.
4. 陈钢,张丽娜.职业教育师资培养研究——从有实践经验的专业人员中培养"双师型"教师[J].职教通讯,2012(10):60—64.
5. 陈潭.公共政策变迁的理论命题及其阐释[J].中国软科学,2004(12):10—17.
6. 程雷,薛瞧瞧.职业教育"双师型"教师政策的内容分析[J].学理论,2012(15):186—187.
7. 戴成林.教育政策决策的利益逻辑[D].上海:华东师范大学,2012.
8. 邓旭.我国教师政策执行问题及路径选择[J].辽宁教育研究,2007(7):88—91.
9. 杜汝楫.马克思主义论事实的认识和价值的认识及其联系[J].学术月刊,1980(10):1—10.
10. 杜智华.我国教师教育政策价值取向研究[D].长沙:湖南师范大学,2010.
11. 冯大鸣.处境变迁与文化回应——西部农村教师专业发展研究[D].上海:华东师范大学,2008.
12. 甫玉龙,史晓葳.完善行业协会内部治理结构的探讨[J].中国行政管理,2009(7):70—72.
13. 高小平.论我国国家治理体系的价值目标[J].行政管理改革,2014(12):71—74.
14. 高旭东.自主技术创新的经验和教训:以TD-SCDMA为例[J].国家行政学院学报,2011(3):87—90.
15. 苟顺明.欧盟职业教育一体化教育政策评析[J].教师教育学报,2014(10):106—115.
16. 管培俊.我国教师教育改革开放三十年的历程、成就与基本经验[J].中国高教研究,2009(2):9—17.
17. 郭元婕,丁邦平.教师教育研究的定位和发展趋势[J].比较教育研究,2005(11):58—62.
18. 郝保伟.教师流动政策的能力限度及其定位[J].中国教师,2012(20):15—18.
19. 何倩.芬兰中等职教师资现状及其培养特点研究[J].职业技术教育,2009(19):88—92.
20. 贺文瑾.论职教教师教育中教育学科课程的重构[J].江苏技术师范学院学报,2007(1):

6—10.
21. 胡卫. 职业教育：引领上海产业结构调整[J]. 江苏教育，2012(30)：13—14.
22. 胡秀锦. 中职兼职教师资助机制与政策研究——基于上海的调查和探索[J]. 职业技术教育，2012(19)：59—63.
23. 黄甫全. 新中国课程研究的回顾与展望[J]. 教育研究，1999(12)：21—28.
24. 黄济. 教育价值与人的价值[J]. 教育研究与实验，1989(3)：1—4.
25. 黄文平，孙翠香. 美国选择性职教教师认证：条件及程序——以美国新泽西州为例[J]. 职教论坛，2015(4)：85—90.
26. 贾婷婷，赵静. 职业学校教学名师相关政策解读[J]. 课程教育研究(新教师教学)，2013(11).
27. 姜大源. 职业教育的技术教学论[J]. 中国职业技术教育，2007(19)：1+20.
28. 姜大源. 应然与实然：德国职业教育法制建设的启示[J]. 河南科技学院学报(社会科学版)，2012(2)：1—4.
29. 姜勇，陈曦绚. 挪威"优质"教师教育改革政策述评[J]. 外国中小学教育，2007(1)：39—40.
30. 蒋园园. 复杂理论视阈下的教育政策执行研究[D]. 上海：华东师范大学，2010.
31. 赖秀龙. 区域性义务教育师资均衡配置的政策研究[D]. 上海：华东师范大学，2011.
32. 劳凯声，刘复兴. 论教育政策的价值基础[J]. 北京师范大学学报(社会科学版)，2000(6)：5—17.
33. 李・S・舒尔曼. 理论、实践与教育的专业化[J]. 王幼真，刘捷，译. 比较教育研究，1999(3)：37—41.
34. 李多云. 如何使职业教育走出困境[J]. 现代企业教育，2012(24)：78—78.
35. 李海. 完善高职"双师型"教师政策与培养机制的措施及思路[J]. 重庆电子工程职业学院学报，2012(5)：77—79.
36. 李建荣，米靖. 职业教育教师专业化初探明[J]. 职教通讯，2007(3)：55—58.
37. 李拉. 中美特殊教育教师政策比较研究[J]. 中国特殊教育，2012(10)：56—60.
38. 李莉. 中日两国职业教育国际化政策及现状对比[J]. 前沿，2012(1)：150—151.
39. 李敏. 美国教育政策问题研究——以 20 世纪 80 年代以来基础教育政策为例[D]. 上海：华东师范大学，2006
40. 李强，任婷婷. 浅议新形势下中等职业教育发展问题及对策[J]. 中国科教创新导刊，2012(26)：20—21.
41. 李昕. 美国联邦政府鼓励区域创新集群的政策分析[J]. 全球科技经济瞭望，2017(7)：21—27.
42. 李一. 澳大利亚卓越的职业教育专业化师资培养路径探析[J]. 职业技术教育，2014(4)：83—88.
43. 刘福敏. 科学发展观指导下我国公共政策价值取向的有效整合和贯彻[J]. 毛泽东思想研究，2011(4)：89—92.
44. 刘复兴. 教育政策的价值系统[J]. 清华大学教育研究，2003(2)：11—18.
45. 刘金平，李红锋. 时间压力下的决策策略和决策理论[J]. 河南大学学报(社会科学版)，2008(6)：73—78.
46. 刘敏. 民国时期《科学》杂志研究[D]. 呼和浩特：内蒙古师范大学，2013.

47. 刘敏，柳林. 合之意境——太极图“S”形的现代设计观念[J]. 艺术探索，2009(1)：121—122.
48. 刘世清. 教育政策伦理问题研究[D]. 上海：华东师范大学，2007.
49. 刘霞. “事业单位”质疑[J]. 中国行政管理，1995(5)：23—25.
50. 刘向红. 浅析国家政策对职业教育事业的影响[J]. 课程教育研究(新教师教学)，2012(5).
51. 刘小康. 从政府决策到公共决策：我国行政决策模式的转换[J]. 新视野，2014(6)：56—59.
52. 刘旭东. 从知识的教育学到实践的教与学[J]. 高等教育研究，2008(7)：50—55.
53. 路宝利，辛彦怀，盛子强，范博. 论中职师资培养的课程转向[J]. 职业教育研究，2015(5)：40—44.
54. 穆晓莉. 加拿大高等教育政策发展研究：基于加拿大主要高等教育政策文本的分析[D]. 上海：华东师范大学，2012.
55. 穆小燕，王传捷. 日本职业教育师资队伍建设的特点及启示[J]. 日本问题研究，2006(2)：32-36.
56. 宁永红，郝理想. 我国中等职业学校师资队伍建设的政策回顾与分析[J]. 职业技术教育，2012(7)：68—72.
57. 培森. 我国职业教育起源[J]. 协商论坛，2009(7)：9.
58. 邱丹. 中韩两国教师在职教育政策的比较[J]. 延边教育学院学报，2011(1)：29—32.
59. 曲铁华，张立军. 农村义务教育教师政策：近 30 年的演进与思考——以农村教师工资待遇为视角[J]. 沈阳师范大学学报(社会科学版)，2012(5)：1—5.
60. 任平. 晚清民国时期职业教育课程史论[D]. 长沙：湖南师范大学，2010.
61. 史丹. 抓住第四次工业革命机遇[J]. 环球，2016(3)：8.
62. 史枫，白斌. 职业教育教师队伍能力发展中的问题与影响因素分析[J]. 教育与职业，2010(17)：22-24.
63. 寿水. 美国政坛背后的“金手”[J]. 环球，2017(25)：78.
64. 宋生瑛. 公共政策中公平与效率问题的分析[J]. 经济问题，2008(1)：9-11.
65. 孙翠香，卢双盈. “双师型”教师政策变迁：过程、特点及未来态势[J]. 职业技术教育，2013(28)：48-54.
66. 孙敬松. 中国百年教育研究制度审视[D]. 长沙：湖南大学，2009.
67. 唐松林，徐厚道. 教师素质的实然分析与应然探讨[J]. 高等师范教育研究，2000(6)：34—39.
68. 童世骏. “后马克思主义”视野中的市民社会[J]. 中国社会科学季刊，1993(5).
69. 王大磊. 共和国中小学教师专业发展的政策研究[D]. 上海：华东师范大学，2011.
70. 王沪宁. 革命后社会政治发展的比较分析[J]. 复旦学报(社会科学版)，1987(4)：76—82.
71. 王慧. 论近代职业教育师资培养体制的演进及存在的问题[J]. 教师教育研究，2004(4)：77—80.
72. 王继平. 合理调整我国教师政策价值取向初探[J]. 教师教育研究，2005(6)：5—11.
73. 王建国. 论科学的效率公平观的确立[J]. 河南师范大学学报(哲学社会科学版)，2006(2)：29—32.
74. 王坤. 新中国中等职业教育课程政策研究[D]. 重庆：西南大学，2014.
75. 王立科. 我国教师教育政策发展三十年回顾与展望[J]. 国家教育行政学院学报，2009(1)：30—35.

76. 王启龙,石伟平,李君敏. 哥本哈根进程后德国促进职业教育的启示[J]. 中国职业教育,2015(3):66 - 69
77. 王卫东,石中英. 关于建国后教育价值取向问题的思考[J]. 江西教育科研,1996(4):1—4.
78. 王小红. 关涉教师幸福:教师教育政策的伦理诉求[J]. 现代教育论丛,2008(1):82 - 84+51.
79. 王晓玲,茅锐. 美国公立学校教师聘任权探析[J]. 上海教育科研,2006(3): 43—45.
80. 王莹,王国辉. 奥巴马政府的教师质量提升政策探析[J]. 河北师范大学学报(教育科学版),2012(3): 57—61.
81. 吴文华. 制约民国职业教育发展因素之初探[J]. 职业技术教育,2011(19): 73—77.
82. 吴遵民,傅蕾. 我国 30 年教师教育政策价值取向的嬗变与反思[J]. 杭州师范大学学报(社会科学版),2011(4): 93—100+128.
83. 谢广山. 中国古代职业技术教育的兴盛及其特征[J]. 职教论坛,2004(28): 63—64.
84. 徐贵权. 论价值取向的建构功能[J]. 南京师大学报(社会科学版),2002(3): 20—24+38.
85. 许淑萍. 公共政策伦理评价标准的演进及当代探究[J]. 上海行政学院学报,2012(4): 27—33.
86. 杨慧文. 变革中的教师教育范式: 海峡两岸之比较研究[D]. 上海: 华东师范大学,2003.
87. 杨小军. "经济人"假设的伦理思考[D]. 湘潭: 湘潭大学,2003.
88. 叶澜. 试论当代中国教育价值取向之偏差[J]. 教育研究,1989(8): 28—32.
89. 叶澜. 新世纪教师专业素养培养初探[J]. 教育研究与实验,1998(1): 41—46.
90. 英子. 从中德比较的角度看职业教育的发展——访国家教育部职教中心所所长助理姜大源[J]. 职教通讯,2002(5): 11—13.
91. 余忠彪,林春丽. 广西中职教师专业技术职务评聘存在的问题及对策研究[J]. 青年与社会,2012(3).
92. 喻维春. 洋务运动缘何姗姗来迟——近代中国历史变革迟滞 20 年的原因探析[J]. 皖西学院学报,2006(3): 65—68.
93. 臧俐. 日本的教师教育改革——试析近年来日本提高教师素养的政策[J]. 当代教师教育,2008(2): 43—47.
94. 张固. 技工—技师系列等级制论述——阶梯状人才结构系统的拓展[J]. 江苏教育,2012(12): 13—18.
95. 张海燕. 职业院校"双师型"教师队伍培养问题的研究[J]. 市场研究,2012(12): 62—64.
96. 张俊友. 美国公立学校终身教师解聘制度研究[J]. 教育理论与实践,2005(23): 49—52.
97. 张同振. 职业教育和培训: 国外的经验与中国的实践[J]. 课程教育研究(新教师教学),2012(8):36 - 37.
98. 张庆伦. 俄罗斯中等职业教育的特点及发展前景[J]. 职教论坛,2007(19):56 - 59.
99. 张永辉. 马克思国际价值理论视角下的中美贸易研究[D]. 苏州: 苏州大学,2013.
100. 张振改. 教育政策的限度研究——来自个案的启示[D]. 上海: 华东师范大学,2006.
101. 朱艳霞. 价值视角下的高等师范免费教育政策[J]. 山东省青年管理干部学院学报,2009(1): 89—92.
102. 曾于芳. 泰国职业教育发展原因分析及其评价[J]. 中国科技投资,2013(A15): 246—247.

四、其他

1. 2015年全国教育事业发展统计公报[EB/OL]. http://www.moe.edu.cn/srcsite/A03/s180/moe_633/201607/t20160706_270976.html.
2. 劳凯声. 在义教阶段建立教育公务员制度的思考[N]. 中国教育报,2009-2-12.
3. 上海地方志[EB/OL]. http://www.shtong.gov.cn/dfz_web/DFZ/Info?idnode=76890&tableName=userobject1a&id=95743.
3. 上海地方志[EB/OL]. http://www.shtong.gov.cn/dfz_web/DFZ/Info?idnode=76860&tableName=userobject1a&id=95804.
4. 特朗普推翻"网络中立"规定[N]. 新民晚报,2017-12-15.
5. 王亚飞. 关于农村中等职业教育发展状况的调查报告[EB/OL]. https://wenku.baidu.com/view/b75e3bdb50e2524de5187e47.html.
6. 现代教育管理专题[EB/OL]. http://wenku.baidu.com/view/d95dd2300b4c2e3f5727634d.html.
7. 许竞. 职业教育与培训的政策与实践：基于制度因素的国际比较分析[R]. 华东师范大学博士后研究工作报告,2011.
8. 张之洞[EB/OL]. https://baike.baidu.com/item/%E5%BC%A0%E4%B9%8B%E6%B4%9E/17493.
9. 中华人民共和国教育部. 中等职业教育改革创新行动计划(2010—2012年)[Z]. 2010-11-27.

五、外文资料

1. Altbach P G, Engberg D. Higher education: A worldwide inventory of centres and programs [M]. Phoenix, AZ: Oryx Press, 2000.
2. Avalos B, Haddad W. A review of teacher effectiveness research in Africa, India, Latin America, Middle East, Malaysia, Philippines and Thailand: Synthesis results [R]. Ottawa: International Development Research Centre, 1981.
3. Bradley J F. The role of trade association and professional business societies in America [M]. University Park: The Pennsylvania State University Press, 1965.
4. Britton A. Policy making with macroeconomic models [M]. Aldershot: Gower, 1989.
5. Colvin D. Policymaking and governance in a multi-campus state university system: The case of general education reform at the State University of New York [D]. Unpublished doctoral dissertation, Philadelphia: University of Pennsylvania, 2005.
6. Easton D. The political system: An inquiry into the state of political science [M]. New York: Knopf, 1953.
7. Feigenbaum E A. China's Techno-Warriors: National Security and Strategic Competition from the Nuclear to the Information Age[M]. Stanford, CA: Stanford University Press, 2003.
8. Freeman R E. Strategic management: A stakeholder approach [M]. Boston, MA: Pitman, 1984.
9. Hayden F G. Policymaking for a good society: The social fabric matrix approach to policy

analysis and program evaluation [M]. New York: Springer, 2006.
10. Keeves J P. Educational research methodology and measurement: An international handbook [M]. Oxford: Pergamon Press, 1988.
11. Lo L N K. Development and education: Reflection on a contentious field of inquiry [J]. Chinese University Education Journal, 1994, 21(2): 205-216.
12. Lynn J. Policymaking through participatory processes: The driving role of policy beliefs at the Colorado Basin Water Roundtable [D]. Unpublished doctoral dissertation, Denver: University of Colorado, 2010.
13. McBride R. Teacher education policy [M]. London: Falmer Press, 1996.
14. Price D K. The scientific estate [M]. Cambridge, Mass.: The Belknap Press of Harvard University Press, 1965.
15. Rutaisire J, Gahima C. Policy and research in a post-conflict context: Issues and challenges in the implementation of the Rwandan teacher professional development and management policy [J]. International Journal of Educational Management, 2009, 23(4): 326-335.
16. Sadler M. How far can we learn anything of practical value from the study of foreign systems of education? [M]//Higginson J H. Selections from Michael Sadler. Liverpool: Dejail & Meyorre, 1979.
17. Shore C, Wright S, Peró D. Policy worlds: Anthropology and the analysis of contemporary power [M]. New York: Berghahn Books, 2011.
18. Sikula J. Handbook or research on teacher education (2nd ed.) [M]. New York: Macmillan, 1996.
19. Stamison V A. A policy undressed: How public schools fashion conformism through mandatory uniforms [D]. Unpublished doctoral dissertation, Los Angeles: University of Southern California, 2003.
20. Truman D B. The governmental process: Political interest and public opinion [M]. New York: Knopf, 1951.
21. Tatto M T. Examining values and beliefs about teaching diverse students: Understanding the challenges for teacher education [J]. Educational Evaluation and Policy Analysis, 1996, 18(2): 155-180.
22. Tatto M T, Dharmadasa K H. Social and political contexts of policy formation in teacher education in Sri Lanka [M]//Ginsburg M, Lindsay B. The political dimension in teacher education: Comparative perspectives on policy formation, socialization and society. Bristol, PA: Falmer Press, 1995.
23. Training and Development Agency. Professional standards for teachers [M]. London: Training and Development Agency, 2007.
24. Van der Lei T E, Enserink B, Thissen W A, Bekebrede G. How to use a systems diagram to analyse and structure complex problems for policy issue papers [J]. Journal of the Operational Research Society, 2011, 62(7): 1391-1402.
25. York-Barr J, Sommers W, Ghere G, Montie J. Reflective practice to improve schools: An action guide for educators (2nd ed.)[M]. Thousand Oaks, CA: Corwin, 2006.

26. Naqvi R, Coburn H. Assessment policy in teacher education: Responding to the personnel implications of language policy changes[J]. Current Issues in Language Planning, 2008, 9 (3): 235 - 248.